『컬러 리더십』을 깊이 있게 읽어 나가면서 내게는 세 가지 화두가 떠올랐다. "나의 리더십 컬러는 무엇인가?", "그 리더십 컬러의 성공 패턴은 무엇인가?", "자신의 리더십 컬러를 키워 나가는 궁극적인 목표는 무엇인가?" 이 세 가지 물음에 대한 답을 이 책을 접하면서 하나 하나 깨우칠 수 있었다. 이 책에서 배운 리더십의 새로운 대안을 각 개인이 속한 조직과 삶에서 성실히 적용해 나간다면 분명 좋은 성과를 얻을 수 있으리라 확신한다.

홍정길(남서울은혜교회 목사)

진정 성공한 리더에게는 자기만의 차별화된 컬러가 있다는 저자의 메시지는 귀기울여 들어볼 만하다. 기업과 조직 내에서 리더의 중요성은 이루 말로 다 표현하기 어렵다. 리더의 의사결정 하나 하나에 기업의 사활이 걸려 있기 때문이다. 『컬러 리더십』은 더 이상 획일화된 리더의 카리스마에 의존해 조직을 이끌어 나갈 것을 주장하지 않는다. 리더 자신의 고유한 특성과 개성에 맞는 리더십의 성공 패턴을 제시하고 있는 이 책은 그래서 주목할 만한 것이다.

손병두(서강대 총장)

지금 우리에게 절실히 필요한 것은 리더를 평가하는 데 있어서 감정적, 사상적 편견이 아닌 합리적인 논리와 선택의 기준이다. 이 책은 그런 면에 있어서 리더의 유형을 7가지 무지개 색깔로 구분하여 그 각각의 특성에 맞는 효과적인 발전 대안을 재미있게 설명하고 있다. 이 책을 통해 단순히 좋고 나쁨이라는 감정적 흑백 논리에서 벗어나 이 사회가 리더에 대해 올바른 이성을 회복하기를 바라는 마음 간절하다.

김정태(국민은행 행장)

리더십을 바로 세우는 데 절실히 필요한 것은 리더를 평가하는 데 적용해야 할 과학적이고 체계적인 논리와 합리적인 선택의 기준이다. 이 책은 리더를 7가지 컬러로 구분하고 그 차별적인 특성을 설명하는 한편, 21세기의 새로운 리더십 패러다임을 개발하기 위한 합리적인 방법을 제시하고 있다. 이 책을 통해 변화하는 이 시대에 꼭 필요한 컬러 리더십을 발견할 수 있다는 것은 동시대인의 기쁨이다.

구자홍(LS신전 부회장)

『컬러 리더십』은 무지개 색에 근거해서 리더십을 7가지 유형으로 구분하고, 그에 따른 리더십의 의미와 성공 패턴을 소개하고 있다. 이 책은 논리의 전개보다 위대한 리더들의 현장 체험을 중심으로 핵심 요소들을 쉽게 풀어 나가고 있다. 또한 자신의 리더십 컬러를 확인하고, 그 리더십이 목표하는 바와 그에 따른 실천 과제를 제시하고 있다. 자신만의 독특한 리더십 컬러를 갖고 인생에서 성공하고, 이 사회를 변화시키려는 비전을 가진 이들에게 이 책을 권한다.

이계식(전 제주도 정무부지사)

이제 영웅적인 리더의 의미는 많이 퇴색했다. 다양성과 각 개인이 가진 개성이 광범위하게 인정되는 사회 구조 안에서 리더십의 방향 역시 새로운 패러다임을 가져야 한다는 저자의 생각에 전적으로 동의하는 바이다. 참여와 각 구성원의 특성이 리더의 차별화된 리더십 안에서 조화를 이룰 때, 조직과 사회는 점점 더 아름다워질 것이다. 그런 사회를 만드는 것에 이 책이 기여할 것이라고 확신한다.

오영교(전 행정자치부 장관)

COLOR LEADERSHIP

COLOR

LEADERSHIP

신완선(성균관대학교 시스템경영공학부 교수) 지음

더난출판

컬러 리더십

ⓒ 2002, 신완선

초판 1쇄 발행 2002년 6월 10일
초판 9쇄 발행 2012년 9월 14일

지은이 신완선 | **펴낸이** 신경렬 | **펴낸곳** (주)더난콘텐츠그룹

상무 강용구 | **기획편집부** 차재호 · 민기범 · 임영묵 · 성효영 · 윤현주 · 서유미 | **디자인** 서은영 · 장진희
마케팅 김대두 · 견진수 · 홍영기 · 서영호 | **교육기획** 함승현 · 양인종 · 지승희 · 이선미 · 이소정
디지털콘텐츠 최정원 · 박진혜 | **관리** 김태희 · 양은지 | **제작** 유수경 | **물류** 김양천 · 박진철

출판등록 2011년 6월 2일 제25100-2011-158호 | **주소** 121-840 서울시 마포구 서교동 395-137
전화 (02)325-2525 | **팩스** (02)325-9007
이메일 book@thenanbiz.com | **홈페이지** http://www.thenanbiz.com
ISBN 978-89-8405-150-8 03320

색깔 있는 리더가 미래를 좌우한다

- 김대중 대통령, 파란색 지식형 슈퍼 리더
- 김영삼 대통령, 주황색 브랜드 리더
- 노태우 대통령, 노란색 사이드 리더
- 전두환 대통령, 초록색 파워 리더
- 박정희 대통령, 남색 비전 리더

역대 한국 대통령들의 리더십 컬러이다. 이처럼 리더들에겐 모두 독특한 컬러가 있다. 자신만의 리더십 접근방식과 의사결정 패턴이 점진적으로 차별적인 이미지를 만들어 나가기 때문이다.

"당신의 리더십 컬러는 무엇인가?"

"그 리더십 컬러의 성공 패턴은 무엇인가?"

"자신의 리더십 컬러를 키워 나가기 위한 궁극적인 목표는 무엇인가?"

이 책은 이러한 질문들을 해결하는 데 초점을 맞추고 있으며, 필자의 주관적인 판단에만 의존하는 것이 아니라 많은 리더들이 현장에서 보여준 객관적인 체험 사례를 통해서 생생한 답을 찾아보려고 노력했다.

이 책은 3부로 구성되어 있다. 1부 미래는 색깔 있는 리더에게 달려 있다는 올바른 방향을 찾기 위해서는 성공 패턴을 읽을 수 있어야 한다는 내용이다. 컬러 리더십의 필요성을 설명하고 이 책을 읽는 독자들이 직접 자신의 리더십 컬러를 확인해 볼 수 있도록 했다. 또한 역대 대통령들의 리더십 컬러를 구분하고 그들 리더십의 강점과 미흡했던 점을 비교했다.

2부 리더십 성공 패턴을 찾아라에서는 무지개 색에 근거해서 리더십을 7가지 유형으로 구분하고 리더십의 철학과 성공 패턴을 소개하고 있다. 단순한 논리적 전개가 아니라, 위대한 리더들이 현장 체험을 중심으로 핵심요소를 강조하는 데 초점을 맞추었다. 또한 자신의 리더십 컬러에 대해 목표와 실천과제를 제시하고 있다.

3부 결과를 바꾸려면 과정을 바꿔라는 리더십의 핵심 요소가 무엇인지를 단계적으로 요약하고 있다. 관리자가 아니라 경영자가 될 것을 강조하며 경영의 질을 생각하는 리더가 될 것을 주문한다. 그리고 컬러 리더십의 영향력과 그러한 리더십을 활용하는 방법을 소개하고 있다.

"한국의 교육은 100점입니다. 그러나 한국의 훈련은 0점입니다."

얼마 전, 미국 컨설턴트와 함께 자문을 하는 과정에서 들었던 충격적인 말이다. 어려운 것을 배우는 데는 모두 열심이지만 그것을 활용하는 수준은 형편없다는 내용의 지적이었다. 폐부를 찌르는 따끔한 비판이었다. 총론에서는 목이 터져라 소리를 지르지만, 정작 각론에서는 명확한 접근은커녕 꽁무니를 빼기 바쁜 우리들의 모습을 정확히 꼬집고 있다.

리더십도 마찬가지이다. 총론적인 비판은 무성한데 구체적인 대안과 실행은 빈약하기 그지없다. 독자들은 이 책에서 '결단'을 호소하는 필자의 외침을 들을 수 있을 것이다. "행동으로 변화를 선도하는 5%의 리더가 돼라!"는 외침이다. 그 어느 때보다 올바른 철학을 행동으로 옮기는 리더가 절실하게 필요한 시기이기 때문이다. 자신의 컬러에 맞추고 명예를 존중하여 리더십의 금자초패金字招牌를 이루어야 한다.

감사의 글

한 권의 책을 탄생시킬 때마다 항상 많은 사람들에게 '빚을 지게 된다'는 것을 고백하지 않을 수 없다. 이번에는 남서울은혜교회의 CLP Christian Leadership Program 강사진에게 큰 은혜를 입었다. 이계식과 박영숙 집사님 내외분을 비롯하여, 곽종훈, 김선호, 전일철, 이광수, 이강원, 민수홍 집사님에게 진심으로 감사드린다. 컬러 리더십에 대한 아이디어가 그들과 함께 청년들에게 리더십을 가르치는 과정에서 탄생되었기 때문이다. 또한 슈퍼 리더십과 변혁적 리더십의 실천과제는 그분들이 작성하신 CLP 리더십 원고에서 원용한 것이다. 청년 리더들에 대한 그분들의 애정과 헌신은 늘 나에게 교훈으로 다가온다.

컬러 리더십 진단에 참여해 준 중앙공무원 교육원 고급관리자 과정의 공무원들과 성균관대학교 과학기술대학원의 산업체 학생들에게도 감사를 드린다. 그분들이 제공해 준 현장 데이터는 참으로 값진 정보들이었다. 참고문헌을 정리하고 그림이나 표를 작성해 준 나의 대학원생들에게도 감사하는 마음을 전한다.

그리고 나의 가족, 아내 혜경과 두 딸 지숙과 지현. 그들의 존재는 나에게 기쁨이요, 행복이다. 이번 작업중에 녀석들이 "아빠, 오늘도 우리 마음을 한 스푼 드셨나요?"라는 가슴 아픈 표현을 노트북 창에 띄워 놓았다. 이제 내 마음을 열심히 떠서 먹여 줄 때가 아닌가 싶다.

이 책은 사실 〈더난출판〉의 기다림이 만들어 냈다고 할 만하다. 그들의 인내와 후원이 없었다면 탈고의 기쁨은 없었을 것이다. 특히 섬세하게 신경을 써 준 유정연 주간에게 감사의 마음을 전하고 싶다. 철학과 전략이 있는 '더난' 의 사업방식은 늘 새로운 아이디어로 발길을 돌리게 만든다.

신완선

contents

머리말 _5

PART I 미래는 색깔 있는 리더에게 달려있다

1장 이젠, 컬러 리더십이다
리더는 길을 찾는 사람이다 _20
변화된 리더십의 패러다임에 주목하라 _25
성공한 리더에겐 컬러가 있다 _28
리더십의 핵심 성공 패턴을 컬러로 읽어라 _33
한국, 리더는 많고 리더십은 없다 _37
왜 우리에게 컬러 리더십이 필요한가? _43
역대 대통령의 리더십은 어떤 컬러인가? _47
물론, 리더십도 배워야 한다 _54

2장 당신의 리더십 컬러를 찾아라
리더십 스타일을 컬러로 파악하자 _60
컬러 리더십, 어떻게 진단할 것인가? _65
당신의 리더십 컬러를 찾아라 _68
컬러 리더십, 어떻게 활용할 것인가? _73

PART II 컬러로 리더십 성공 패턴을 찾아라

3장 빨간색 리더
가슴으로 경영하는 서번트 리더

가슴으로 경영하는 서번트 리더십 _86

서번트 리더의 철학 – 사랑으로 모든 것을 해결할 수 있다 _92

서번트 리더의 성공 패턴 1 – 역삼각형의 파워 구도를 즐긴다 _98

서번트 리더의 성공 패턴 2 – 네트워크형 조직 구조를 선호한다 _104

서번트 리더의 성공 패턴 3 – 이해관계자의 요구를 파악한다 _109

서번트 리더의 4가지 실천과제 _114

서번트 리더의 목표 – 좋은 가치를 추구하라 _118

4장 주황색 리더
튀는 아이디어로 경영하는 브랜드 리더

브랜드 가치로 승부하는 브랜드 리더십 _126

브랜드 리더의 철학 – 남을 뒤따르는 자는 성공할 수 없다 _131

브랜드 리더의 성공 패턴 1 – 중간에서 경쟁력을 찾지 않는다 _136

브랜드 리더의 성공 패턴 2 – 블록버스터에 도전한다 _140

브랜드 리더의 성공 패턴 3 – 경쟁 환경 변화에 민감하다 _144

브랜드 리더의 4가지 실천과제 _149

브랜드 리더의 목표 – 표준을 장악하라 _153

COLOR LEADERSHIP

contents

5장 노란색 리더
　　함께 미래를 걱정하는 사이드 리더

유비무환의 경영인 사이드 리더십 _160

사이드 리더의 철학 - 1 : 10 : 100의 원리에 충실하자 _168

사이드 리더의 성공 패턴 1 - 항상 문제의식을 갖는다 _174

사이드 리더의 성공 패턴 2 - 경쟁력의 다원화를 창출한다 _180

사이드 리더의 성공 패턴 3 - 시스템으로 경영한다 _185

사이드 리더의 7가지 실천과제 _190

사이드 리더의 목표 - 처음에 올바르게 하라 _193

6장 초록색 리더
　　성실한 추진력으로 도전하는 파워 리더

추진력이 돋보이는 파워 리더십 _202

파워 리더의 철학 - 에버그린 정신 _207

파워 리더의 성공 패턴 1 - 행동으로 지시한다 _211

파워 리더의 성공 패턴 2 - 채널을 집중화시킨다 _216

파워 리더의 성공 패턴 3 - 가시적인 목표를 제시한다 _220

파워 리더의 4가지 실천과제 _225

파워 리더의 목표 - 지속적인 혁신을 체질화하라 _228

7장 파란색 리더
지식으로 이끄는 슈퍼 리더

지식으로 이끄는 슈퍼 리더십 _236

슈퍼 리더의 철학 – 인재 양성으로 승부한다 _244

슈퍼 리더의 성공 패턴 1 – 인적자원의 가치를 차별화한다 _249

슈퍼 리더의 성공 패턴 2 – 인재양성, 셀프 리더를 의도적으로 키운다 _253

슈퍼 리더의 성공 패턴 3 – 파트너십 개념을 추구한다 _257

슈퍼 리더의 7가지 실천과제 _261

슈퍼 리더의 목표 – 셀프 리더를 만들어라 _264

8장 남색 리더
장기적인 비전으로 선도하는 비전 리더

비전으로 경영하는 카리스마형 비전 리더십 _272

비전 리더의 철학 – 리더와 구성원이 같은 방향으로 뛴다 _277

비전 리더의 성공 패턴 1 – 주춧돌 개념으로 비전을 확장시킨다 _281

비전 리더의 성공 패턴 2 – 비전 성취를 공유한다 _284

비전 리더의 성공 패턴 3 – 비전의 계승자를 키운다 _290

비전 리더의 6가지 실천과제 _294

비전 리더의 목표 – 공통의 언어를 만들어라 _297

COLOR LEADERSHIP

contents

9장 보라색 리더
약점을 강점으로 바꾸는 변혁적 리더

약점을 강점으로 바꾸는 변혁적 리더십 _304

변혁적 리더의 철학 – 나의 약점이 바로 나의 강점이다 _310

변혁적 리더의 성공 패턴 1 – 약점에서 가치를 창조한다 _315

변혁적 리더의 성공 패턴 2 – 신기술에 먼저 도전한다 _320

변혁적 리더의 성공 패턴 3 – 실패를 두려워하지 않는다 _325

변혁적 리더의 8가지 실천과제 _329

변혁적 리더의 목표 – 처음의 정신을 유지하라 _332

PART III 컬러 리더십이 당신의 미래를 좌우한다

10장 결과를 바꾸려면 과정을 바꿔라

결과를 바꾸려면 과정을 바꿔라 _342

리더십의 핵심은 영향력이다 _345

꿀벌보다는 게릴라가 되어라 _353

현대 경영은 리더십으로 한다 _357

경영품질을 생각하는 사람이 리더가 되어야 한다 _361

11장 당신의 리더십 컬러를 지켜라

리더의 짐은 무거울수록 좋다 _366

리더십의 금자초패를 달성하라 _369

위대한 리더는 누구인가? _374

자신의 강점으로 리드하라 _378

컬러 리더십의 영향력을 간파하라 _381

교육이 아니라 훈련이 필요하다 _386

The buck stops here! _389

참고문헌 _393

COLOR LEADERSHIP

PART I

미래는 색깔 있는
리더에게 달려 있다

color
leadership

1. 이젠, 컬러 리더십이다
2. 당신의 리더십 컬러를 찾아라

"누가 리더인가?"

위대한 리더는 통행료를 많이 내기로 작정한 사람이다.
"인생의 짐은 무거울수록 좋다."는
도쿠가와 이에야스의 말을 기꺼이 받아들인다.

짐이 많을수록 많은 사람들이 자신에게 거는 기대가 그만큼 크다는 것을 알기 때문이다.
리더의 짐도 무거울수록 좋다. 많은 짐을 지고 통행료가 많은 길을 선택하는 사람, 그가
진정 리더의 자격이 있는 사람이다.

CHAPTER 1

이젠,
컬러 리더십이다

리더는 길을 찾는 사람이다

변화된 리더십의 패러다임에 주목하라

성공한 리더에겐 컬러가 있다

리더십의 핵심 성공 패턴을 컬러로 읽어라

한국, 리더는 많고 리더십은 없다

왜 우리에게 컬러 리더십이 필요한가?

역대 대통령의 리더십은 어떤 컬러인가?

물론, 리더십도 배워야 한다

COLOR leadership

리더는 길을 찾는 사람이다

"여러분, 이 피카소 그림에서 무엇을 볼 수 있습니까?"

강의를 할 때, 피카소가 그린 추상화[1]를 보여주면서 종종 던지는 질문이다. 대부분 리더십이나 경영 혁신에 관심이 있어 모인 사람들이므로 피카소의 그림에 대해서는 재빨리 대답이 나오지 않는다.

"두 사람이 포옹을 한 그림입니다."

"지옥의 풍경입니다."

"사람이 기타를 치고 있습니다."

"바다 속의 그림이군요."

"손을 가진 외계인이 틀림없습니다."

많은 사람들이 어이없는 대답으로 웃음을 자아내게 만든다. 서양화에 상당한 조예를 갖추지 않고서는 상황을 정확히 설명하기는 힘들 것이다. 그림에 사람이 있다고 알려주고, 과연 그 사람이 남자인지 여자인지를 말해보라고 주문해도 혼란스럽기는 마찬가지이다. 등 쪽에 있는 긴 머리가 흰색으로 표현된 것을 눈치 챈 사람만이 이 그림이 여자의 그림이고 긴 머리를 가졌으

피카소, 「소녀의 초상」
Pablo Picasso, Portrait de jeune fille, 1914,
Musee National d'Art Moderne, Paris

므로 아마 소녀의 그림이 아니겠는가, 하고 상상할 수 있을 뿐이다.

그림의 제목이 「소녀의 초상」이라고 소개하면 그때서야 사람들은 왼쪽에 있는 검은 벽난로와 불 그리고 그 앞에 앉아 있는 소녀의 모습을 알아본다. 피카소는 분명히 모델을 앉혀 놓고 자신의 감정을 표현했음에도 불구하고 일반인들은 세계적인 화가의 의도를 쉽사리 이해하지 못한다. 다른 사람의 의도를 이해한다는 것은 그만큼 어려운 일이다.

옥스퍼드 사전에 따르면, "리더는 사람이나 동물들이 올바른 길로 갈 수 있도록 이끄는 사람"이다. 즉, 길을 찾는 것과 그 길로 사람들을 인도하는 것이 리더에게 주어진 두 가지 과제인 셈이다. '올바른 길을 찾는 것'은 방향에 대한 이야기로서 탁월한 안목을 요구한다. 요즘처럼 경쟁이 치열하고 의사결정에 대한 선택의 폭이 다양한 환경에서는 리더의 안목은 조직의 미래에 결정적인 역할을 하게 된다. 리더는 방향을 제시할 뿐만 아니라, 사람

벨라스케스, 「시녀들」

들이 자신이 원하는 길로 갈 수 있도록 이끄는 능력, 즉 통솔력 또한 갖추고 있어야 한다. 나폴레옹은 "리더는 희망을 파는 사람이다."라고 말했다. 모든 구성원들이 희망으로 받아들일 수 있는 희망의 길로 이끌어야 통솔력 또한 강해진다.

올바른 길을 찾는 것과 그 길로 이끄는 것 모두 한 가지라도 제대로 하기란 쉽지 않다. 하지만 사람들은 리더에게 이 두 가지 모두를 요구한다. 리더의 짐이 무거운 이유이다.

피카소의 그림을 다시 한 번 보자. 왼쪽의 그림은 벨라스케스가 그린 궁중의 풍경이고 오른쪽은 피카소가 왼쪽 그림을 보고 그린 그림이다.[1] 피카소가 얼마나 그림을 어렵게 만들어 놓았는가를 느낄 수 있다. 아마 오른쪽 그림을 보고서 실제 상황을 설명해 보라는 요청을 받는다면 대부분 혼란스러울 것이다. 상상력이 뛰어나거나 피카소에 대한 이해가 있다면 설명할 수 있을지도 모르겠다. 그런데 왼쪽 그림과 비교해서 살펴보면 갑자기 피카소

피카소, 「시녀들」
Pablo Picasso, Les
Menines, 1957, Musee
Picasso, Baroelone

ⓒ2002-Succession Pablo Picasso-SACK(Korea)

의 모든 표현에 대해서 설명이 가능해 진다.

궁중 풍경의 주인공은 가운데 서 있는 공주이다. 흰색 드레스 때문에 금방 눈에 들어올 뿐만 아니라 사람들의 눈길이 모두 그녀에게 쏠려 있음을 알 수 있다. 그러면 피카소는 과연 어떻게 그녀를 표현했는가? 피카소는 공주를 주인공으로 만들기 위해서 우선 공주의 키를 크게 만들었다. 그리고 긴 머리에 착안하여 우산처럼 펼쳐서 배경을 만들었다. 이제 그의 추상화를 누가 보더라도 가운데 있는 소녀가 중요한 인물이라는 것을 짐작할 수 있을 것이다.

그림의 오른쪽 하단에 보면 개가 한 마리 비스듬히 앉아 있다. 크기로 따지자면 공주와 비교할 수 있을 정도로 제법 덩치가 크다. 하지만 그림에 나타나 있는 개의 모습은 고작 머리 반쪽에 불과하다. 개의 머리를 반쪽만 표현해도 개가 있었다는 정도는 충분히 눈치를 챌 수 있으리라. 아마 피카소는 궁중의 풍경에 비해서 그 개는 어울리지 않는다고 생각했을지도 모르겠다. 두 개의 그림을 비교하면 이제 모든 것이 이해가 되기 시작한다. 인상이 강한 오른쪽 하단의 시녀들의 모습, 뒤켠에 서 있는 수녀의 모습, 왼쪽에 있는 호위병의 모습에 이르기까지 설명이 안 되는 부분은 없다.

리더십 환경은 궁중의 풍경처럼 명확하게 정리되어 있지 못하다. 모든 것이 정리되어 있어서 구성원들이 자신이 해야 할 일을 정확히 이해하고 있다면 리더의 가치는 상대적으로 낮아지게 된다. 그러므로 피카소 그림처럼 불확실해 보이는 상황에서도 명확한 밑그림을 예측하고 올바른 길로 이끄는 능력이 리더에게는 요구된다. 복잡하고 불확실한 상황에서도 조직을 성공으로 인도하는 길을 찾아 이끌어야 하는 것이다. 그래서 미래가 불투명할수록 리더의 가치는 더욱 커진다.

은퇴 전, 잭 웰치는 옵션을 포함해서 무려 한화로 2,500억 원이라는 거액의 연봉을 챙겼다고 한다. 하루에 거의 8억 원에 가까운 수익을 올린 셈이다. 실로 놀라운 금전적 보상이 아닐 수 없다. 미래를 올바르게 예측하고 구성원들을 통솔하는 능력에 주어지는 금전적인 보상이다. 또한 불확실한 상태의 그림에서 뭔가 확실한 청사진을 볼 수 있는 사람에게 주어지는 대가이다. 불확실한 미래를 선도하는 리더들이 그만큼 가치를 인정받는 세상이 된 것이다.

변화된 리더십의 패러다임에 주목하라

 "나는 과연 리더인가?"

"나는 과연 괜찮은 리더인가?"

"나는 과연 남들이 인정해 주는 리더인가?"

"차세대 리더들에게 나는 무엇을 말해 줄 수 있는가?"

리더십에 대해 쓴맛을 본 사람들이라면 한 번쯤 곱씹어 보았을 질문이다. 어려운 의사결정의 순간, 불 꺼진 방에 혼자 남아 시가지를 내려다보며 미래의 비전을 고민하는 경영자가 허공을 향해 던져 보았을 질문들도 있다. "만일 아버지라면 이때 어떻게 했을까?", "만일 존경하는 그분이라면 어떻게 했을까?"

리더십은 참으로 우리를 안타깝게 만드는 경영, 통치 혹은 생활의 일부분이다. 부하직원들이 자신의 리더십 부재를 지적하며 정면으로 도전하기도 한다. 자신이 그토록 신뢰했던 사람이 말없이 등을 돌릴 때도 있다. 오랜 고민과 철저한 준비를 바탕으로 의사결정을 했음에도 불구하고 성과가 좋지 않으면 전략부재에 대해 비판의 화살이 어김없이 날아온다. 이 모든 것이 리더십에 대한 근원적인 질문을 던지게 만드는 상황들이다.

오늘날의 리더는 더 이상 지위에 의해 정의되지 않는다. 인간적인 매력이나 인품에 의해서 결정되지도 않는다. 오히려 비전을 향하여 노력하고 성취해 가는 한 개인의 역량과 성과에 초점이 맞춰지고 있다.

스티븐 코비 박사에 따르면, 1940년 이전의 리더십은 리더의 개인적인 함량에 의해서 좌우되었다. 성품, 인격, 성실, 정직 등 인간적인 됨됨이가 중요했던 시기이다. 정적인 시대였으므로 리더십을 평가받는 기회가 그만큼 드물었던 것이다. 얼마나 조직을 위해서 적절한 판단과 의사결정을 했는가, 보다는 과연 존경할 만한 인물인가가 평가의 기준이 되었던 시기다.

1940년 이후, 코비 박사가 말하는 원칙 중심의 리더십이 제시되기 이전까지는 커뮤니케이션이 중요한 리더십의 자질로 꼽히게 된다.[2] 외적 성격과 처세술, 대인관계, 카리스마 등 자신의 꿈과 비전을 얼마나 효과적으로 공유할 수 있는가가 성공의 핵심요인이었다.

산업이 급격히 발달하고 다양한 기회가 창출되면서 구성원들에게 강한 공감대를 형성시키면서 도전의식을 불어넣는 것이 필요했다. 뜻을 모아 리더가 제시한 방향으로 이끌기만 한다면 어떤 분야에서도 손색없는 결실을 거둘 수 있었다. 당연히 리더는 성공의 상징이었고, 승리의 대명사였다. 가난에서 벗어나게 만든 가장, 국가를 부흥시킨 정치가, 억압에서 자유를 찾아낸 독립운동가, 구멍가게를 거대한 기업으로 키우는 데 성공한 기업인, 역경을 극복한 스포츠맨과 같이 다양한 분야에서 주목받는 리더들이 탄생할 수 있는 환경이 조성되었다.

1990년에 들어서면서 리더십에 큰 변화가 찾아온다. 리더는 더 이상 절대적인 성공의 상징이 아니었다. 성공과 실패의 굴곡을 겪어 나가는 모습을 함께 보여줄 수밖에 없는 무한 경쟁의 시대가 왔기 때문이다. 또한 다양한 조직이 네트워크를 형성하면서 시스템적으로 연계되어 있어서 리더의 수평적

1940년 이전의 리더십	1940년 이후… (각종 문제 유발)	코비 박사의 리더십
⬇	⬇	⬇
내적 성품/인품이 핵심 성실, 정직, 근면, 검소, 언행일치	외적 성격과 처세술 보스기질, 적극적 사고, 대인관계 기술, 요령, 카리스마, 이미지 등	원칙 중심의 리더십 행동의 결과는 원칙(습관)이 통제한다

●●● 그림 1. 원칙 중심의 리더십이 탄생되는 과정

인 이동도 빈번해졌다. 기업의 리더들이 정치, 행정 혹은 사회 각 분야에서 핵심 역할을 담당하는 것은 더 이상 낯선 풍경이 아니다. 심지어 스포츠 스타나 연예인들이 갑자기 기업이나 정치 무대에 뛰어드는 일도 심심찮게 벌어졌다. 능력만 검증되면 다양한 분야에서 얼마든지 역량을 발휘할 수 있다는 포괄적 리더십 시대로 접어들고 있는 것이다. 이것이 바로 리더의 리더십 컬러나 원칙이 돋보이는 '원칙 중심의 리더십 시대' 인 것이다. 원칙 중심의 리더십 시대에는 리더의 리더십 원칙이 주어진 상황에 얼마나 효과적일 수 있는가에 대한 '가능성' 에 기대를 걸기 마련이다.

성공한 리더에겐 컬러가 있다

"당신은 어떤 리더로 기억되길 원하십니까?"

커다란 백지에 마음껏 비전을 펼치는 남색 리더, 뜨거운 가슴으로 경영하는 빨간색 리더, 냉정한 머리로 리드하는 파란색 리더, 미래를 끊임없이 걱정하는 노란색 리더, 항상 'Go!' 를 외치며 강렬한 추진력을 발휘하는 초록색 리더, 완벽한 리더십을 꿈꾸는 무지개 리더, 뒤죽박죽 온통 상처투성이가 되어 버린 검정색 리더, 이렇듯 리더십에도 컬러가 있다. 당신의 리더십 컬러는 과연 무엇인가?

리더십은 다양할 수밖에 없으며 그런 다양함 속에서 자신의 리더십의 정체성을 확립하는 것이 중요하다. '저 사람이 우리 리더이다' 하고 인정할 수 있는 자신만의 리더십 명찰을 달아야 한다. 꿈의 동산이라 불리는 디즈니랜드에 대한 계획을 무려 20년 동안의 지속적인 노력 끝에 실현시킨 월트 디즈니. '꿈의 동산' 에 대한 비전을 대부분의 사람들이 일용할 양식을 걱정하던 1930년대부터 갖고 있었던 그는 남색 비전을 가진 리더임에 틀림없다. "지구에 상상력이 존재하는 한 디즈니랜드는 영원히 완성되지 못할 것이다." 라고 말한 디즈니는 항상 꿈꾸는 CEO였다.

"나는 사랑하고 있습니다. 사랑하고 있습니다. 죽어라고 사랑하고 있습니다." 라고 외쳤던 사우스웨스트항공사의 허브 켈러허는 가슴으로 경영하는 빨간색 서번트 리더이다. 그는 구성원과 고객에게 가슴으로 다가서는 사랑이야말로 경쟁력의 핵심이라고 믿고 있는 리더이다.

식스시그마 경영으로 유명한 얼라이드 시그널의 래리 보시디 회장은 파란색의 지식 리더이다. "머리로 모든 것이 가능하다고 생각했던 시기가 있었습니다. 지금은 이런 생각이 많이 줄어들었습니다. 두뇌도 중요하지만, 이제는 확실한 인재들을 찾는 데 주력하고 있습니다." 파란색 리더에게 그가 던지는 충고이다. 역량 있는 구성원이 경영하는 조직을 만드는 리더가 되어야 한다고 강조하고 있다.

"모든 사업의 성공은 실패라는 씨앗을 품고 있습니다. 성공하면 성공할수록 많은 사람들이 그 사업의 바닥이 드러날 때까지 경쟁할 것이기 때문입니다." 오늘의 인텔사를 키운 앤디 그로브 회장의 말이다. 그는 자신이 노란색 사이드 리더임을 "걱정파가 살아남는다." 라는 강력한 메시지로 선포한 경영인이다.

나이 52세에 심각한 당뇨병을 앓는 중에도 새로운 사업 분야에 뛰어들어 맥도널드 신화를 탄생시킨 레이 크록. 그는 "모든 것이 푸르기만 하면 성장합니다. 그리고 익자마자 썩기 시작합니다." 라며 에버그린Evergreen 정신을 제창했다. 자신이 초록색을 가진 파워 리더였기에 성공했다고 역설했다.

젊은 나이에 CEO로 지명되어 이 시대 최고 기업경영 리더로 손꼽혔던 GE의 잭 웰치는 어떠한가? 디지털시대를 대비하여 식스시그마와 같은 정교한 지식에 근거한 경영혁신(파란색), 네트워크 조직을 위해서 인간 장벽을 없애는 팀워크 중시(빨간색), 미래를 대비하는 과감한 구조조정(노란색), 변화에 프로액티브Proactive해야 살아남는다는 비전(남색), 중성자 폭탄으로 불릴 성노의 강력한 추진력(초록색). 웰치는 무지개에 가까운 현란한 리더십 컬러

"웰치는 고객의 요구를 파악하고
만족시키는 공통의 언어를 창출시켰다"

선 마이크로시스템스의 스콧 맥닐리 회장

로 세계에서 가장 존경받는 기업인의 반열에 올라섰다.

GE의 사외이사였던 선 마이크로시스템스의 스콧 맥닐리 회장은《포천》과의 인터뷰에서 "웰치는 고객의 요구를 파악하고 만족시키는 공통의 언어를 창출시켰다." 라고 말했다. 웰치의 성공은 조직으로 하여금 공통의 언어를 갖게 만든 것에서 비롯되었다는 것이다.[3] 조직에게 구심점을 만드는 데 성공한 웰치. 자신의 리더십 컬러를 누구보다도 분명히 드러내 보였던 경영인이었다.

그리고 검정색 리더. 우리는 자신의 컬러를 잊고 무리한 발상으로 리더의 세계에서 사라져간 실패한 리더를 많이 보아 왔다. 우유부단한 의사결정 능력, 지나친 금권주의, 편협한 인간관계, 불성실한 생활자세, 불투명한 경영활동, 자신의 감정에 치우쳐 기복이 심한 가치 분배. 실패한 리더들의 이러한 속성들은 오직 검은색만을 떠올리게 만들 뿐이다.

리더십은 이렇듯 자신의 컬러를 만들고 지키는 시작과 과정이다. 리더십이 정말 어려운 이유는 색이 흐려지지 않도록 끊임없이 자신을 지켜야 하기 때문이다. 때로는 색을 완전히 씻겨 내리는 소나기가 올 수도 있다. 따가운 햇볕 속에 자신도 모르게 서서히 색이 흐려지는 경우도 있다. 심지어는 엉뚱한 조명 때문에 자신의 색깔에 대한 오해가 벌어지기도 한다.

한국의 리더십 컬러는 너무 현란해서 탈이다. 리더십 훈련을 제대로 받거나 검증을 받지 못한 상태에서 리더를 자처하므로 리더십이 요란스러울 수밖에 없다.

명나라의 석학 여신오呂新吾는 "최고 리더는 마치 사람이 햇빛을 받고 공기를 마시고 있으면서도 이를 의식하지 못하는 것처럼 요란스럽게 정치를 하지 않는데도 사람들을 행복하게 만든다. 그렇다고 머리가 좋고 지혜가 많다느니 능력이 뛰어나고 용기가 있다느니 하는 평판도 듣지 않는다."라고 말했다.[4]

리더십이 조용히 숨쉬는 세상을 만들어야 한다. 자신의 리더십 컬러를 찾고 조용히 그 컬러를 지키는 것이 필요하다. 각자의 컬러에 충실할 때, 비로소 각각의 조직과 리더십은 아름답게 조화를 이룰 수 있는 것이다.

리더십에는 미래에 대한 부채가 뒤따른다. 그 중에서 가장 큰 부채가 다음 시대의 리더를 찾아 훈련하고 양성해야 하는 것이다. 성취는 어떤 사람이 자신을 위해서 탁월한 일을 했을 때 달성된다. 성공은 다른 사람들에게 권한을 위임하여 함께 위대한 일을 했을 때 달성된다. 전통은 어떤 리더가 조직으로 하여금 자신이 없이도 위대한 일을 할 수 있게 만들었을 때 달성된다. 리더로서의 능력은 개인적으로 쌓은 업적이나 조직의 성취에 의해서만 평가되지는 않는다. 리더가 무대 뒤로 살아진 뒤에도 남아 있는 구성원들이 사명에 충실할 수 있는가를 가늠하는 전통에 의해서 판단된다.

따라서 리더십의 위대한 유산은 자신이 아니라 자신이 이끈 조직이 스스로를 지킬 수 있는 능력을 전수하는 것이다. 유산을 물려주는 과정에서, 당신이 어떤 색깔의 리더십 깃발을 차세대에게 넘겨줄지 궁금하다. 현란한 깃발보다는 자신들의 역량에 맞는 리더십 컬러를 만들고 지켜 나가라는 소박한 메시지가 필요하다.

리더십의 핵심 성공 패턴을 컬러로 읽어라

의사결정은 일반적으로 5가지 패턴에 의해서 이루어진다. 가장 원초적인 의사결정은 경험에 의한 것이다. 본능과 경험에 의해서 축적된 체험이 판단의 근거가 되는 것이다. "젊어서 고생은 사서도 한다."는 말이나 리더십 교육 과정에서 다양한 체험이나 지식을 강조하는 것도 같은 맥락이다. 경험이 풍부할수록 적절한 의사결정을 할 수 있는 가능성이 그만큼 커지기 때문이다.

경험에 근거한 의사결정 단계를 넘어서면, 데이터에 근거한 의사결정을 하게 된다. 기업에서 각종 지표를 추적하고 자료를 확보하는 것은 사실적인 정보와 데이터에 근거한 결정을 하기 위해서이다. 테일러가 제창했던 과학적 관리의 기본도 바로 데이터에 근거한 관리활동을 강조한 것이라고 볼 수 있다.

데이터에 근거한 의사결정을 반복하다 보면 데이터에 일정한 패턴이 있다는 사실을 터득하게 된다. 송이버섯이나 능이버섯을 따러 험준한 산을 찾아다니는 사람들은 산세와 나무들의 모양새만 봐도 대충 버섯의 존재 여부를 알 수 있다고 한다. 버섯이 서식하는 지형적인 패턴을 그 동안의 경험과 실적에 의해 터득했기 때문이다.

패턴에 의한 의사결정, 그것이 바로 세 번째 단계의 의사결정 능력으로서 '역사에 근거한 의사결정'을 의미한다. 『일본을 알면 한국의 미래가 보인다』는 책이 관심을 끌고, 미국의 경기 동향을 보고 동양의 경기를 예측하는 것도 과거의 역사가 그 연관성을 입증해 주었기 때문에 가능한 이야기이다. 역사 연구는 그래서 중요하다.

역사에 의한 의사결정이 반복적으로 성과를 거두게 되면 원칙과 철학으로 굳어지게 된다. 리더십의 성공 패턴에 대해 오랜 연구를 했던 스티븐 코비 박사는 최근 『원칙 중심의 리더십』에서 자신의 리더십 철학을 체계적으로 정리했다. 패턴이 원칙이나 철학으로 발전한다는 것을 의미한다.

성공한 사람의 자서전에서는 대부분 그 사람의 철학을 읽을 수 있다. 다양한 변화에 도전하는 삶의 여정 속에서 깨달은 성공 원칙과 인생철학을 소개한다. 마지막으로 최고 의사결정의 수준에 이르게 되면, 판단은 진리와 섭리에 의존하게 된다. 신과 자연의 섭리에서 인간의 판단에 대한 궁극적인 해답을 찾으려는 노력이 끊임없이 이어지는 이유이기도 하다. 신의 섭리에 대한 인간의 상반된 해석으로 말미암아 커다란 오판과 분쟁이 벌어지기도 하지만 역시 절대자의 섭리는 모든 것을 초월하는 의사결정의 기준이다.

학문의 과정은 이러한 의사결정 단계와 밀접한 관계가 있다. 체험학습으로 시작한 학문은 데이터로 입증된 과학적 근거를 중시하게 된다. 그러한 사실 중심의 지식은 역사에 대한 궁금증으로 이어져 역사에 대해서 탐구하게 된다. 역사는 철학을 공부하도록 만들고 궁극적으로는 신학에 관심을 갖게 되는 것이다.

길을 결정해야 하는 리더는 적절한 의사결정이 생명이다. "자유의 대가는 항상 비싸지만 미국인들은 언제나 그 값을 치러 왔습니다. 그리고 우리는 결코 굴복이나 복종의 길을 택하지 않을 것입니다." 1962년 10월 22일, 쿠바

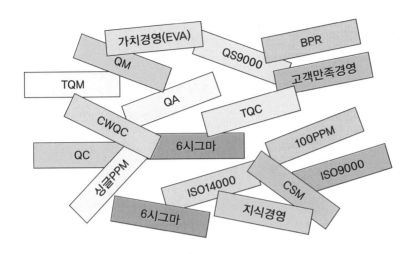

봉쇄작전을 발표하는 케네디 대통령의 연설문 일부이다. 쿠바 봉쇄작전에 대한 케네디의 결정은 자신의 연약한 이미지를 바꾸는 결정적인 의사결정이었다. 핵전쟁의 가능성을 무릅쓴 결단이 베트남 참전 등 다른 사안에 대한 자신의 약점을 커버하였다.

리더는 신도 아니고 철학자도 아니며 역사가도 아니다. 그렇다고 분석가도 아니며 경험에만 의존하는 고집쟁이로 그칠 수도 없다. 그러나 그는 다양한 선택의 기로에서 의사결정을 통해서 길을 만들고 사람들을 그 길로 이끄는 사람이다.

"내가 가고자 하는 길로 나를 이끄는 사람."

보봐르 부인이 사르트르를 가리켜서 한 말이다. 리더가 구성원들로부터 들을 수 있는 최고의 찬사임에 틀림없다. 구성원이 가고자 하는 길을 가도록 만들든지, 아니면 리더가 선택하는 길로 이끌든지 접근방식은 다를 수 있다. 그러나 한 가지 분명한 것은 리더는 올바른 길을 선택하는 능력이 필요하다는 사실이다.

지식경영, 고객만족경영, 품질경영TQM, 가치경영, 식스시그마, 리엔지니어링. 이러한 경영혁신 개념들의 공통점은 리더로 하여금 조직의 경쟁력을 높일 수 있는 방법을 제시해 준다는 점이다. 리더가 각각의 개념들이 제시하는 성공요소를 이해하고 일일이 적용하는 것은 현실적으로 불가능하다. 그러나 이러한 경영혁신 개념들이 추구하는 공통의 성공 패턴만큼은 꼭 깨우쳐야만 한다. 경쟁력 강화를 위한 올바른 의사결정을 위한 재산이 되기 때문이다.

이들 경영혁신 개념들 중에서, 특히 리더십에 필요한 핵심 성공 패턴을 학습해 둘 필요가 있다. 그것이 바로 이 책이 추구하는 목표이다. 자신의 리더십 스타일을 7가지 측면에서 먼저 정립하고, 그러한 리더십과 경영의 성공요소가 어떻게 연결되는지를 터득하도록 도와주고 싶은 것이다.

한국, 리더는 많고 리더십은 없다

요즘 우리나라 정치인들의 리더십에 대해서 비판의 목소리가 높다. 최근 중앙일보에서 실시한 설문조사에 의하면 위대한 한국 리더로서 박정희 대통령, 세종대왕, 이순신 장군 순서로 꼽는 결과가 나왔다. 최근 정치 상황에 대한 불신이 흘러간 정치인들의 업적을 그리워하게 만들고 있는 상황이다. 부족한 자원과 빠르지 않았던 근대화의 출발 시기를 극복하고 '한강의 기적'을 달성했지만 국가 경쟁력은 점차 퇴보하고 있어 우려의 목소리가 높은 실정이다.

실제 IMD의 보고서에 따르면 최근 한국의 경쟁력은 말레이시아에도 못 미치는 것으로 발표되고 있다. 우리나라 국민은 적극적이며 부지런하기로 유명한 민족이다. 그럼에도 불구하고, 오히려 부침이 심한 경쟁력을 경험하는 원인은 바로 리더십 때문일 것이다.

과연 한국에는 리더가 없는가? 각종 조찬회, 동창회, 향후회, 종친회를 참가해 보라. 수없이 많은 리더들을 만날 수 있다. 각종 기념식, 준공식, 결혼식, 장례식 등에도 어김없이 바쁘다는 리더들이 몰려 있다. 인맥을 중심으로 한 네트워크 파워가 중요하게 인식되다 보니, 그러한 방향으로 리더들의 발

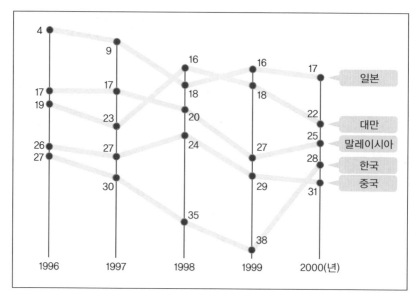

●●● 그림 2. IMD에 근거한 주요 국가의 경쟁력 추이
(숫자는 국가 순위를 나타낸 것임)

길이 쏠리는 경향도 있을 것이다. 발이 넓은 리더라면 인맥에 관련된 행사에 쫓아다니는 데만 엄청난 시간을 소모하고 있다. "바빠 죽겠다."는 소리를 하면서도, "발이 넓다."는 소리를 듣는 리더의 입가에는 미소가 맴돈다.

그렇게 사회를 선도하는 사람들이 업무 외적인 일로 떼를 지어 몰려다니다 보니, 그러한 그룹에 끼어 사적인 교분을 두텁게 하지 못해서 안달이다. 사회의 지도층에 있는 사람들과 어깨를 나란히 할 수 있는 자리라면 물불을 안 가리고 챙기려 든다. 좀 열심이다 싶은 사람은 온갖 조직에서 리더의 역할을 하고 있으며, 심지어 종교단체에서도 책임 있는 자리에 오르기 위해 선거운동을 마다하지 않는 풍토이다. 뭐라도 한 자리를 해야 명함을 내미는 상황이 되다 보니, 이제는 몇몇 사람들이 모여 친우회라도 만들어 돌아가면서 회장을 해야 직성이 풀릴 지경이다. 좀 심하게 말하면, 멀쩡한 한국인 치고 회장이나 총무(간사) 한 번 못해 본 사람은 간첩으로 생각될 정도이다. 그만큼 한국은 리더가 많은 나라이다.

이렇게 리더의 홍수 속에 살고 있음에도 불구하고 우리나라의 리더십 마인드는 혹평을 면치 못한다. 한국의 리더십은 "당신 나이 몇이오?"라는 질문에서 시작된다. 장유유서의 유교적 문화가 리더십에도 깊게 관여하는 것이다. 조직에 대한 기여를 제쳐놓고 특별한 일이 아니면 고령자를 리더로 세우는 것에 익숙하다. 논쟁이 거칠어지면, "자네는 에미, 애비도 없냐?"는 식으로 나이를 들먹이며 영향력을 행사하려고 한다.

겉으로는 내숭을 떨지만 '지연'과 '학연'도 죽기 살기로 써먹는다. 그리고 각종 편 가르기를 통해서 파워를 형성해 나간다. 합리적인 파워를 중시하는 것이 아니라, 비합리적인 파워를 동원할 수 있는 능력이 리더십의 역량으로 오인되기도 한다. 수단과 방법을 가리지 않고 자신의 조직을 관리하는 사람은 당연히 최고의 리더로 인정받는다. 이렇게 눈감고 팔을 안으로 굽혀야 하는 상황이다 보니, 안으로는 성공한 리더라고 인정을 받아도 사회적으로는 손가락질 받는 사람이 되기 일쑤이다.

또한 훌륭한 리더임에도 불구하고 자신에게 불리한 상황이 전개되면 무조건 리더를 헐뜯는 무리들도 많다. 그야말로 흑백논리에 근거한 리더십 점

개인 차원	대인관계 차원	관리 차원	조직 차원
⬇	⬇	⬇	⬇
신뢰감	신뢰성	권한 위임	방향 정렬

●●● 그림 3. 리더십의 4차원적 핵심요소

수 매기기이다. 양질의 리더십이 배양되기 힘들 뿐만 아니라 올바른 리더로 인정받기도 어려운 환경인 셈이다.

합리적인 리더십은 4가지 차원에서의 능력을 요구한다. 개인 차원의 신뢰감, 대인관계의 신뢰성, 관리에서의 권한 위임, 그리고 조직에서의 방향 정렬의 능력을 요구한다.[5]

김수환 추기경은 2002년 1월 15일 동아일보와의 신년 인터뷰에서 "새 대통령은 말을 신뢰할 수 있는 사람, 룰을 존중하는 사람, 인간에 대해 깊은 통찰력과 애정을 갖고 있는 사람이 되어야 한다."고 강조했다. 우리나라의 리더십에 신뢰와 룰이 무너져 있음을 안타깝게 여긴 말씀일 것이다. 리더십에서 가장 중요한 초석이 되는 개인 차원의 신뢰마저 확보되지 못한 것이 우리의 현실이다.

대한 상공회의소에서 발표한 『한국 도산 기업의 10대 실패요인』을 살펴보면, 가장 중요한 실패요인 3가지가 최고경영자의 과시욕과 독단에서 비롯된다.[6] 독단이든 비합리적이든 자신의 조직만 잘 챙기면 된다는 발상은 당장에는 득이 될지 모르지만, 곧 닥쳐올 엄청난 실패를 잠시 숨겨 두는 것에 불과한 것이다. 링컨은 "모든 사람은 역경을 참아 낸다. 그 사람의 성품을 알고 싶으면, 권력을 주어 보라."고 말했다. 즉, 리더에 대한 평가는 역경을 극복한 것에 있는 것이 아니라, 권력을 쥐었을 때 어떻게 행동하느냐에 달려 있는 것이다.

한국의 리더십의 문제는 권력을 오용하는 리더가 많다는 데 있다. 더 이상 우리의 미래를 원칙 없는 리더십에 맡길 수는 없다. 리더십에 관심을 갖고 진정한 리더십은 무엇인가를 숙고해야 하는 이유가 여기에 있다. 아울러 진정한 리더십의 창출을 위해서 리더가 되기보다는 리더십을 높이는 교육

	한국 도산기업의 10대 실패요인	비율(%)
1	과시욕에 따른 무리한 사업확장	18.5
2	방만한 자금관리	17.7
3	최고경영자의 독단적인 기업경영	12.2
4	경험자의 사업경험 부족	10.2
5	족벌경영의 심화	8.7
6	경영환경 변화에 대한 대응부족	8.5
7	기술개발 노력 부족	6.7
8	경영자의 비윤리성	6.6
9	정부와의 관계 악화	6.1
10	배타적이고 무분별한 유통망 관리	4.7

●●● 표 1. 한국 기업의 주요 실패요인

과 훈련에 초점을 맞추어야 할 필요가 있다.

어느 미국인 사장이 한 일본인 중역과 대화를 나누게 되었다. 일본인은 자신이 이끄는 조직의 일치된 행동능력을 자랑하였다.

"만약 내 손이 북쪽을 가리키면서 '가라!'고 하면 4천 명의 직원이 그대로 따릅니다. 절벽 아래로 떨어지는 한이 있어도 말입니다."

그러자 미국인 사장이 이렇게 대꾸했다고 한다.

"내가 만약 그랬다가는 4천 개의 손이 내 팔을 잡고 방향을 돌렸을 것입니다. 절벽이 없는 곳으로요."

플로어follower, 즉 구성원을 인정하지 않는 리더는 절벽 아래로 떨어진다. 스스로의 오만과 편견에 의해서, 아니면 분노한 플로어에게 떠밀려서 조만간 나락으로 떨어지게 되어 있다. 반면에, 올바른 방향을 가리킬 수 있는 플로어를 인정하는 현명한 리더는 절벽으로 가지 않는다. 이는 현명한 플로어들이 절벽으로 떨어지는 리더의 모습을 원치 않기 때문이다.

우리는 웬일인지 아직도 리더를 죽이는 데 열심이다. 존경받던 어떠한 리더도 순식간에 나락으로 떨어지고 마는 썰렁한 세상이 되고 말았다. 물론 리더들의 역량이 부족한 탓일 수도 있다. 하지만 리더를 절벽으로 가도록 놓아둔 플로어들도 비판을 면할 수 없기는 마찬가지이다.

콩을 심으면 콩이 나고 팥을 심으면 팥이 난다. 하지만 아무것도 심지 않으면 잡초만이 무성하게 자란다는 평범한 진리를 마음에 새겨야 한다. 성공한 리더를 배출하는 문화를 만들지 못한다면 우리 모두는 오랜 기간 리더십의 잡초를 뽑는 데만 소모적인 노력을 거듭해야 한다. 성공하는 리더를 만드는 현명한 플로어가 되어야 하는 이유가 여기에 있다.

왜 우리에게 컬러 리더십이 필요한가?

리더는 다양한 리더십 요소를 갖추어야 한다. 한 가지 유형만으로 조직을 오래도록 이끌 수는 없다. 강하게 밀어붙이는 파워 리더도 때로는 부드럽게 섬겨야 하는 서번트 리더가 되어야 하는 경우가 있다. 구성원과 함께 행동하는 사이드 리더가 비전을 제시하며 한 방향으로 뛰자면서 비전 리더처럼 행동하기도 한다. 조직이 크고 경쟁 환경이 가변적일수록 그만큼 리더에게 거는 기대 또한, 크고 포괄적일 수밖에 없다.

예를 들어 잭 웰치는 비전을 중시한 '비전 리더'이면서도 강력한 '파워 리더십'을 선보인 대표적인 사람이다. 과감한 구조조정으로 경쟁을 도모하고 서바이벌에 대한 개념을 적극 활용하였다. 누군가가 그에게 "당신은 세계에서 가장 존경받는 기업인이지만, 매년 10%에 해당하는 종업원을 해고하지 않았습니까?" 하고 인력감축에 대해 비판을 한 적이 있다. 그러자 웰치는 "내 회사에서 업무 성과가 탁월하지 않은 사람도 다른 회사에 가면 탁월한 성과를 인정받는데, 과연 그들을 그냥 붙잡아 놓는다면 도대체 누구에게 득이 됩니까?"라고 반박했다.

웰치의 경우처럼 리더는 다양한 역할을 해야 하는 사람임에는 틀림없다. 구성원의 요구가 다양하기 때문이다. 서번트 리더의 사랑, 브랜드 리더의 창의력, 사이드 리더의 예방, 파워 리더의 성실, 슈퍼 리더의 지식, 비전 리더의 비전 그리고 변혁적 리더의 용기에 이르기까지 모든 요소를 갖추어야 경쟁을 할 수 있는 시대이다. 하지만 그러한 요소 중에서, 자신의 리더십을 더욱 돋보이게 만들 수 있는 리더십 이미지를 만드는 데 관심을 가져야 한다.

축구팀을 생각해 보자. 훌륭한 축구팀이 되기 위해서는 모든 포지션에서 고른 기량을 갖춘 선수를 확보하는 것이 필요하다. 그럼에도 불구하고, 위대한 축구팀은 특정 분야에서 유독 강했던 이미지를 남기고 있다. 브라질의 공격력, 독일 대표팀의 미들 필드 장악력, 이탈리아의 수비력, 영국의 고공축구, 네덜란드의 토털축구 등이 그러한 사례이다. 축구 강국들은 자기 팀의 컬러에 맞는 스타플레이어를 띄우는 데 열심이다. 스타플레이어들은 자신의 팀과 스포츠 종목에 대한 팬들의 관심을 끌어올리는 데 결정적인 역할을 한다. 색깔 있는 스타가 필요한 시대이다.

리더십도 이와 똑같은 이치이다. 플로어들이 멘토링을 할 수 있는 리더십 특징이 필요하다. 자신이 갖고 있는 리더십 요소 중에서 '스타 리더십 요소'를 키워 색깔 있는 리더가 되어야 한다. 컬러 리더십에 눈을 떠야 하는 이유는 무엇인가?

첫째, 누구에게나 강점이 있다. 자신의 강점을 빛나게 하는 리더가 되어야 한다.

둘째, 구성원이 리더십 컬러를 요구한다. 사람들은 리더에게 은연중에 독특한 사람이기를 기대하고 바란다. 그리고 그들의 기대는 다양한 요구로 표출되기 마련이다. 리더는 자신의 리더십에 대한 기대를 명확히 이해하고 있어야 한다.

셋째, 원칙 중심의 리더가 되어야 한다. 원칙을 중시하는 리더가 필요한 시대이다. 원칙을 존중하는 리더에겐 저절로 자신만의 리더십 컬러가 탄생하게 된다. 자신의 리더십 컬러에 중요한 원칙을 설정하고 지키는 것이 앞서가는 발상이다.

넷째, 금자초패를 이루어야 한다. 자신의 리더십 이미지를 지켜서 구성원들이 멘토링할 수 있도록 해야 한다. 성공한 리더로서 명예를 드높이게 된 이유를 자신의 리더십에서 찾을 수 있게 만들어야 한다.

다섯째, 리더십이 너무 복잡하다. 리더십의 개념들이 너무 산만하게 거론되고 있다. 도대체 어떤 리더십이 나에게 해당되는 얘기인지도 구분하기 어려울 정도이다. 뭔가 정리가 필요한 시기이다. 핵심 리더십 개념과 성공 패

리더십 컬러	키워드 (접근방식)	영어 한마디로 표현한다면?	컬러 리더십이 돋보이는 경영 환경
서번트 리더십	사랑 (Affiliative)	People come first.	복잡한 갈등이나 대립을 해소하고 싶다.
브랜드 리더십	창의 (*Creative)	Think different, act different.	차별화된 경쟁력을 만들고 싶다.
사이드 리더십	예방 (Democratic)	What do you think?	의견 수렴을 통해서 공감대를 확립하고 싶다.
파워 리더십	성실 (Pacesetting)	Do as I do, now.	팀으로부터 즉각적인 결과를 만들고 싶다.
슈퍼 리더십	지식 (*Delegating)	Do it yourself.	권한 위임을 통해서 책임을 명확히 하고 싶다.
비전 리더십	비전 (Authoritative)	Come with me.	새로운 비전이나 방향 설정이 요구되는 환경이다.
변혁적 리더십	용기 (Coaching)	Try this.	업무 능력을 개선하여 장기적인 경쟁력을 만들고 싶다.

●●● 표 2. 컬러 리더십의 특성과 적합한 환경
(*는 [7]에서 다루지 않은 리더십 유형임)

턴을 함축적으로 기억해 두는 것이 필요하다.

컬러 리더십을 간단히 〈표 2〉로 요약해 보았다. 각 리더십 컬러를 상징하는 키워드와 한마디로 된 영어 표현을 제시하였다. 이 표는 《하버드 비즈니스 리뷰》에 발표된 연구 결과와 직접 비교해서 작성된 것이다.[7]

브랜드 리더는 '창의'가 키워드이다. 영어로 표현한다면 'Think different, act different'로 나타낼 수 있는데, 이 표어가 현재 삼성전자에서 사용되고 있다는 것이 흥미롭다. 또한 〈표 2〉에는 각 컬러 리더십이 돋보이는 경영 환경도 제시되어 있다. 예를 들어 새로운 비전이나 방향설정이 요구되는 경영 환경에서는 비전 리더가 가장 돋보일 수 있다. 즉 리더십 컬러는 리더십 환경과 밀접한 관계를 갖고 있는 것이다.

역대 대통령의 리더십은 어떤 컬러인가?

리더십 컬러에 대해 간단한 예를 들기 위해서 역대 대통령들의 리더십을 간략하게 비교하여 본다. 많은 사람들이 이 분들의 리더십을 경험했으므로, 나름대로 기억에 남는 리더십 특징이 있을 것이라는 판단에서다. 지금부터 필자가 경험한 5명의 대통령의 리더십을 구분하고 성공 패턴에 근거하여 그들의 강점과 약점을 살펴보자.[8] 주관적인 판단에 근거한 분류이므로, 이 결과에 대해 확대 해석하는 일이 없기를 바란다.

박정희 대통령 : 비전 리더

"잘살아 보세! 우리도 한 번 잘살아 보세!"라는 구호로 경제부흥을 이끌어 내고 한강의 기적을 달성시킨 박정희 대통령. 국가 발전 전략인 '경제개발 5개년 계획'을 비롯하여 단계적인 청사진을 제시하였으며 새마을운동을 통해서 국민적인 공감대와 동기부여에 성공하였다. 과연 박정희 대통령, 그는 어떠한 리더십 컬러를 가졌을까?

한국을 잘사는 나라로 만들겠다는 비전을 가졌던 그는 아마 비전 리더에 가장 가까울 것이다. 국민에게 분명한 방향을 제시했으며, 경제개발 5개년 계획을 통해서 단계적인 비전을 설정했다. 초가집이 기와집으로 바뀌었고, 높은 굴뚝을 가진 공장들이 여기저기 들어섰으며, 고속도로라는 번영의 상징물을 만드는 데 성공했다. 급속한 성장에 대한 대가를 치르기 위해 많은 사람들이 고통과 희생을 당해야 했지만 대다수 국민의 가슴속에는 희망이 살아 꿈틀거렸다.

비전 리더에게 필요한 동일 벡터 리더십을 훌륭하게 구사했으며 환경적으로도 그러한 비전 리더십이 필요했던 시기이기도 했다. 평범한 서민 출신이었던 그가 제시한 '우리도 한 번 잘살아 보세'는 많은 사람들의 공감을 샀으며 검소한 생활 자세로 이미지 관리를 철저히 하였다. 형제를 포함하여 인척들의 권력형 부조리를 최소화하여 비전 리더로서 꼭 필요한 신뢰를 확보하는 데 성공할 수 있었다.

아쉬운 점이 있었다면, 자신의 비전을 당대에 이루려는 과욕으로 인해서 비전 계승에 대한 개념을 실행에 옮기지 못했다는 점이다. 자신은 비전 성취에 필요한 주춧돌을 놓는다는 자세로 터를 닦아 놓고, 다음 세대에게 그 비전을 계승시켰다면 모든 사람으로부터 존경받는 리더가 되었을 것이다.

전두환 대통령 : 파워 리더

전두환 대통령은 국가최고통수권자가 되는 과정에서 우여곡절이 많았던 사람이다. 하지만 여기서 다루려고 하는 리더십 컬러는 그러한 정치적 혹은 환경적 상황에 대한 판단을 주제로 하지 않는다. 다만 그가 대통령 임기중에 보여주었던 리더십에 한정된다.

전두환 대통령은 초록색 리더로서 전형적인 파워 리더이다. 현역 군인의 이미지를 갖고 짧은 기간에 대통령이 되었기 때문에 강력한 파워 리더의 이미지가 자연스럽게 형성되었다. 현실적으로 상당수의 국민들이 그의 리더십을 부정하는 상황에 직면하고 있었기 때문에 상대적인 관점에서도 파워 리더십을 선택할 수밖에 없었던 측면도 있다.

파워 리더로서 전두환 대통령은 채널을 집중화하는 데 성공하였다. '사회 정화'를 제창하며 깨끗하고 범죄 없는 살기 좋은 나라를 만들겠다고 선언했다. 그리고 '경제로 승부하겠다'는 의지를 갖고 수출력 강화와 '물가 안정'에 모든 심혈을 기울였다. '경제'라는 단순한 채널로 자신의 파워를 강화하기 위해서 우수한 경제 팀을 가동시키는 데 성공했다. 말년에는 6·29 선언이라는 결단을 내려서 국가적인 갈등을 잠재웠으며 국민이 염원하는 민주화 열망을 과감하게 수용하였다.

전두환 대통령의 리더십에서 아쉬웠던 것은 권력의 중앙 집중화가 더욱 강화되었다는 것이다. 명령 체계를 분산시키는 리더십 시스템을 창출하지 못함으로 말미암아 권력의 편중 현상이 뚜렷해졌다. 여당과 야당이 완전히 보스 중심의 1인 체제로 굳혀졌으며 급기야는 4개 지역으로 나뉘어져 각 지역의 보스가 리더의 핵심에 서게 되는 지역간 대결 구도를 표면화시키는 계기가 되었다.

이러한 보스형 조직 구조는 협상보다는 대립으로 치닫는 문화를 잉태시켜 한국의 리더십 기반이 혼돈으로 치닫게 하는 원인을 제공하였다. 대립은 조직의 내부적인 단결을 요구하므로 1인 체제를 유지하는 데 한층 유리하기 때문이다. 이는 물론 대통령의 리더십보다는 당시의 정치적 상황에 기인하는 측면이 많은 것도 사실이다.

노태우 대통령 : 사이드 리더

'보통 사람!' 이 말은 노태우 대통령이 선거 기간중에 사용했던 캠페인 구호이다. 국민과 함께 하는 대통령이 되겠다는 의미이다. 문민정부의 탄생을 앞두고 미묘한 위치에서 권좌에 오른 노 대통령은 바로 노란색 사이드 리더로 불릴 만하다. 지방자치제도를 도입하는 등 경쟁력 다원화를 추구했으며 다른 리더들과 공조하려는 시도를 추구했다.

그러나 사이드 리더에게 필요한 미연방지 철학에 충실하지 못하고 대내외적으로 '잘살고 있다'는 모양새를 갖추는 데 급급했다. 아파트 가격이 폭등하는 등 국가 경쟁력에 이상 징후가 곳곳에서 드러나게 되자, 한국은 "샴페인을 너무 일찍 터트렸다."는 소리나 "아시아의 용이 지렁이가 되었다."는 조롱을 듣기도 하였다.

게다가 경쟁력의 다원화 과정에서 필요한 시스템 정착에 전향적으로 대응하지 못하여 시스템 부재에서 비롯될 수 있는 각종 사고를 미연에 방지하는 데 실패했다. 문민정부가 '사고 공화국' 소리를 듣게 된 것도 이미 이때부터 문제점이 잠재되기 시작한 탓이다.

리더십 시스템 또한 구심점 확보에 미흡하여 대결 구도의 조직 문화가 더욱 심화되었고 사회 곳곳에서 경쟁력의 저해요인으로 작용하게 되었다. 크고 작은 조직에서 경영리더십과 노조리더십이 마치 양립하는 것처럼 되었다. 국가 경영도 야당 당수가 거의 대통령에 버금가는 영향력을 행사하는 것으로 비쳐질 정도로 리더와 견제 세력 간의 역할이 혼란스럽게 비쳐지는 안타까운 일이 벌어졌다. 누가 차세대 리더가 되든지 간에, 자신이 희망하는 방향으로 조직을 이끄는 데 엄청난 부담으로 작용할 수밖에 없었다. 리더들이 조직의 부흥과 새로운 방향을 찾는 데 에너지를 쓰기보다는 대화와 타협에 엄청난 에너지를 소모하는 경우가 빈번하게 발생했다. 이는 리더십 시스템에 대한 올바른 이해와 시스템을 인정하는 마인드를 확산시키는 데 치밀하지 못했기 때문이다.

김영삼 대통령 : 브랜드 리더

문민정부를 간판으로 달았던 김영삼 대통령은 한국의 민주화에 크게 기여한 리더이다. 하지만 '사고 공화국' 소리를 들을 정도로 각종 대형 사고에 시달렸으며, 정권 말기에는 IMF 사태를 당해서 어려운 처지를 겪게 된다. 오랜 기간 야당 지도자로서 민주화에 대한 비전과 집념을 보여주었던 것과 어떤 상황에서도 굴하지 않았던 용기를 생각하면 비전 리더십이나 변혁적 리더십을 떠올리게 한다. 하지만 그의 리더십은 브랜드 리더십으로 보는 것이 더 적합할 것이다.

김영삼 대통령은 언론과 국민여론을 지나칠 정도로 의식한 리더였다. 국가 정책의 전개와 인사에서도 그는 국민들에게 '다르다'는 소리를 듣고 싶어 했으며, 퇴임 후의 그의 행보도 튀는 자신의 이미지를 그대로 드러내고 있다. 20대에 시작한 그의 정치 여정에서도 스포트라이트를 한몸에 받는 길을 선택했으며, 자신의 이미지 관리를 위해서는 어느 것과도 타협하지 않는 강인함도 보여주었다. 물론, 자신의 리더십 이미지와 국가의 발전 방향을 일치시키는 것에 성공하여 민주화 과정에서 상징적인 리더로서의 역할을 훌륭히 해내기도 했다.

브랜드 리더인 김영삼 대통령은 중대한 결정으로 블록버스터에 해당되는 여러 가지 결과를 도출하였다. 최연소 국회의원, 40대 기수론, 집권당과의 타협거부, 단식 농성, 금융실명제나 쓰레기종량제 등 기억에 남을 만한 리더십을 확실하게 보여주었다. 하지만 시스템 부재에서 오는 각종 부실 문제에 대해 속수무책으로 당할 수밖에 없었으며, 브랜드 리더에게 있어서 생명인 환경 변화를 예측하는 데 실패하여 참담한 기분으로 임기를 마쳐야 했다. 자신을 브랜드화하는 데는 성공했지만, 그러한 브랜드 리더십을 국가경영에 효과적으로 접목시키는 데는 한계를 극복하지 못했다.

김대중 대통령 : 슈퍼 리더

마지막으로, 김대중 대통령은 어떠한가? 그는 박식한 리더이고 학습하는 대통령임에 틀림없다. 평소 '선생님' 소리를 듣기 좋아했을 정도로 배움을 중요하게 여겼으며, 그의 옥중 독서량은 유명한 일화가 되었다.

전두환 대통령 시절, 당시 재야인사이던 김대중 씨가 미국에 잠시 망명해 있었다. ABC 방송의 테드 카폴이 사회를 보는 시사토크 프로그램에 나와서 봉두완 당시 민자당 의원과 토론을 하게 되었다. 영어가 유창한 봉두완 의원을 상대해야 하는 김대중 씨로서는 여간 불리한 상황이 아니었다. 그러나 놀랍게도 그는 'Wait! Wait!'를 외쳐 시간을 확보하면서 자신이 해야 할 이야기를 빠짐없이 논리 정연하게 강조하여 많은 시청자를 감동시켰었다. 그는 분명 파란색의 지식형 슈퍼 리더였다.

역대 대통령	리더십 컬러	리더십 성공패턴 분석	
		강점	약점
박정희	남색 비전리더	동일벡터 리더십 단계적 비전 설정 비전 성취 공유	비전을 계승시키지 않았다
전두환	초록색 파워 리더	채널 집중화	명령체계를 분산시키지 않았다
노태우	노란색 사이드 리더	경쟁력 다원화	시스템 구축에 실패했다
김영삼	주황색 브랜드 리더	블록버스터 달성	환경변화에 대한 예측에 실패했다
김대중	파란색 슈퍼 리더	인력개발 중시	파트너십 개념을 간과했다

●●● 표3. 역대 한국 대통령의 컬러 리더십 비교

　김대중 대통령은 슈퍼 리더에 걸맞게 사람의 역량을 키우는 것을 강조했다. 벤처 육성, 신지식인, 인재 개발, 디자인 혹은 기술 개발 등 기본기에 기반을 둔 경쟁력 강화를 선호했다. '기본에 충실하자'와 같은 캐치프레이즈도 결국 비슷한 맥락에서 전개되고 있는 사항들이다.

　하지만 그는 박식한 리더들이 가장 빠지기 쉬운 오류를 범하고 말았다. 바로 자신의 판단력에 지나치게 집착한 것이다. 기득권 계층의 보이지 않는 반발과 오랜 야당 활동으로 인한 주변 인물의 부재 등이 커다란 장애요인으로 작용한 것은 사실이다. 그러나 출발 초기에 다양한 세력들과의 파트너십 개념을 추구하기보다는 파워 리더십으로 주도권을 쥐려고 서두른 것에서부터 단추는 잘못 끼워지기 시작했다. 각 구성원의 셀프 리더십을 인정하며 사회 곳곳에 리더를 키우는 슈퍼 리더가 아니라, 자신의 파워를 극대화하는 파워 리더십 확립에 에너지를 소모한 격이다.

물론, 리더십도 배워야 한다

강철왕 카네기의 어린 시절, 우연히 얻은 토끼가 새끼를 여러 마리 낳았다. 갑자기 횡재를 한 셈이었지만 그에게 한 가지 고민이 생겼다. 대가족이 된 토끼 식구에게 줄 먹이를 마련하는 일이 간단치가 않았던 것이다. 궁리 끝에 친구들을 불러 모았다.

"얘들아, 이 토끼들한테 너희들 이름을 붙이고 싶지 않니? 우리 한 번 각각 이름을 붙여서 누구 것이 제일 잘 자라나는지 보도록 하자!"

그러자 친구들은 마치 자기 토끼라도 생긴 듯이 각자 풀을 잔뜩 뜯어 와서 자기 이름이 붙은 토끼에게 정성껏 풀을 먹였다. 어린 친구들을 자기편으로 끌어들여 문제를 해결한 카네기의 지혜에서 그의 탁월한 리더십 자질을 느끼게 된다.

카네기가 유명한 철강업자가 된 다음의 일이다. 새롭게 개발한 강철 레일을 팔려고 하는데 구매자가 선뜻 나서지를 않았다. 그는 어린 시절에 겪었던 '토끼풀 사건'을 떠올렸다. 그리고 당시 강철 레일 구매를 놓고 망설이는 사장의 이름이 에드거 톰슨이라는 정보를 입수했다.

카네기는 피츠버그에 큰 제강소를 건설하면서 제강소 이름을 과감하게 '에드거 톰슨 제강소'라고 붙였다. 그러자 에드거 톰슨은 크게 기뻐하면서 자신의 이름이 붙은 제강소로부터 강철 레일을 사들이는 계약을 흔쾌히 받아들였다.

어린 시절 친구들에게 써먹었던 간단한 지혜를 기업 경영에도 활용하여 톡톡히 재미를 본 것이다.

카네기의 이 일화는 우리로 하여금 케케묵은 얘기를 다시 끄집어내게 만든다. "과연 리더십이 선천적인가 아니면 후천적인가?" 하는 진부한 질문 말이다. 그러나 사실 리더십이 선천적인가 아닌가, 하는 것은 하릴없는 말장난일 뿐이다. 어차피 배우고 향상시켜야 할 피할 수 없는 과제이기 때문이다.

로널드 레이건은 연예인 출신이지만 미국의 대통령이 되어 국가경영에 성공적인 리더십을 발휘한 리더이다. 레이건이 배우였던 시절, 〈The Best Man〉이라는 영화의 주연을 캐스팅 하는 과정에서 유나이티드 아티스트 United Artists 경영진은 레이건을 대통령 역할로 적당하지 못하다는 이유로 명단에서 제외시켰다. 대통령 감이 못 된다는 판단에서였다. 하지만 그가 훗날 실제로 대통령에 선출되어 8년 동안이나 미국을 통치하게 될 줄은 누구도 상상하지 못했을 것이다.

레이건이 대통령이 가져야 할 리더십을 훗날 터득하게 되었는지, 아니면 원래 있었지만 아무도 그것을 알아보지 못했는지는 판단할 방법이 없다. 한 가지 확실한 것은 그가 대단한 리더십을 요구하는 대통령 직에 선출되었으며 성공적으로 임무를 수행했다는 사실이다. 이는 적어도 리더십에 관해서는 철저하게 미래 지향적이어야 하는 충분한 이유를 우리에게 말해준다.

"정신병자만 빼고 누구든지 여기로 보내시오. 그러면 내가 그를 리더로 바꿔 놓겠소."

미국 웨스트포인트의 교장이었던 데이브 팔머가 한 말이다. 웨스트포인트에서는 소수의 사람만이 리더십 자질을 갖고 있다는 속설을 믿지 않는다고 한다.[9] 리더는 태어나는 것이 아니라 만들어지는 것이다.

미국 LA에 사는 간질을 앓는 여학생이 있었다. 고등학교 시절, 평소 조깅을 즐기는 아버지와 함께 조깅을 하게 되었다. 조깅 도중 발작하는 것이 걱정이 되었지만, 아버지의 격려로 한 번 해보기로 결심을 한 것이다. 그리고 놀랍게도 조깅 도중에 발작을 하지 않았다.

그 여학생은 목표를 세웠다. 여자 중에서 가장 멀리 달려 기네스북에 자기의 이름을 올리겠다고 말이다. 그녀는 오직 기록 달성을 위해 달렸다. LA에서 샌프란시스코까지, 샌프란시스코에서 오레곤까지, 오레곤에서 세인트루이스까지 그리고 세인트루이스에서 백악관까지 달렸다. 미국 대륙을 달리기로 횡단한 것이다. 물론 곁에는 아버지가 함께 달리고 있었다. 백악관에 도착하여 클린턴 대통령과 악수를 하는 것으로 그녀의 긴 마라톤 여행은 끝이 났다.

더욱 놀라운 것은 그렇게 달리는 동안 전국에 17개의 간질환자를 위한 의료센터를 설립할 수 있는 수백만 달러의 돈을 모금했다는 사실이다.

그녀가 달릴 때 입고 있던 티셔츠에는 "나는 간질환자를 사랑합니다."라는 글이 새겨져 있었다고 한다.[10]

자기 자신의 주인, 우선 나 자신의 리더가 되는 것이 가장 중요하다. 내 수족은 물론 내 마음, 의지, 집중력과 같은 일상적인 것을 다스리는 내가 되는 것이 우선 필요하다. 심지어 나의 약점까지도 말이다.

리더십은 한 인생의 삶에 대해서 주인의식을 철저히 갖는 것에서 비롯된다. 영향력을 발휘할 수 있는 '지위'에 집착하는 리더십은 탐욕에 집착하는 근성을 보여주는 것에 불과하다. 자기 자신을 올곧게 세우고 살아가는 것을 전제로 리더십 배우기는 시작되어야 한다.

CHAPTER 2

당신의
리더십 컬러를 찾아라

리더십 스타일을 컬러로 파악하자

컬러 리더십, 어떻게 진단할 것인가?

당신의 리더십 컬러를 찾아라

컬러 리더십, 어떻게 활용할 것인가?

COLOR leadership

리더십 스타일을 컬러로 파악하자

 세계 최대 인력관리 컨설팅 회사 중의 하나인 스펜서 스튜어트에 전화가 한 통 걸려 왔다.

"CEO를 선발할 때 무엇을 고려해야 합니까?"

CEO 선발 노하우를 가르쳐 달라는 고객의 단도직입적인 부탁이었다. 수없이 많은 경영자들을 추천해온 채용 알선 전문기관인 스펜서 스튜어트이므로 고객은 아마 쉽사리 응답을 얻을 수 있으리라 기대했을 것이다. 그러나 정작 '과연 어떤 사람이 기업의 리더가 되어야 하는가?' 혹은 '리더는 어떠한 자질을 갖추어야 하는가?' 하는 본질적인 질문에 대해 그들은 명쾌한 해답을 준비하고 있지 못했다.

스펜서 스튜어트는 그 전화 한 통의 충격으로 새로운 도전을 기획하였다. 바로 미국의 최고 비즈니스 리더 50인을 선별하여 그들의 리더십 특징과 성공 원칙을 찾아내는 것이었다. 그것도 과거의 리더들이 아니라, 최근 5년간 가장 왕성하게 활동을 하고 있는 현재와 미래의 CEO들을 대상으로 말이다. 스펜서 스튜어트는 2년 동안에 걸친 연구 끝에 얻은 결론을 『CEO가 되는 길』이라는 책으로 출간하였다.[11] 그들은 "성공한 CEO는 옳은 일을 올바르게 하는 평범한 진리를 실천하는 리더"라고 결론지었다.

리더십의 핵심은 얼마나 올바른 일이 제대로 이루어지도록 만드는가에 대한 영향력에 달려 있다. 컬러 리더십을 제시하는 이유는 리더 자신을 무지개 색깔로 포장하라는 의도가 아니다. 다양한 리더십 컬러를 적재적소에 활용하는 드림 리더에 가까운 리더들이 가끔 등장하는 것도 사실이다. 하지만 드림 리더를 꿈꾸는 것은 마치 손에 잡을 수 없는 무지개를 쫓아다니는 것과 같다.

자신에게 어울리는 리더십 이미지를 분명히 하고, 올바른 일을 올바르게 이끄는 리더가 되어야 한다. 자신의 리더십 강점을 찾아내어 올바른 영향력을 행사하며 조직으로 하여금 '공통의 언어'를 갖고 변화에 도전하도록 만드는 것이 중요하다.

피터 드러커는 "당신은 진정 어떠한 사업을 하십니까?" 하는 근원적인 질문으로 경영자를 곤혹스럽게 만들곤 했다. 말은 쉽지만 궁극적인 가치관을 정립시킨다는 것은 참으로 어려운 일이다.

컬러 리더십은 "당신은 진정 어떤 스타일의 리더입니까?" 라는 리더십에 대한 근원적인 질문을 던지고 있다. 가치관이 뚜렷한 리더십이 아름답기 때문이다.

"관리자는 일을 바르게 하지만, 리더는 바른 일만 한다."

워런 베니스가 『뉴리더의 조건』에서 한 말이다. 세계적인 리더십 전문가인 그는 다양한 관점에서 리더와 관리자의 차이를 설명하였다.[12] 베니스의 7가지 관점을 인용하여 이 책에서 제시하는 리더십의 7가지 무지개 컬러를 간단히 소개한다.

빨간색 리더 : 서번트 리더십 – 끝없는 사랑형 리더
관리자는 지배하려 하고 리더는 신뢰로 이끌어 간다.

따뜻한 마음으로 신뢰를 구축하여 영향력을 행사하는 리더십, 즉 섬기는 리더십을 추구하는 '서번트 리더' 의 관점이다. 모든 리더십에서 신뢰가 생명이지만, 특히 서번트 리더십은 신뢰와 믿음이 뒷받침되어야 한다. 따뜻한 마음과 인간에 대한 깊은 애정이 필요한 부분이다. 그래서 서번트 리더십을 '빨간색' 으로 분류했다.

주황색 리더 : 브랜드 리더십 – 이미지 관리형 리더
관리자는 모방하나 리더는 독창적으로 만들어 낸다.

독창적인 아이디어로 남이 가지 않은 새로운 길을 만드는 것에 높은 가치를 두는 리더가 있다. 그는 모방이 아니라 창의력으로 승부한다. 남보다 앞서서 표준을 장악하여 독보적인 경쟁력을 확보하는 것이 주된 목표이기도 하다. 다소 튄다는 비판을 듣더라도 확실한 이미지를 높이는 데 초점을 맞추는 사람이 바로 '브랜드 리더' 이다. 시각적인 가시성이 높은 '주황색' 을 브랜드 리더십에 맞추었다.

노란색 리더 : 사이드 리더십 – 노심초사형 리더
관리자는 시스템과 구조에 역점을 두고 리더는 사람에 역점을 둔다.

노란색은 경고를 의미하는 옐로카드를 연상하게 만든다. 경고를 받기 전에 미리 예방하는 마음가짐으로 조직을 이끄는 리더가 있다. 미연에 방지하는 것을 강조하며 불확실한 미래에 대해 전략적으로 준비하고 대응해 나간다. 구성원들과 동행하는 자세로 참여하고 선도하는 리더가 바로 '사이드 리더' 이다. 노란색은 단연 구성원과 함께 동고동락하는 사이드 리더에게 어울리는 리더십 컬러이다.

초록색 리더 : 파워 리더십 – 탱크주의형 리더

관리자는 현상을 그대로 받아들이나 리더는 그것에 도전한다.

초록색은 성장과 발전에 어울리는 색깔이다. 'Go'를 의미하는 초록색 신호등도 멈추지 않고 전진하는 분위기를 떠올리게 만든다. 성실과 끈기를 기반으로 하여 솔선수범으로 조직을 이끄는 리더. 말보다는 강력한 행동을 요구하는 '파워 리더'이다. 파워 리더의 컬러는 초록색이 적합할 것이다.

파란색 리더 : 슈퍼 리더십 – 권한 위임형 리더

관리자는 군주의 명령에 따르는 고전적인 군인이지만 리더는 자기 본연의 개체이다.

파란색은 냉정함과 차가운 두뇌와 관련하여 등장하는 단어이다. 풍부한 지식을 활용해 경영하는 박식한 리더. 그들에게는 파란색이 어울린다. 박식한 리더는 사람의 기본적인 역량을 중시하는 사람들이다. 구성원들에게 스스로 주인의식을 갖는 셀프 리더가 되라고 요구하며, 자신은 그들의 멘토가 되기를 즐긴다. 바로 사람을 키우는 '슈퍼 리더'의 철학으로 리드하는 것이다. '파란색' 지식 리더가 바로 슈퍼 리더가 되어야 하는 이유이다.

남색 리더 : 비전 리더십 – 카리스마형 리더

관리자는 항상 눈앞의 이익에 관심을 두지만 리더는 미래의 전망을 내다본다.

리더는 미래에 대한 희망의 상징이 되어야 한다. 미래를 보여주지 못하는 사람은 결코 관리자의 수준을 극복할 수 없다. '비전 리더'는 올바른 비전을 제시하고 구성원 모두가 동참할 수 있도록 동일 벡터 리더십을 확보하여 같은 방향으로 나아간다. 강력한 비전을 상징적으로 나타내기 위해서 '남색'을 '비전 리더'와 연계시킨다.

보라색 리더 : 변혁적 리더십 – 뉴웨이브형 리더
관리자는 임무 그대로 경영하고 리더는 새롭게 혁신한다.

보라색은 역경을 극복하고 새롭게 탄생하는 듯한 분위기를 자아낸다. 인고의 과정에 요구되는 피와 땀을 설명하는 데 어울리는 색상이다. 주어진 환경에 순응하지 않고 오히려 올바른 방향으로 변혁시키려고 도전하는 사람이 '변혁적 리더'이다. 주고받는 거래가 아니라 근본적인 가치 추구를 통해 사람을 변화시키는 데 초점을 맞춘다. '보라색'은 변혁적 리더의 컬러임에 틀림없다.

컬러 리더십, 어떻게 진단할 것인가?

이제 당신은 "나의 리더십 컬러는 과연 어떤 것일까?" 하는 궁금증이 생겼을 것이다. 지금부터 그와 같은 궁금증을 함께 풀어 보자. 이 책에서 소개된 7가지 리더십 컬러는 리더십에 대한 접근 방식에 근거해서 구분되어 있다.

예를 들면 서번트 리더는 섬기는 자세, 사이드 리더는 함께 가는 자세, 비전 리더는 방향을 제시하는 자세에 초점을 맞추어 리더십을 발휘하는 것을 의미한다. 물론 모든 리더십 컬러에는 장단점이 있으므로 자신의 리더십 이미지에 대해서 좋고 나쁨을 가리는 태도는 바람직하지 못하다. 문제의 핵심은 스스로에게 어울리는 리더십 컬러를 찾고 전체적으로 높은 리더십 수준을 유지하는 것이다.

자신의 리더십 컬러를 찾기 위해 우선 〈표 4〉를 작성해 보도록 하자. 표에 제시되어 있는 자가 진단 내용은 제3자의 관점에서 서술되어 있다. 이것은 보다 객관적인 시각에서 진단할 수 있도록 의도된 것이다. 이 표를 제3자에게 물어서 작성하거나 자신이 직접 할 때도 타인의 관점을 유지하면서 객관적으로 응답해 주길 바란다. 그 결과를 '컬러 리더십 진단표' 의 각 문항에

문 항		진단 내용	진단 수준
방향설정	1. 비전	*그의 비전은 우리들에게 희망을 주고 우리 스스로 열성을 갖도록 만든다.	0 2 5 8 10
	2. 창의성	*독특한 발상을 중시 여기며 미래를 보는 안목이 탁월하다.	0 2 5 8 10
	3. 문제의식	*어떤 상황에서도 항상 문제의식을 갖고 개선 가능성을 본다.	0 2 5 8 10
	4. 의견 수렴	*구성원의 요구사항을 수시로 파악해서 공감대를 이루려고 노력한다.	0 2 5 8 10
결단력	5. 신속성	*모호한 행동을 취하지 않으며 한 번 결정을 하면 즉시 실행에 옮긴다.	0 2 5 8 10
	6. 책임감	*성과를 높이는데 책임감을 중요시 여긴다.	0 2 5 8 10
	7. 용기	*갈등과 대립의 순간에도 용기 있는 결단을 내린다.	0 2 5 8 10
	8. 경쟁심	*경쟁을 즐기며 경쟁할 수 있는 지체가 기회라고 생각한다.	0 2 5 8 10
	9. 치밀성	*자신이 맡은 일은 빈틈없이 치밀하게 처리한다.	0 2 5 8 10
	10. 유연성	*순발력과 융통성이 있다는 평가를 받고 있으며 급변한 상황에서도 여유 있게 대응한다.	0 2 5 8 10
추진력	11. 통솔력	*원하는 방향으로 조직을 이끄는 능력이 있다.	0 2 5 8 10
	12. 신뢰	*리더로서 신뢰가 있다는 평판을 가지고 있다.	0 2 5 8 10
	13. 열정	*하는 일에 대부분 열정적으로 참여하고 추진한다.	0 2 5 8 10
	14. 전략적 사고	*다양한 요소를 고려한 계획 수립 및 실행 능력이 탁월하다.	0 2 5 8 10
	15. 지속적 개선	*꾸준한 성격이며 정신적, 신체적인 인내성이 강해서 계속 발전시키는 것을 중시한다.	0 2 5 8 10
	16. 성실	*리더가 되는데 필요한 성실성을 가지고 있다.	0 2 5 8 10
대인관계	17. 커뮤니케이션	*대인 커뮤니케이션 능력(연설, 발표, 혹은 설득 등)이 우수하다.	0 2 5 8 10
	18. 유머	*그의 유머는 리더십에 좋은 영향을 미친다.	0 2 5 8 10
	19. 정치성	*외부 활동이 활발하여 내부에서 필요한 부분을 조직 외부에서 찾아내어 해결하는 데 적극적이다.	0 2 5 8 10
	20. 쇼맨십	*보다 나은 결과를 위해서 의도적으로 상황을 연출하기도 한다.	0 2 5 8 10
	21. 교섭 능력	*어려운 상황과 다루기 힘든 사람을 협상으로 처리하는 능력이 있다.	0 2 5 8 10
	22. 겸손	*언행에 있어서 겸손한 사람이라는 평가를 받고 있다.	0 2 5 8 10
	23. 직선적	*마음에 있는 생각은 솔직히 털어놓는 성격이다.	0 2 5 8 10
가치관	24. 도덕성	*리더는 도덕/윤리적으로 깨끗해야만 한다고 믿고 실천하는 사람이다.	0 2 5 8 10
	25. 인간 중시	*상호 인격을 존중하며 다른 사람의 실수도 사랑으로 포용한다.	0 2 5 8 10

●●● 표 4. 컬러 리더십 진단표

대해서 5가지 수준으로 응답하면 된다.

'적극 동의한다' 는 10,

'동의한다' 는 8,

'보통이다' 는 5,

'미흡하다' 는 2,

'아주 미흡하다' 는 0에 동그라미 표시를 해라.

각 문항에 대해 자신의 가장 보편적인 리더십 행동에 근거해서 가능한 제3자의 객관적인 시각에서 진단하면 될 것이다. 만일 다른 사람으로부터 객관적인 진단을 받고 싶은 경우에는, 자신의 리더십에 대해서 해당 그룹이 느끼는 수준을 표시하도록 하면 된다. 솔직한 응답을 유도할 수 있다면, 이것이야말로 진정 구성원들이 인정한 자신의 리더십 컬러라고 할 수 있을 것이다.

* 〈표 4〉의 리더십 진단 설문은 리더십에 대해 25가지 측면의 성향을 나타내고 있다. 이 진단리스트는 데브라 벤튼이 쓴 『CEO가 되는 방법』과 프리곤과 잭슨이 쓴 『The Leader』에 제시되어 있는 방법과 필자가 국내 대기업 후계자 선정을 자문하는 과정에서 개발한 '후계자 리더십 면담 리스트'를 통합해 개발한 것이다. 따라서 이들 25개 진단 항목은 올바른 리더십을 반휘하는 데 필요한 핵심 리더십 자질을 상당 부분 망라한 것이라고 볼 수 있다.[8, 13, 14]

당신의 리더십 컬러를 찾아라

이제 자신의 리더십 컬러를 함께 찾아보자. 앞에서 대답한 내용을 이용해서 자신의 리더십이 어느 유형에 가까운지를 결정한다. 먼저 〈표 5〉에 있는 '컬러 리더십 분석표'에 나타나 있는 진단문항에 대해 스스로 진단한 점수를 빈칸에 기입하면 된다. 음영이 있는 부분이 아니라 반드시 빈칸에 적어야 한다. 왜냐하면 검은 부분은 각 컬러의 리더십에서 상대적으로 별로 고려되지 않는 핵심가치이기 때문이다. 예를 들어서, 당신이 만약 핵심가치 1(비전)에 대해서 8점을 주었다면, 사이드 리더(노랑), 파워 리더(초록) 그리고 비전 리더(남색)로서 8점을 획득한 것이다. 이렇듯 25개의 핵심가치는 각 컬러 리더십 유형에 대해서 10개씩만 응답하도록 되어 있으며, 점수를 합산하면 최고 100점이 될 수 있다.

〈표 5〉의 진단 항목은 크게 다섯 가지 범주로 분류되어 있다. 방향설정, 결단력, 추진력, 대인관계 그리고 가치관으로 구성되어 있다. 또한 각 범주는 관련된 리더십 자질을 포함하는 요소로 세분되어 핵심가치를 질문한다. 여기서 주의할 점은 각각의 가치관 속에 포함된 핵심가치가 모든 리더십 스타일에 연관되어 있지는 않다는 점이다. 쉽게 말해, 〈표 5〉를 보면 빨간색 서번트 리더십에서 방향설정 중 1(비전), 2(창의성) 그리고 3(문제의식) 항목

진단 문항		빨간색 서번트	주황색 브랜드	노란색 사이드	초록색 파워	파란색 슈퍼	남색 비전	보라색 변혁적
	1. 비전(예시용)			(8)	(8)		(8)	
방향 설정	1. 비전							
	2. 창의성							
	3. 문제의식							
	4. 의견 수렴							
결단력	5. 신속성							
	6. 책임감							
	7. 용기							
	8. 경쟁심							
	9. 치밀성							
	10. 유연성							
추진력	11. 통솔력							
	12. 신뢰							
	13. 열정							
	14. 전략적 사고							
	15. 지속적 개선							
	16. 성실							
대인 관계	17. 커뮤니케이션							
	18. 유머							
	19. 정치성							
	20. 쇼맨십							
	21. 교섭 능력							
	22. 겸손							
	23. 직선적							
가치관	24. 도덕성							
	25. 인간 중시							
합산 점수								

●●● 표 5. 컬러 리더십 분석표

은 검은색으로 칠해져 있다. 이것은 빨간색 서번트 리더에게 그러한 리더십 자질이 필요 없다는 것을 나타내는 것이 아니라 방향설정 범주에서는 4번인 의견수렴이 서번트 리더를 차별화하는 데 크게 기여한다는 것을 의미한다.

참고로 〈표 5〉를 분석하여 보면, 서번트 리더(빨강)와 사이드 리더(노랑)가 6개의 공통요소를 가지고 있는데, 이는 이들 두 컬러의 리더십이 유사성이 높은 것에서 비롯된다. 반대로 서번트 리더(빨강)와 파워 리더(초록)의 공통요소는 '신뢰'와 '성실', 2가지로서 상호간에 차이가 큰 리더십 방식임을 의미한다.

이제 〈표 5〉에서 각 항목에 적혀 있는 진단 점수를 세로로 합산하라. 각 컬러 리더십에 대한 합산 점수를 구할 수 있을 것이다. 그 다음, 그 결과를 〈표 6〉의 '컬러 리더십 분류표'에 기입해 자신의 리더십 컬러를 결정하면 된다. 리더십 컬러의 합산 점수를 참고하여 '컬러 리더십 분류표'의 각 리더십 컬러에 적절하게 '☆' 표시를 하라. '☆' 표시를 선으로 연결시킨 후, 가장 오른쪽으로 두드러지게 나타나는 것을 자신의 리더십 컬러로 보면 된다.

리더십 컬러	10	20	30	40	50	60	70	80	90
서번트 리더십									
브랜드 리더십									
사이드 리더십									
파워 리더십									
슈퍼 리더십									
비전 리더십									
변혁적 리더십									

●●● 표 6. 컬러 리더십 분류표

당신의 리더십 컬러는 무엇으로 나타났는가? 〈표 7〉에는 필자의 리더십 컬러가 나타나 있다. 필자(☆)는 '사이드 리더'로서 리더십 점수가 76점으로 나타났다. '★'를 사용해서 표시한 사람은 슈퍼 리더, 파워 리더와 서번트 리더가 비슷하게 나왔다. 반면, '◆'로 표시한 사람은 브랜드 리더임이 확연하게 나타났다. 당신이 어떠한 유형으로 결과가 나왔든 간에 옳고 그른 것은 없다. 중요한 것은 '리더십 이미지가 있는가?' 하는 점이다. 한쪽 컬러에 많이 치우쳐 있다고 해서 당황할 일도 아니다. 당신이 현재 처해 있는 상황이 당신으로 하여금 그러한 유형의 리더십을 갖도록 만들었을 수도 있다. 또한 그 유형이 현 상황에서 이끌어 갈 수 있는 유일한 리더십 접근 방식일 수도 있기 때문이다.

리더십 컬러	10	20	30	40	50	60	70	80	90
서번트 리더십					☆◆	★			
브랜드 리더십				★	☆			◆	
사이드 리더십					★	◆	☆		
파워 리더십					☆	★	◆		
슈퍼 리더십					☆	◆◆			
비전 리더십					★☆◆				
변혁적 리더십				★ ☆		◆			

●●● 표 7. 컬러 리더십 분류 예시

당신이 모든 컬러에서 높은 점수를 얻어서 무지개와 같은 드림 리더일 수도 있다. 부러운 일이 아닐 수 없다. 하지만 한두 가지에서 상대적으로 강한 리더십 컬러를 갖춘 경우가 가장 보편적일 것이다. 그러한 리더는 어떻게 해야 하는가? 방법은 팀 리더십에서 해결해야 한다. 당신 스스로가 드림 리더가 되는 것보다, 다양한 컬러를 갖춘 크고 작은 리더들이 함께 동참한 '드림 팀'을 만드는 것이 더 바람직한 리더십의 모습이다. 마쓰시타 고노스케는 신입사원을 뽑을 때, 특성별로 균등하게 배분하여 뽑았다고 한다. 그는 팀 리더십을 중요시했던 것이다.

농구 스타 래리 버드가 속한 보스턴 셀틱스는 시카고 불스와 플레이오프 경기에서 연장전 끝에 힘겹게 승리하였다. 그날 시카고 불스의 마이클 조던 은 혼자서 무려 63점을 득점하였다. 믿을 수 없는 득점이었다. 그러나 어쨌든 보스턴은 시카고를 이겼다. 그날 래리 버드는 다음과 같은 생각을 하면서 경기장을 빠져나왔다고 한다.

"한 사람으로는 결코 팀을 승리로 이끌 수 없다."

당신은 당신의 팀에서 무지개 리더십을 보아야 한다.

컬러 리더십, 어떻게 활용할 것인가?

대통령 경호실의 경호서기관, 국무총리 비서실, 기획예산처, 국방부를 포함한 정부 주무부처의 부이사관이나 서기관 27명에게 자신들의 상사에 대해서 컬러 리더십을 진단하도록 부탁해 보았다.

대검찰청, 국가보훈처, 식품의약품안전청만이 2명이 진단에 참여했으므로 거의 모든 중요한 부처가 포함되었을 뿐 아니라, 참여한 공무원이 무작위로 구성되어 있으므로 표본의 구성도 상당히 우수하다고 볼 수 있다. 고위직 공무원들의 리더십 컬러를 부분적으로나마 파악해 볼 수 있다는 점에서 대단히 흥미로운 자료이다(필자가 중앙공무원 교육원의 고급관리자 교육과정에 참여한 공무원과 K 회사 경영품질 진단요원 양성과정에 참여한 직원을 대상으로 직접 조사한 것이다).

진단 점수의 합계가 같게 나타나는 경우에는 복수의 리더십 컬러를 갖고 있다고 인정하고 진단 결과를 분석해 보았다. 〈표 8〉에 나타나 있듯이, 고급 공무원의 리더십 컬러는 단연 서번트 리더와 파워리더가 많은 것으로 나타났다. 구성원들을 포용하면서도 실적을 내야 하는 공무원 조직의 특성이 잘 반영된 결과라고 생각된다. 또한 브랜드 리더가 가장 낮은 비율로 나온 것도 참으로 재미있다. 남들보다 튀어서 별로 득이 될 일이 없는 공직사회의 현실을 여실히 보여 준다고 하겠다. 공무원의 리더십을 조사한 같은 방식으로 K회사 간부 26명의 리더십 컬러를 조사하여 공무원의 리더십 컬러와 비교할 수 있도록 제시하였다. 파워 리더가 단연 높게 나타났으며 서번트 리더와 브랜드 리더도 많았다. 단기적인 성과 관리와 차별화된 마케팅 능력이 강하게 요구되는 기업이므로 리더십 또한 다르다는 것을 볼 수 있다. 여기서의 핵심은 조직의 문화에 따라서 리더십 컬러 또한 확연히 차이가 있다는 사실이다.

이러한 결과는 조직의 요구에 부응하는 리더의 역할을 하다보면 저절로 조직의 문화에 적합한 리더십 컬러를 갖게 된다고 결론짓게 만든다. 한편으로 생각해 보면, 그 조직에 어울리는 리더십 컬러를 가질 수 있는 사람만이 고위직 리더로서 살아남는다고도 볼 수 있을 것이다. 둘 중에서 어느 경우가 더 보편적인가 하는 측면은 확인하기 어렵다. 분명한 것은 컬러 리더십은 조직의 문화와 별개로 생각될 수 없다는 사실이다. 다시 말해서, 자신의 리더십 컬러가 조직이 요구하는 리더십의 컬러와 어떻게 어울리는가 하는 점에 관심을 가져야 하는 것이다.

조직 특성	빨간색 서번트	주황색 브랜드	노란색 사이드	초록색 파워	파란색 슈퍼	남색 비전	보라색 변혁적
고급 공무원의 컬러 리더십	48.15%	7.01%	18.52%	37.04%	14.81%	11.11%	18.52%
K통신 간부의 컬러 리더십	17.24%	17.24%	10.34%	37.93%	3.45%	6.90%	6.90%

●●● 표 8. 고급 공무원과 K회사 간부의 컬러 리더십

참고로, 고급 공무원의 컬러 리더십 점수는 64.16 그리고 K회사 간부의 점수는 70.28로 나타났다. 평가자의 까다로움에 영향을 받은 점수이긴 하지만 자신의 점수와 비교해 볼 수 있는 흥미로운 정보이다.

자신의 강점이 돋보이는 리더십 환경에서 리더의 역할을 하는 사람은 행복한 리더이다. 빈번한 경우는 아니겠지만, 그 반대의 경우에는 참으로 답답한 노릇이다. 이는 '리더십에 대한 기대를 얼마나 충족시킬 수 있는가' 에 따라서 리더의 평가가 이루어진다는 것을 의미한다. 그래서 컬러 리더십과 구성원의 기대를 비교해서 6가지 상황으로 구분하여 보았다. 각 상황에는 원형의 도표 안에 두 개의 선이 그려져 있다. 굵은 실선은 '리더의 리더십 수준' 을 나타낸 것이고 점선은 '조직의 요구 수준' 을 나타낸 것이다. 예를 들어서, 리더십 수준은 2장에서 했던 리더십 진단 결과를 10으로 나누어 표시한 결과라고 생각해도 좋다. 조직의 요구 수준은 〈표 9〉에 있는 '요구 수준 파악표' 를 활용하여 결정할 수도 있다.

각 상황에서 컬러 리더십을 효과적으로 적용하는 가이드 라인을 간략하

컬러 리더십에 대한 기대 항목	전혀 불필요 0	1	2	3	보통 4	5	6	7	8	절대 필요 9	10
서번트 : 복잡한 갈등이나 대립 해소											
브랜드 : 차별화된 경쟁력 확보											
사이드 : 의견 수렴을 통한 공감대 확립											
파워 : 팀으로부터 즉각적인 결과 달성											
슈퍼 : 권한 위임을 통해서 책임을 명확											
비전 : 새로운 비전이나 방향 설정											
변혁적 : 역량 강화에 의한 경쟁력 확립											

●●● 표 9. 컬러 리더십에 대한 요구 수준 파악표

게 제시해 본다. 자신의 리더십이 처한 상황을 파악하고 리더십을 향상시키는 방향을 설정하는 데 도움이 되기를 기대한다.

① 마음을 비워라 : 컬러 없는 자격 미달 리더

조직의 다양한 요구에 적절히 대응할 만한 리더십 역량이 없는 경우이다. 자신의 리더십을 신중히 검토해 보아야 할 위기 상황이다. 자신의 리더십을 발전시키기보다는 이끄는 팀의 리더십 컬러에 초점을 맞추는 것이 오히려 좋은 대안이다. 리더로서의 위치를 고수하는 데 집착하지 말고 다른 리더를 키우는 데 관심을 갖는 것이 좋다. 리더의 위치를 과감하게 포기하는 것도 생각해 볼 수 있다. 만일 리더의 역할을 반드시 감당해야 할 처지라면, 셀프 리더를 키우는 지식형 슈퍼 리더를 자신의 리더십 컬러로 선택하는 것이 편할 것이다. 리더를 키우는 리더로 자신의 역할을 정립하고 조직을 위해서 마음을 비우는 것이 필요하다.

② 리더십 컬러를 가져라 : 컬러 없는 보통 리더

전체적으로 리더십 역량이 보통인 편이며 아직 특별한 컬러도 형성되지 않은 경우이다. 몇 가지 분야에서 가능성은 보이지만, 그렇다고 눈에 확 띄는 것도 아니다. 이런 리더가 컬러 리더십이 가장 필요한 사람인지도 모른다. 자신의 강점에 근거해 리더십 컬러를 강화시켜 나가는 것이 절대적으로 필요하다. 특히 조직이 필요로 하는 분야와 일치하는 컬러를 추구할 수 있다면 더욱 다행스럽다. 만일 그렇지 못하더라도, 자신의 강점을 살려서 리더십 이미지를 구축하는 데 도전하라. 자연스럽게 다른 리더십도 동반 상승하는 효과를 누릴 수 있을 것이다.

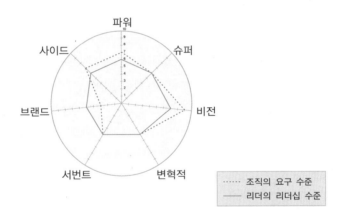

③ 팀 컬러를 중시하라 : 컬러 있는 보통 리더

조직의 요구에 대해서 충족시키는 측면도 있고 미흡한 부분도 있는 리더이다. 다행스럽게도 가장 큰 요구사항에 대해서 뚜렷한 리더십 컬러를 가지고 있는 유형이다. 예를 들어서, 방향 설정과 같이 비전 리더십에 대한 요구가 큰 상황에서 비전 리더의 컬러를 갖고 있다. 평범한 리더가 대부분의 조직을 이끄는 과정에서 나타나는 리더십 모습으로 판단된다. 이러한 경우, 리더는 자신의 리더십 컬러를 지키는 것이 좋다. 컬러가 취약한 부분이 있다면 용인술로 대처해 나가는 것이 바람직하다. 자신의 컬러가 아니라, 조직의 컬러를 가지고 구성원의 요구에 대응하는 리더십을 발휘해야 할 상황이다. 자신의 리더십 컬러를 바꾸는 것이 쉽지 않기 때문이다. 구성원들은 자신의 리더십 컬러를 존중할 것이므로 구성원들이 갖고 있는 리더십을 살려서 조직의 리더십 컬러가 다양하게 나타나도록 만드는 것이 바람직하다.

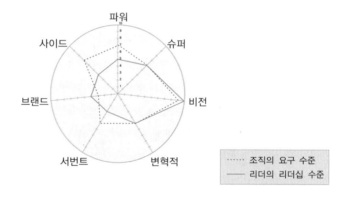

...... 조직의 요구 수준
—— 리더의 리더십 수준

④ 강점을 살려라 : 부적합한 컬러의 보통 리더

전반적인 측면에서 리더십 역량이 평범하지만, 리더십 컬러가 분명한 유형이다. 하지만 그 컬러가 조직이 필요로 하는 컬러가 아니다. 그림에 나타나 있듯이 비전 제시가 시급한 조직을 '브랜드 리더'가 이끌고 있는 상황이다. '우리에게 어울리지 않는 리더야!' 하는 구성원들의 볼멘소리를 자주 들을 수도 있다. 이제 어떻게 할 것인가? 궁합은 맞지 않지만, 리더십 컬러를 분명히 가지고 있으므로 '나름대로의 리더십이 있다'는 평가를 들을 것이다. 다만, 많은 사람들이 '우리의 리더로서는 적격이 아니다'는 비판적인 시각을 가지고 있을 가능성이 크다. 자신이 강점인 분야를 강조하면 조직의 현실적인 요구와는 차이가 발생한다. 그렇다고 해서 조직의 요구에 부응하자니 자신의 리더십 성향에 맞지 않아 곤혹스럽다. 이런 경우 리더는 자신의 리더십 컬러가 다른 리더십 요소에 긍정적으로 영향을 줄 수 있는 측면에 관심을 가져야 한다. 구성원들로부터 "자신의 강점으로 약점을 잘 커버하고 있다."는 평가를 듣는 것을 목표로 해야 한다.

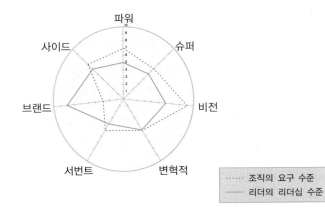

⑤ 유연한 컬러 리더가 되어라 : 컬러 있는 완벽 리더

분명한 리더십 컬러를 갖고 있으면서도 조직의 모든 리더십 요구를 수용할 수 있는 리더이다. 특히 가장 요구가 높은 분야에서 확실한 리더십 컬러를 갖고 있다는 점이 돋보인다. 조직을 단기적으로 이끌 때, 아주 이상적인 컬러 리더이다. 하지만 장기적인 관점에서는 리더십 유형 간의 격차가 크게 나지 않도록 유의해야 한다. 자신의 리더십 컬러가 상대적으로 너무 강하면 시간이 지나면서 오히려 걸림돌이 될 수도 있기 때문이다. 예를 들어서 만일 리더십 여건이 바뀌어서 차별화 능력이 가장 시급한 리더의 역량으로 대두되는 경우, 브랜드 리더십이 비전 리더십의 컬러에 묻혀서 상대적으로 약하게 비쳐질 수도 있기 때문이다. 따라서 유연한 컬러 리더가 되어야 한다. 예를 들어서, "그분은 틀림없는 비전 리더인데, 다른 리더의 분위기도 정말 뛰어나신 분이야!" 하는 소리를 들을 수 있어야 한다.

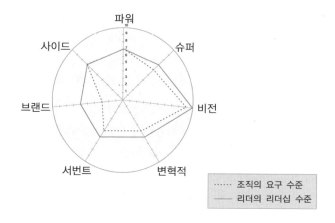

······ 조직의 요구 수준
——— 리더의 리더십 수준

⑥ 빛과 같은 드림 리더가 되어라 : 컬러 없는 완벽 리더

모든 요구를 수용할 수 있는 탁월한 리더십을 가지고 있지만 튀지 않는 리더이다. '뭔가 꼬집어 말할 수는 없지만, 정말 훌륭한 리더다' 라는 평가를 받을 만한 사람이다. 드림 리더라고 할 수 있을 정도로 탁월한 케이스다. 마치 모든 색깔의 빛이 합해지면 흰색이 되듯이 많은 것을 포용할 수 있는 '빛과 같은 리더' 라고 말할 수 있다. 스스로 리더십 컬러를 만드는 것이 아니라, 상황에 의해서 리더십 컬러가 정해지기 쉽다. 예를 들어, 구성원들이 장기적인 방향제시를 목말라 한다면 비전 리더로서의 리더십 이미지가 상대

적으로 점차 돋보이게 될 것이다. 조직을 장기적으로 이끌 때, 큰 영향력을
미칠 수 있는 이상적인 리더십 이미지이다.

다음에 소개될 2부에서는 각 리더십 컬러에게 해당하는 성공 패턴을 소개
한다. 단순한 논리적인 전개가 아니라, 위대한 리더들이 현장 체험을 중심으
로 핵심요소를 강조하는 데 초점을 맞추었다. 자신의 컬러가 무엇이든 상관
없이, 해당 컬러 리더십의 철학, 성공 패턴, 목표 그리고 실천원리를 음미할
필요가 있다. 현재 자신에게 익숙한 의사결정 패턴과 여기서 제시하는 성공
패턴을 비교해 보라. 앞서 한국 대통령의 리더십에서 보여주었듯이, 스스로
의 리더십 강점과 약점을 정리하게 될 것이다.

PART II

컬러로 리더십
성공 패턴을 찾아라

color
leadership

3. 빨간색 리더 : 가슴으로 경영하는 서번트 리더

4. 주황색 리더 : 튀는 아이디어로 경영하는 브랜드 리더

5. 노란색 리더 : 함께 미래를 걱정하는 사이드 리더

6. 초록색 리더 : 성실한 추진력으로 도전하는 파워 리더

7. 파란색 리더 : 지식으로 이끄는 슈퍼 리더

8. 남색 리더 : 장기적인 비전으로 선도하는 비전 리더

9. 보라색 리더 : 약점을 강점으로 바꾸는 변혁적 리더

"컬러 리더십의 성공 패턴을 알고 있는가?"

사랑으로 섬기는 **빨간색의 서번트 리더**
튀는 이미지로 승부하는 주황색의 브랜드 리더
1:10:100의 원리로 리드하는 노란색의 사이드 리더
성실하게 노력하는 **초록색의 파워 리더**
파란 지식으로 셀프 리더를 **키우는 슈퍼 리더**
카리스마로 미래에 도전하는 **남색 비전 리더**
사람을 변화시키는 변혁적 **보라색 리더**

빨주노초파남보, 리더십에도 컬러가 있다. 컬러가 있는 리더들의 성공 패턴은 독특하다. 성공한 리더들의 의사결정 패턴을 터득하는 데 포커스를 맞춰라. 그러면 성공 패턴이 당신의 리더십에 길잡이가 되어줄 것이다.

CHAPTER 3

빨간색 리더

가슴으로 경영하는
서번트 리더 _끝없이 사랑하라

가슴으로 경영하는 서번트 리더십

서번트 리더의 철학 – 사랑으로 모든 것을 해결할 수 있다

서번트 리더의 성공 패턴 1 – 역삼각형의 파워 구도를 즐긴다

서번트 리더의 성공 패턴 2 – 네트워크형 조직 구조를 선호한다

서번트 리더의 성공 패턴 3 – 이해관계자의 요구를 파악한다

서번트 리더의 4가지 실천과제

서번트 리더의 목표 – 좋은 가치를 추구하라

RED

빨강

가슴으로 경영하는 서번트 리더십

데이브 에드먼즈, 그는 《포천》이 선정한 100대 제약회사의 부사장이다. 그의 직장생활은 22년 전 회사에 입사하여 29명의 동료들과 함께 2년 동안에 걸친 관리자 양성과정에 참여하는 것에서부터 시작되었다. 교육기간 동안 뜨거운 동료애를 과시하며 성공적으로 교육과정을 무사히 마친 25명의 젊은이들은 이제 실전에 투입되는 순간을 기다리고 있었다.

치열한 경쟁의식으로 정평이 나 있던 회사였기에 이들 신참들은 "우리들만큼은 함께 잘해 보자!"고 굳건히 다짐을 했다. 경쟁보다는 협조하는 분위기를 만들자는 약속을 한 것이다. 그러나 현실은 만만치 않았다. 연봉제와 고과평가라는 직무평가제도에 휘둘리기 시작하자, '함께 잘하자'고 다짐했던 동료의식은 삽시간에 불같은 경쟁의식으로 변해 버리고 말았다.

피라미드 조직의 근본적인 생리를 이해하면서도 에드먼즈는 깊은 고민에 빠져들게 되었다. 그간 친해진 동료들과 매일 경쟁하면서 살아가야 한다고 생각하니 앞날이 캄캄했던 것이다. 평소 동료들을 좋아했고 그들의 재능을 존경했던 그에게 그러한 경쟁의식은 엄청난 스트레스가 되었다. 급기야 회사를 그만두는 것까지도 심각히 고민했던 그에게 문득 '나폴레옹이 자기 힘으로만 리더가 된 것은 아니지?' 하는 생각이 떠올랐다. "리더가 되려고 애쓰는 동료 직원들이 리더가 되기 위해서는 누군가 지원해 주어야 한다. 그들과 경쟁하는 방법도 있겠지만 그들을 리더가 되도록 도울 수도 있을 것이다." 다른 동료들이 훌륭한 리더가 될 수 있다면 그들을 후원해 주고 도와준 자신도 보다 유리한 위치에 설 수 있을 것이라는 생각을 하게 된 것이다.

생각을 바꾸게 된 에드먼즈는 동료들과 경쟁하기보다는 그들에게 기여해서 신뢰를 받는 데 초점을 맞추기 시작했다. 그리고 20년을 열심히 일한 결과 부사장의 위치까지 승진하기에 이르렀다. "아마도 남들은 나를 리더라고 부르겠지요. 그러나 나는 리더가 되려고 애쓴 적이 한 번도 없습니다. 솔직히 나는 리더라는 사실이 부담스럽습니다." [15] 리더라는 위치보다는 동료들과 좋은 인간관계를 갖는 데 높은 우선순위를 두었던 에드먼즈 부사장. 그는 섬기겠다는 자세로 훌륭하게 리더의 역할을 하고 있는 경영인이다.

서번트 리더십과 로버트 그린리프

"다른 사람을 섬기고자 하는 욕구는 인간의 자연스런 욕구이다."

서번트 리더십의 창시자인 로버트 그린리프가 강조하는 인간의 기질이다. 다른 사람이 잘 될 수 있도록 섬기려는 내적인 마음이 있기 때문에 그러한 성향의 사람들에게 적합한 리더십이 정립되어야 한다는 것이다. 이러한 철학을 근거로 그린리프는 서번트 리더는 "먼저 섬기는 사람이다."라고 정의하였다. [16] "너희 중에 누구든지 크고자 하는 자는 너희를 섬기는 자가 되고 너희 중에 누구든지 으뜸이 되고자 하는 자는 모든 사람의 종이 되어야 하리라."(마가복음10:43-44)는 성경구절과 맥락을 같이한다. 군림하려는 자세가 아니라 섬기려는 자세를 갖는 사람이 리더가 되어야 한다는 것을 의미한다.

서번트 리더십은 종교적인 컬러를 갖고 탄생한 개념이다. 일반 경영인들이 받아들이기에는 상충되는 부분이 있을 수도 있다. 하지만 천성적으로 조용히 섬기는 것을 즐기며, 남 앞에 나서기를 꺼리는 사람들이 리더로서의 역할을 감당하는 데는 적합한 리더십 모델이다. 특히, 신앙인의 자세를 유지하면서 일반적인 조직을 이끌고자 하는 경우에는 특별히 서번트 리더십에 관심을 가질 필요가 있다. 스테이시 라인하트는 『*Upside Down*』에서 "그리스도는 사망으로 대속했다. 따라서 서번트 리더십은 평생의 결단이 되어야 한다. (중략) 결국, 주 안에서 우리에게 주어진 가장 강력한 무기는 믿음, 기도, 그리고 예수 그리스도와 신앙의 형제에게 의지하는 것이다. 그리스도가 보여준 것처럼 주를 섬기는 겸손한 봉사자야말로 진정 영원한 승리를 얻을 것이다."라며 서번트 리더의 소명의식을 강조하였다.[17] 이웃에게 사랑을 베풀고 나누기를 강조하는 종교라면 그 어떤 신학적인 배경에도 '섬기는 리더십'이 어울린다.

서번트 리더십의 핵심은 섬기는 자세에 있다. "내가 봉사를 잘할 테니, 당신들은 나를 리더로 섬겨라."고 요구하는 조건부가 아니다. 진정한 서번트 리더는 "나는 최선을 다해서 봉사를 하겠다. 당신들이 나를 따르는 것은 선택사항이다."라며 섬기는 기능을 목적으로 설정한다. 섬기려는 마음이 모든 것을 우선하는 리더이다.

사람에 대한 따스한 사랑이 필요하다

헤르만 헤세의 『동방으로의 여행』이라는 소설에는 다음과 같은 재미있는 대목이 있다. 귀족들이 여행을 떠나게 되었다. 이들을 안내하는 사람은 레오라는 하인이었다. 레오는 귀족들을 위해 여행에 필요한 모든 것을 제공했다. 관광 안내는 물론 식사와 잠자리를 보살펴 주었고, 현지 여행 정보도 상세히

일러줬다. 그는 또 귀족들이 명령하고 요구하는 대로 서비스를 제공했다. 여행은 모든 것이 만족스러웠고 귀족들은 즐거운 시간을 보냈다.

그러나 시간이 흐르면서 귀족들은 서서히 레오에게 불평을 하기 시작했다. 마침내 견디다 못한 레오가 사라지는 일이 발생하고 말았다. 레오가 없어지자, 귀족들은 당황했다. 이들은 우왕좌왕하면서 어디로 가야 할지, 무엇을 봐야 할지, 무엇을 먹어야 할지를 모르고 허둥댔다. 귀족들의 남은 여행은 엉망진창으로 끝나고 말았다. [18]

이 일화에서 진정으로 리더십을 발휘한 사람은 누구였을까? 명령하고 대접받은 귀족이었을까? 아니면 이들의 명령을 따르고 귀족들을 섬겼던 하인 레오였는가? 대답은 분명하다. 여행의 즐거움을 높여 주는 리더십을 발휘한 사람은 귀족들이 아닌 하인 레오였던 것이다. 조직의 가치를 향상시키기 위해서는, 리더라고 자처하는 사람이 아니라 리더십을 가진 진정한 리더가 필요하다.

서번트 리더십은 기존의 리더십과는 여러 가지 측면에서 차이가 난다. 스테이시 라인하트가 〈표 10〉에서 그 차이점을 제시하고 있다.[17] 서번트 리더는 자신이 혼자 스포트라이트를 받기보다는 다른 사람들과 공유한다. 조직의 구심점은 자신이 아니라 절대자가 추구하는 가치라고 강조한다. 또한 책임과 권한을 중시하기보다는 최고 서번트가 되는 것을 목표로 한다는 점에서 커다란 차이점을 보여준다. 구성원을 직무 중심이 아니라 자신이 추구하는 가치 중심으로 선발하는 것도 눈에 띈다. 눈앞의 목적 달성에 급급한 요즘 세태에서 결코 추구하기 쉽지 않은 리더십이다. 이러한 서번트 리더십 특징들의 공통점은 '사람에 대한 따스한 사랑'을 요구한다는 점이다. 근본적으로 인간존중의 정신이 뒷받침되지 않고서는 서번트 리더의 자세를 장기적으로 견지하는 것은 불가능하다.

기존의 파워 리더십	서번트 리더십
스포트라이트를 좋아한다	스포트라이트를 다른 사람과 공유한다
자신이 조직의 핵심으로 활동한다	예수님을 조직의 핵심으로 만든다
다른 리더를 키우지 않는다	많은 리더를 키운다
구성원의 이탈률이 높다	구성원의 이탈률이 낮다
초점을 자신과 현안에 맞춘다	그리스도와 관련 안건에 초점을 맞춘다
책임과 권한을 중시한다	먼저 최고 서번트가 되는 것에 헌신한다
직위를 자주 언급한다	직위를 거의 언급하지 않는다
처세에 능하고 방해자를 음해한다	사람을 존중해서 자유롭게 사고하고 행동하도록 한다
권력을 상징하는 이미지, 사무실, 보수를 중시한다	파워 이미지를 제거한다
많은 구성원을 직무 중심으로 선발한다	하나님을 위해서 많은 구성원을 발굴한다

●●● 표 10. 기존의 파워 리더십과 서번트 리더십과의 차이점

　사랑이 가득한 가슴으로 서번트 리더십을 선보인 위대한 리더들은 많다. 4대 성인이 대표적이며, 간디, 슈바이처, 마틴 루터 킹 목사, 테레사 수녀가 그렇다. 인간존중에 근거한 그들의 리더십은 세대를 넘어 정신적 표상으로서 우리 곁에 영원히 남아 있을 것이다.

　마더 테레사 수녀는 평생을 섬기는 자세로 일관했지만 놀라운 리더의 영향력을 보여주었다. "저는 거리에서 짐승처럼 살았습니다. 그러나 이제 사랑 받고 보호 받으니 천사처럼 죽을 것 같습니다." 테레사 수녀가 몸을 씻기고 상처를 소독하여 침대에 눕힌 뒤 3시간 후 미소를 띠고 죽어 간 사람이 마지막으로 남긴 말이다. 어떠한 사람도 그녀에게는 소중한 한 생명으로 존중될 뿐이다. 자신이 구제사업의 리더여서 가난하고 불쌍한 사람들을 보살피는 것이 아니라, 그들을 비참한 모습으로 나타난 예수로 확신했기 때문에 사

랑하고 섬길 수 있었다고 한다.

"우리는 가난한 사람들이 예수님 같다고 여기면서 섬겨서는 안 됩니다. 우리는 그들이 예수님이기 때문에 섬겨야 합니다." 마더 테레사 수녀는 가난한 사람들로부터 훌륭한 인간상을 보았다. 가진 것 없이 홀로 남겨질 때 사람은 하나님을 의지할 수밖에 없다. "하나님께서 만드신 사람을 더러운 도랑 속에서 저렇게 비참하게 죽게 해서는 안 됩니다." [19] 자기 자신의 목표가 아니라 절대자의 목표에 충실하려고 했던 자세로 리더십의 기능을 대신했던 것이다.

서번트 리더십은 깨달음이 있는 리더에게 적합한 유형이다. 많은 것을 포용할 수 있는 넓은 도량과 인간존중의 사랑만이 이를 가능하게 한다. 구성원들을 이끌 때에도 일치성보다는 권한이양을 중시하며, 리더십의 목표도 나 자신의 성공보다는 보다 큰 가치를 위해서 노력해야 한다. 크리스천인 서번트 리더는 그리스도와 성경 말씀의 성취가 정진의 목표이다. 사회에 봉사를 하는 조직의 리더는 그 조직이 추구하는 목표를 달성하는 데 모든 초점을 맞춘다.

사랑이 모든 것을 해결할 수 있다

휴머니즘에 근거한 서번트 리더십이 경쟁이 치열한 기업 환경에서도 가능할까? 서번트 리더십에 대한 현실적인 질문이다. 생존 경쟁에 적용하기에는 너무 한가해 보이는 리더십 모델로 보는 사람들도 많을 것이다. 《포천》은 해마다 가장 존경받는 기업과 CEO를 커버스토리로 뽑는다. 이 꼭지의 편집자 토머스 스튜어트가 한번은 다음과 같은 말을 남겼다.

"우리의 목록에 들기 위해서 리더들이 반드시 실천해야 할 덕목이 있다. 아이러니컬하게도 투자가들이 금기사항으로 꼽는 항목이기도 하다. 그것은 바로 사랑에 빠지는 것이다. 잘 자르는 CEO가 있다. 잘 고치는 CEO, 잘 보호하는 CEO, 잘 만드는 CEO들도 있다. 그러나 이들 중 가장 위대한 항목은 무엇보다도 먼저 사랑하는 것이다."[20]

종교적인 냄새가 물씬 풍기는 이 《포천》의 선발 기준은 가장 존경받는 기업이 되기 위한 필요조건이 바로 가슴으로 경영하는 CEO라는 것을 의미한다. 반드시 섬기는 자세를 요구하지는 않았다. 하지만 구성원을 사랑하고 존중하는 자세야말로 탁월한 리더가 갖추어야 할 핵심 덕목임을 강조하고 있음에 주목할 필요가 있다.

리더십이란 하인노릇 하기 : 사우스웨스트항공사의 켈러허 회장

미국 텍사스 주의 3개 도시에 취항하는 소규모 항공사로 출발한 사우스웨스트항공사. 현재 50여 개 도시에 240여 대의 항공기를 취항시키는 대규모 항공사로 성장했는데, 이는 적자 운영으로 고통을 받는 다른 항공사와 비교했을 때 놀랄 만한 성공사례이다. 《포천》지에 의해 수차례 탁월한 CEO로 언급되었던 사우스웨스트항공사의 허브 켈러허 회장은 바로 '사랑'을 실천하는 대표적인 CEO이다. 그는 갑자기 나타나 고객에게 직접 땅콩을 서비스하기도 하고 따스한 포옹과 키스를 선사하기도 한다. 언젠가 자신의 일을 얼마나 즐기는가를 물어보자, "나는 사랑하고 있습니다. 사랑하고 있습니다. 죽어라고 사랑하고 있습니다." 라고 응답했다.

그의 이러한 태도는 단지 말에서 그치지 않는다. 추수감사절이면 사람들은 가족들을 만나기 위해 비행기를 탄다. 이것은 사람들이 가족파티를 즐기는 사이에 사우스웨스트의 직원들은 열심히 일해야 한다는 것을 의미한다. 켈러허도 추수감사절에 직접 수화물을 옮긴 적이 있었다. CEO도 예외일 수는 없다는 그의 철학에서 나온 행동이었다.

"재미있는 일이었습니다. 많은 사람들이 우리와 비슷한 조직 문화를 확립하고 싶다고 합니다. 우리는 단지 사람들을 정성스럽게 대할 뿐이라고 간단하게 대답합니다. 그러면 그들은 그것 가지고는 부족하다는 듯이 훨씬 더 복잡한 대답을 원합니다. 그들이 원하는 것은 어떤 '프로그램' 인데, 우리는 '프로그램' 이 오히려 우리의 의도를 망쳐 버린다는 것을 잘 알고 있습니다."

특별한 프로그램이 아니라 서로를 존중하고 섬기려는 정성스런 마음이 사우스웨스트의 조직 문화를 만드는 데 결정적인 요소로 작용했음을 알 수 있다.

"리더십이란 하인노릇 하기라고 말하고 싶군요. 뛰어난 리더는 동시에 훌륭한 추종자여야 한다고 생각합니다. 리더는 다른 사람들의 생각이 자기의 생각과 달라도 기꺼이 받아들여야 합니다. 또한 직원들을 위해 기꺼이 위험을 감수해야 합니다. 직원들을 위해 싸우려 하지 않는다면 그들도 역시 당신을 위해 싸우지 않을 겁니다. 리더는 직원들과 오래도록 함께 할 것이고, 그들은 리더가 허풍쟁이나 위선자 혹은 사기꾼인지 아닌지 반드시 알아낼 것이기 때문입니다. 직원들과 많은 시간을 함께 보내고자 한다면 이 사실을 믿으십시오."[21]

리더십이란 하인노릇 하기라는 켈러허의 철학은 서번트 리더가 기업경영에서도 얼마든지 통할 수 있음을 알 수 있게 한다.

먼저 사랑을 줄 수 있어야 한다

"안녕하세요? 원불교 강남교당에 계시는 박청수 교무님 아니세요?"

지난해 지방을 다녀오다가 공항 리무진 버스에서 생긴 일이었다. 첫 만남이지만 매스컴을 통해서 간간이 뵈었던 분이라 선뜻 인사를 건넸다. 중국에 간장공장을 만들어 북한에 보급하고 싶어서 다녀오시는 길이란다. 마침 교통이 혼잡한 덕분에 1시간 남짓 많은 대화를 주고받을 수 있었다. 놀라운 것은 20여 년 동안 세계 각지를 다니면서 어려운 사람을 도와주었는데 모두 거의 혼자서 실행에 옮겼다는 점이었다. 조직이 있으면 절차가 따르게 마련이고 어려움을 기다리는 안타까운 사람에게 단 1분이라도 더 빨리 도움을 줄 수 없다는 설명이셨다.

"어떤 사람을 성공한 사람이라고 생각하십니까?" 하는 질문에 대해서도 교무님의 대답은 참으로 명쾌했다. "존재가 덕이 되는 사람입니다." 자신의 존재가 다른 사람에게 덕이 되면 누구든지 성공한 삶으로 보고 싶다는 것이었다. 우리의 짧은 만남은 그렇게 끝났다. 책을 한 권 보내 주시겠다고 하셔서 명함을 건네 드린 것이 마지막 인사였다.

한 달 후, 제법 커다란 소포 하나가 우송되어 왔다. 교무님이 보내 주신 것이었다. 내용물 중에는 『마음으로 만난 사람들』이라는 책을 포함해서 책 3권, 비디오테이프 2개, 잡지와 신문기사 등 귀중한 선물들이 잔뜩 들어 있었다. 나는 크리스천이다. 그러나 그 선물은 종교를 초월한 마음의 선물이었다. 나도 사랑의 선물을 보내드리고 싶었다. 자문을 하고 있던 한국전력이 근무복을 없앤다고 하여서 교무님을 통해서 북한에 보낼 수 있도록 연결시켜 드렸다. 또한 〈자랑스런 한국인 상〉에 교무님을 추천하기도 했다. 비록 짧은 만남이었지만, 사회를 선도하는 따뜻한 가슴을 가진 리더를 만났기에 저절로 생긴 열심이다. 그분은 나에게 '가슴으로 다가서는 리더십이 얼마나 소중한가'를 깨닫게 해주셨다.

특강을 할 때, 나는 항상 승부를 건다. 수강생 중 몇 명과 따스한 가슴을 주고받겠다는 목표를 놓고 자신과의 한 판 승부를 펼친다. 지식을 전달하면서 그러한 시도를 한다는 것은 늘 벅찬 승부이다. 그래서 나는 열심히 짝사랑 신호를 보낸다. 개인적인 에피소드를 공유하기도 하고 질의응답을 통해서 교감대도 찾아본다. 강의를 마칠 무렵, 따스한 눈길을 느끼게 되면 성공의 기쁨과 더불어 몸에 힘이 솟는다.

반대로, 실패한 강의는 실연 당한 사람처럼 온몸에 기운을 빠지게 만든다. 그러나 어떠한 강의든 한결같이 주어지는 교훈이 있다. '주는 만큼 받는다'는 평범한 진리이다. 먼저 주어야 한다. 그것도 아주 열정적으로 주어야 한다. 가슴으로 경영하는 리더는 먼저 자신을 구성원에게 열심히 줄 수 있는 사람일 것이다.

어설픈 흉내를 내지 말라 : 월마트의 샘 월튼

미국에 있는 월마트 입구에 가면 특이한 모습을 볼 수 있다. 바로 상점 입구에서 인심 좋게 생기신 할머니나 할아버지가 출입하는 사람들을 위해서 문도 열어 주고 잡일을 도와주며 어린아이들과 장난을 치는 모습이다. 물론 그들은 월마트의 사원이지만 눈여겨보지 않으면 그들이 누구인지를 알기란 쉽지 않다.

언뜻 생각하면 '오갈 데 없는 노인네들에게 직장을 주선해 주었나?' 하고 단정하기 쉽다. 그러나 그들의 또 다른 역할이 계산대에서 계산을 치르지 않고 가는 도둑손님을 감시하는 역할이라는 것을 아는 사람은 많지 않다. 계산대 근처에 감시 카메라를 몇 대 설치하여 위화감을 조성하는 것과 비교하면 정말 인간적인 아이디어가 아닐 수 없다. 이 아이디어는 한 월마트 지방 상점에서부터 시작되었다고 한다. 그것을 높게 평가한 샘 월튼 사장이 부분적인 반대에도 불구하고 거의 모든 상점으로 확산시킨 것이다. 서민들을 대상으로 사업을 했으며, 서민을 사랑하고 서민적인 삶을 존중했던 경영자, 뜨거운 가슴으로 세계적인 체인점을 만드는 데 성공한 샘 월튼의 리더십 이야기이다.[22]

요즘은 보기 힘들지만, 노인들이 주유소에서 열심히 일하시는 모습을 대할 수 있었던 적이 있었다. 보기가 참 좋아서 늘 그런 곳을 단골로 이용했었다. 활동력이 부족한 노인들에게 단순하고 적절한 일을 제공하고 있다는 생각에서 주유소 주인을 내심 훌륭한 사람으로 판단하기에 이르렀다. 그러던 어느 날, 한 할아버지가 그만 실수를 하셨다. 그러자 주인이 달려 나와서 "산 송장 하나 데려다 놓았더니……." 하면서 몰상식한 말로 핀잔을 주었다. 물론 고객인 나에게 미안함을 표시한다고 한 말이었겠지만 몹시 실망스런 일이었다. 당황해 하는 그 할아버지의 모습이 아직도 잊혀지지 않는다.

가슴으로 경영하는 서번트 리더는 어설픈 흉내를 내서는 안 된다. 오히려 커다란 마음의 상처를 입히기 십상이다. 가면을 쓴 사랑의 리더가 아니라, 자신의 철학과 실천이 일치하는 진실한 모습을 가진 서번트 리더가 되어야 한다.

역삼각형의 파워 구도를 즐긴다

허버트 사이먼은 노벨 경제학상을 수상한 학자로서 의사 결정 분야에 많은 업적을 쌓았다. 그는 패러다임의 변화가 인간의 행위에 어떤 영향을 주는지 알아보기 위해 재미있는 실험을 했다. 두 명의 프로 체스 선수와 두 명의 초보자를 초대하였다. 이들에게 프로들이 둔 체스게임을 잠깐 보여주고 복기를 시켰다. 프로들은 80퍼센트 이상을 정확히 복기한 반면 초보자들은 33퍼센트 정도를 복기하였다. 이번에는 임의대로 마구 움직인 체스게임을 같은 시간 동안 보여주고 복기를 하도록 시켰다. 그러자 놀라운 일이 발생했다. 프로는 당황하여 거의 실패했지만, 초보자는 또 다시 33퍼센트 정도 복기를 하였다. 체스의 패턴에 익숙해 있는 프로 선수들이 그 패턴이 없어지자 대응능력을 상실했던 것이다. 패러다임이 변하면 과거의 학습과 경험이 오히려 방해 요인으로 작용할 수 있음을 보여주는 실험 결과이다.[23]

현대 경영의 가장 큰 패러다임 변화는 생산자 중심에서 소비자 중심으로의 전환이다. 단순한 수익성 구조의 변화가 아니라 파워의 이동 현상이 발생한 것이다. 이러한 경영 패러다임의 변화에 신속하게 대응하지 못한 조직이 경쟁 우위를 유지하지 못한 것은 당연하다. 기존의 경쟁력 요소를 믿고 고집을 피운 리더는 실패와 좌절을 겪으며 역사의 뒤안길로 사라져 갔다. 시장 환경의 변화에 민감하게 대응했다는 GE는 1980년대에 불과 15퍼센트에 해당되었던 서비스업을 2000년에는 75퍼센트로 확장시켰다. 상대적으로 제조업의 기능이 획기적으로 줄어들었다. 기업문화도 관료적 성향에서 개방적이고 활기찬 문화, 즉 수혜자 중심의 문화로 전환된 것을 볼 수 있다. 서비스에 대한 고객의 요구가 그만큼 신장되었다는 것을 입증하는 자료이다.[24]

생산자 중심에서 고객 중심으로의 패러다임 전환은 리더십의 관점 전환을 요구하고 있다. '고객지향 경영전략'을 표방하며 차별화된 리더십을 강조하

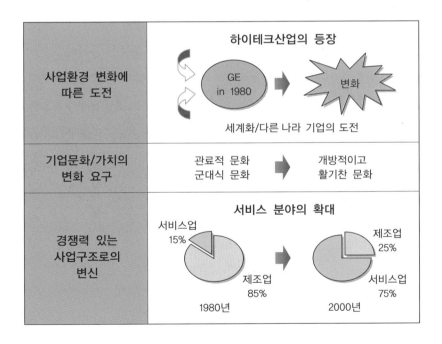

●●● 그림 4. 제조업에서 서비스로 사업을 전환한 GE

는 사우스웨스트항공사의 켈러허 회장은 '일차 고객은 종업원'이라는 마음·으로 고객만족 경영의 첫 단추를 끼웠다고 한다. 그는 '고객감동'이 경쟁력 강화에 절대적인 역할을 하는 이 시대에는 리더십에 대한 발상전환이 우선적으로 필요하다고 강조한다. "리더가 가장 높은 곳에 위치하는 피라미드형 조직구조의 발상에서 리더가 가장 낮은 곳에서 후원하는 역삼각형 구조를 인정해야 한다."는 것이다. 고객과 직접 대면하는 현장의 직원들이 회사의 경쟁력에 결정적인 역할을 한다는 사실을 인정하는 사고방식이다. 서번트 리더로서 성공하기 위해서는 우선 이런 역삼각형의 파워 구도를 인정해야 한다.

고객은 황금이다 : 디즈니월드의 금박 페인트

회전목마, 놀이공원을 생각하면 가장 먼저 떠오르는 놀이기구이다. 갖가지 유형의 동물 형상물들이 높낮이를 달리하며 빙글빙글 돌아간다. 어린아이들과 노인들도 얼마든지 이용할 수 있도록 적당한 속도를 유지하고 있어서 모든 방문객들이 좋아하는 놀이시설이다. 청룡열차와 같은 짜릿한 스릴은 없지만, 회전목마에는 특유의 여유와 평화가 있다. 그래서 놀이공원을 처음 이용하는 사람은 대부분 "나, 놀이공원에 놀러 왔어요!"라고 신고라도 하듯이 회전목마에 오르곤 한다.

디즈니월드의 놀이공원도 예외는 아니다. 공원의 중앙에 위치한 회전목마가 항상 손님들을 기다리고 있다. 사람들의 눈길을 끌기 위해서 금빛, 은빛으로 찬란하게 단장한 것을 제외하고는 익히 상상할 수 있는 평범한 회전목마이다. 그러나 이 회전목마에 디즈니월드의 성공비밀이 숨겨져 있는 사실을 아는 사람은 많지 않다.

디즈니월드는 회전목마에 황금색을 칠해야 하는 부분은 23캐럿 금박 페인트를 칠한다. 금색 페인트를 칠하는 것이 아니라 진짜 금을 칠해 놓는 것이다. 손님들에게 저 회전목마의 금빛 부분은 진짜 금이라고 선전을 하지 않으면서도 비싼 금박 페인트를 칠한다. 약삭빠른 사람은 그들의 사업방식을 이해하지 못할 것이다. 기술이 워낙 발달하여 금색 페인트나 금박 페인트의 차이는 별로 없다. 그런데도 비싼 금박을 쓰고 있다니 멍청한 일이 아닌가? 한 번 칠하면 평생 가는 것도 아닌데, 과연 그럴 필요가 있단 말인가? 눈앞의 이익을 생각한다면 설명이 안 되는 부분이다. 그러나 놀랍게도, 디즈니월드의 선택은 변함없이 금박 페인트라고 한다.

디즈니월드의 리더들이 그 회전목마에 금박 페인트를 칠하는 의도는 구성원들에게 한 가지 메시지를 전하기 위해서이다. "손님은 우리의 황금이며, 우리가 존재하는 이유이다." 즉, 손님이 없다면 디즈니월드는 존재할 수 없다는 것을 강조하고 싶었던 것이다. 회전목마의 금박 페인트는 실제로 직원들에게 내면적인 자신감을 제공한다고 한다. 얄팍한 상술이 아니라 진심으로 고객을 생각하고 중요하게 생각하는 자신들의 경영활동에 대해 자부심과 신뢰가 형성되었기 때문이다.[25]

디즈니월드의 금박 페인트는 서번트 리더에게 중요한 교훈을 가르쳐 준다. 섬김의 대상이 없다면 서번트 리더는 아무것도 아니라는 사실이다. 기쁨과 슬픔을 함께 나눌 구성원이 없다면 존재의 이유는 찾을 길이 없다. 섬기는 사람들을 자신의 '황금'으로 소중하게 생각하고 살고 있는가? 디즈니월드의 리더십이 서번트 리더에게 던지는 도전이다.

마틴 루터 킹 목사는 "한 사람의 궁극적인 평가는 그가 평안할 때 어느 편에 서느냐가 아니라, 갈등과 대립의 순간에 어느 편에 서느냐에 달려 있다."고 말하였다. 기분이 좋을 때는 넉넉한 마음을 보이다가도, 상황이 급해지면 물불을 안 가리는 편협한 됨됨이를 지적한 말이다. 갈등과 대립의 순간에도 이웃을 '황금'처럼 생각할 수 있는 리더, 그가 분명 이 세상을 따뜻하게 만들 수 있는 서번트 리더이다.

종업원은 귀중한 손님이다 : 홀리데이 인의 리더십 철학

눈이 많이 오고 엄청나게 추운 크리스마스 이브, 노년의 부인이 회사 주차장에서 수행원들의 걱정스런 만류를 뿌리치고 있었다.

"사모님, 눈보라가 심하고 관리실까지 걷기에는 멉니다. 다음에 들리시죠?"

"무슨 소리? 다른 곳은 몰라도 이곳만은 절대 그냥 지나칠 수 없어요. 지금 나를 기다리고 있을 거예요. 하찮은 일 같지만 사람들을 실망시켜서야 되겠어요?"

단호한 대꾸였다. 관리실에 들어서니 직원들이 조촐하게 케이크를 준비해서 그녀를 기다리고 있었다. 그녀는 일일이 그들을 안아주고 볼에 입을 맞추면서 "올해도 잊지 않고 기다려 줘서 고마워요." 하고 인사를 나누었다. 내부 커튼 치장을 함께 한 일로 맺어진 청소부 직원들과의 인연을 소중히 지켜 왔던 이 부인은 바로 '홀리데이 인' 의 창업자 케몬스 윌슨Kemmons Wilson의 모친이다. 홀리데이 인의 경영진이 직원들을 어떠한 마음으로 대했는지를 잘 대변해 주는 일화로서 이 회사가 노동쟁의 없이 운영되고 있는 이유를 설명해 주고 있다.[26]

사원들이 '주인 의식' 을 갖는 것에 사운을 건 회사가 바로 '홀리데이 인' 이다. 이 세계적인 체인모텔은 윌슨이 '고속도로를 달리다가 내가 멈추고 싶은 모텔, 가족들이 함께 하루 저녁을 근사하게 보낼 수 있는 모텔을 짓자' 라는 신념과 '내가 대접받고 싶은 대로 고객을 대접해 보자' 는 경영철학으로 시작한 사업이다. 2차 대전이 끝난 지 얼마 안 된 시점에서 냉장고, 아기 침대, 텔레비전 등을 무료로 제공했을 정도로 엄청난 서비스 혁명을 일으켰지만, 문제는 과연 종업원들이 고객을 '지속적으로' 정성껏 응대해 주느냐가 성공의 관건이었다.

"종업원들에게 침대를 올바르게 정리하고 적절한 서비스를 제공하는 방법을 가르치는 것은 어려운 일이 아니다. 그러나 매 행동마다 왜 그렇게 해야 하는지를 가르치는 것은 전혀 다른 얘기이다."

윌슨은 이에 대한 해답으로 스스로 종업원들을 모든 면에서 귀한 손님처럼 대했다. 종업원들에게 "귀한 손님을 모시는 듯한 마음가짐으로 고객을 대하면 된다."는 메시지를 행동으로 보여주고 싶었기 때문이다.

경영자들이 가장 화나는 경우가 '주인 의식'이 결여된 직원의 행동을 목격했을 때이다. '남의 일이다' 하는 식으로 물품을 처리하거나 고객들에게 무성의한 태도로 대응하는 것을 보게 되면 머리에 피가 쏠리기 마련이다. 반대로 내 일인 것처럼 정성을 다하는 사원들의 행동은 여간 고마운 것이 아니다. 서번트 리더는 자신의 목표가 아니라 조직의 목표나 절대자가 추구하는 가치를 향해서 매진하는 사람이다. 따라서 구성원들에게 그들이 조직의 주인이라는 인식을 심어 주는 것이 핵심적인 성공요소이다. 홀리데이 인의 리더십은 그들을 먼저 진심으로 주인으로 대우하라고 가르쳐 준다. 주인으로 대접받는 사람만이 주인이라는 생각을 하게 되기 때문이다.

Bench Marking

역삼각형의 파워 구도를 어떻게 인정하는가?

디즈니월드 : 종업원에 진정으로 섬기고 있다는 상징적인 활동으로 회전목마에 금박 페인트를 칠하고 있다.

홀리데이 인 : 고객을 섬기는 조직 문화를 만들기 위해서 먼저 종업원을 섬기는 사세를 가졌다. 종업원 만족이 고객만족으로 이어지고 그러한 문화가 가치 창출로 이어질 수 있다는 것을 알고 있기 때문이다.

서번트 리더의 성공 패턴 2
네트워크형 조직 구조를 선호한다

고객의 요구가 다양해지면서 내부지향적인 조직의 구조가 외부지향적인 구조로 급변하고 있다. 고객들과 많이 만나면 만날수록 그만큼 유리한 입장에 설 수 있기 때문이다. 이러한 환경 변화는 기업의 조직 운영 및 마케팅 전략의 조정을 요구한다.

미국의 경제학자인 앨프레드 챈들러Alfred Chandler는 "구조가 전략을 따라가지 못하면 비효율이 생기기 마련이다."라고 말했다. 실제로 그는 1960년대와 1970년대에 미국에 성행했던 조직분산화decentralization에 크게 기여한 바 있다. 1950년대에는 《포천》 500대 기업 중에서 20퍼센트만이 분산화된 반면, 1970년도에는 80퍼센트가 분산화되었을 정도로 기업 분산화 전략은 30여 년 전부터 이미 보편화되고 있었다.

1980년대에 AT&T가 생산 중심의 조직구조에서 마케팅 중심의 조직구조로 전환하는 데에도 챈들러는 깊게 관여하였다.[27] 그는 조직 분산화의 강점으로 경영진들이 일상적인 조직 운용에 대한 책임을 줄이고 장기적인 전략 수립과 평가에 시간이나 정보는 물론 심리적인 결단까지 할 수 있다고 주장하였다. 전략을 조직 구조에 우선시하는 그의 철학은 논란이 많지만 리더의 역할에 대한 그의 주장은 많은 사람들이 공감하고 있다. 즉, 권한이양을 올바르게 해야만 리더의 역량을 필요한 곳에 집중시킬 수 있다는 것이다.

명령체계를 분산시켜라 : 존슨&존슨의 랄프 라센

헬스 케어 업종의 대표적인 선두주자인 존슨&존슨의 CEO 랄프 라센은 명령체계를 분산시킬 것을 강조한다. "존슨&존슨 내부에서, 명령은 별 효과가 없습니다. 직원들은 명령한 사람이 지쳐 버릴 때까지 그 명령을 그냥 흘려버립니다. 상사가 눈앞에 있을 때는 하는 척하지만 진정으로 수행하는 것은 아니지요. 우리는 놀라운 분산 경영의 역사를 가지고 있습니다. 직원들은 독자적으로 일하지요. 따라서 그들에게 우리의 의도가 옳다는 사실을 확신시켜야 합니다. 그렇지 않으면 의도한 바에 걸맞은 핵심적인 일은 일어나지 않거든요."

존슨&존슨은 명령체계가 잘 운영되는가를 걱정하기보다는 아예 발상을 바꾸어서 분산 경영으로 명령 그 자체를 위임하고 있다.[28] 중앙집중형 톱다운 경영방식을 경계하라는 것이 바로 라센 회장의 경영 메시지이다. 과감한 권한이양을 통해서 자신의 짐을 가볍게 하고 통솔력에 대한 부담에서 벗어나는 것도 멋있고 감각적인 리더십이다. 최근 팀 경영, 워크아웃, 다운사이징 혹은 디지털 경영과 같은 경영 혁신 개념들이 네트워크 조직 형태의 분산 경영을 추구하는 것도 이와 맥락을 같이한다.

경영구조에 별 문제점이 없음에도 불구하고 통솔력이 한계를 보일 때 고민하게 되는 것이 바로 인센티브 제도이다. '약효가 다 되었나?' 하는 생각에 끝없이 창출해야만 하는 새로운 보상 방법이 늘 부담으로 다가선다. 존슨&존슨의 직원들은 아무도 비용 절감 조치와 직결되는 보너스를 받지 않는다고 한다.

"경영 수단으로 특정 목표와 인센티브를 연결시키고 있다는 것은 충분히 이해하지만, 나는 우리 기업 방침에 따라 그런 식의 보상에 대해서 거부감을 가지고 있습니다. 우리 기업은 헬스 케어 업체입니다. 인명을 구하는 상품을 만들어 내는 기업이지, 비용을 줄이고 시장점유율을 높이기 위해 지름길로 달려가는 식으로 상품을 만들어 내는 기업이 아니거든요. 그래서 기업에 대한 장기적인 공헌도에 따라 보수를 지급합니다. 주관적인 보상이기 때문에, 아주 많은 것을 고려해야 한다는 사실도 물론 알고 있지요. 다만, 5년 목표를 갖고 도전하는 팀이 처음 2년 동안 실망스런 성과를 보인다고 하더라도 징계를 당하지 않도록 하는 보상체계를 운영하고 있습니다."

장기적인 공헌도에 근거한 보상. 존슨&존슨이 형식에 얽매이지 않고 뛰어난 사람들을 가장 문제가 많은 사업에 투입할 수 있는 배경이기도 하다. 서번트 리더는 섬기는 사람이다. 간섭이라고 오인 받을 수 있는 명령체계를 분산화시키고 장기적인 성과를 기다릴 수 있는 내적인 인내가 필요하다.

권한 위임에 과감하라 : 유한킴벌리 문국현 사장

서번트 리더는 팀 중심의 조직구조 변화를 효과적으로 활용해야 한다. 피라미드 조직구조 하에서 서번트의 기능을 감당한다는 것은 현실적으로 매우 어려운 일이다. 특히 리더에게서 권위와 카리스마를 기대하는 동양적인 문화권에서는 자칫하면 리더로서의 권위와 파워에 손상을 입을 수도 있다. 하지만 네트워크 조직에서는 가능하다. 권한을 위임하고 리더 자신은 장기적인 비전 설정과 경영환경 설정에 초점을 맞추어야 한다.

조직 내부의 정보에만 의존하여 방향을 제시하고 조직을 이끄는 데는 한계가 있다. 리더는 외부의 정보를 조직에 접목시키는 결정적인 역할을 해야 한다. 해외를 다니며 기업을 순방하고 다른 경영자들을 만나서 새로운 정보를 입수하는 기능을 효과적으로 할 수 있는 사람이 바로 CEO이다. 고객, 공급자 혹은 다른 이해관계자들로부터 가장 현실적이며 거품 없는 정보를 들을 수 있는 사람도 다름 아닌 CEO이다. 외부의 정보를 파악하고 조직에 도입시키는 역할을 잘할 수 있는 CEO가 그러한 방향으로 시간을 많이 쓰는 것은 너무나도 당연하고 합리적이다. 따라서 내부적인 업무 추진은 권한 위임이 핵심으로 등장한다.

유한킴벌리는 생산하는 제품 모두가 시장점유율 1위를 다툴 정도로 경쟁력이 탁월한 기업이다. 국내에서는 보기 드물게 4조 2교대를 실시하여 12시간 일하고 하루를 쉬게 하는 과감한 조직 운영을 하고 있다. 처음에는 쉬는 날을 제대로 활용하지 못한 직원들이 어려움을 토로했다. 하지만 경영진은 직원들에게 다양한 교육 기회를 제공하여 스스로 학습하는 문화를 창출했다. 획기적인 생산성 향상의 탄탄한 발판이 만들어진 것은 물론이다.

이러한 변화의 선두에는 전문경영인인 문국현 사장이 있다. "저는 제 시간의 80퍼센트 정도를 외부적인 활동에 사용합니다. 새로운 전략을 수립하

시간	일 과	시간	일 과
6:20	집을 나감	11:30	주지사 미팅
7:45	아침 운동을 마침	12:00	직원 식당에서 점심 식사
8:00	신문 읽기, 아침 식사	13:30	쓰레기 소각장 건설을 반대하는 주민과의 협의
9:00	업무 회의	15:00	인사팀 회의
10:00	퇴직 사원 감사패 증정	16:30	E-Mail 점검 및 응답
10:30	아들과 친구와의 미팅	18:00	퇴근
11:00	사업상 친구 처남과의 미팅	19:00	고객과 함께 저녁 식사

●●● 표 11. 어떤 CEO의 하루 일정(참고자료 : 『How To Think Like a CEO』)

고 방향을 찾는 일이 중요하다고 생각합니다. 이는 예산 운용을 포함하여 많은 업무들을 위임했기 때문에 가능합니다. 한 달에 예산에 대한 결재가 서너 번에 그칠 정도입니다." 2001년 동아일보에서 선정한 차세대 리더 100명에 속할 정도로 탁월한 리더십을 인정받고 있는 문 사장의 리더십 철학이다.

CEO 리더십에 대해서 많은 서적을 출간한 데브라 벤튼은 『CEO처럼 생각하라』에서 어떤 CEO의 하루 일정을 시간별로 나누어서 제시하였다(표 11 참조).[29] 오전에 1시간, 오후에 1시간을 회의에 할애한 것을 제외하곤 모든 시간을 외부활동과 정보수집에 투자한 것을 볼 수 있다. 유한킴벌리의 문국현 사장의 외부활동에 대한 비중과 상당히 일치하는 자료이다. 리더는 조직이 해야 할 일을 찾는 역할을 해야 한다. 그러한 역할은 과감한 권한 위임을 효과적으로 활용할 때 비로소 가능하다.

Bench **네트워크형 조직 구도를 어떻게 운영하는가?**

Marking **존슨&존슨** : 명령체계를 분산시켜서 주인 의식을 강화하고 장기적인 공헌도에 따라서 보수를 지급한다. 고품질이 중요한 헬스 케어 회사이므로 단기적인 반짝 쇼를 조직 문화에서 없애려고 노력한다.

유한킴벌리 : 사장은 대부분의 시간을 전략을 수립하고 새로운 방향을 찾는 일에 투입하고 있다. 내부 운영은 철저한 권한 위임으로 역량을 유지시킨다.

서번트 리더의 성공 패턴 3
이해관계자의 요구를 파악한다

1997년 말, 유럽에서 최고경영자들이 모여서 차세대 리더십의 핵심성공요소가 무엇인가에 대한 심포지엄을 개최하였다. 21세기에 경쟁우위요소가 될 수 있는 조직 운영 방안을 공유하기 위한 자리였다. 이 심포지엄에 등장한 세 가지 키워드가 있었다. 바로 혁신Innovation, 기업 간 공조Alliances 그리고 이해관계자의 공생Stakeholder Symbiosis이다. 혁신적인 사고로 경쟁보다는 공조를 지향하고, 나 하나보다는 관련된 모든 이해관계자를 성공으로 이끄는 조직이 미래를 장악한다는 예측이었다.

5년이 지난 현재, 혁신, 공조 그리고 공생은 이미 경쟁력의 키워드로 인정을 받고 있다. 미래의 조직을 선도할 리더는 '내가 최고'라는 협의의 관념에서 벗어나 '다른 리더의 성공이 바로 나의 성공'이라는 공생의 원리를 깨우친 사람이다.

이해관계자는 누구인가?

이해관계자는 '비즈니스의 결과에 관심이 있거나 이득을 보는 사람이나 그룹'을 의미한다. 만족의 개념을 고객에 국한시키지 않고 모든 접점으로 확대시키면서 등장한 단어로서 한국에서는 '이해당사자'로 쓰이기도 한다. 고객과 종업원은 물론 공급자, 투자가, 정부, 주민 등도 포함된다. 현대인은 이미 매슬로의 인간욕구에서 마지막 5단계인 '자아실현에 대한 욕구'를 추구하는 수준에 도달하고 있다. 이는 이해관계자 그룹의 요구를 파악하고 만

이해관계자	일상적인 기대 요소	
고객	• 품질 • 선택권 • 편리성	• 납기 • 신속한 문제해결 • 서비스
공급자	• 가격 • 주문 지속 • 적기 결산	• 편리성 • 솔직한 정보공유 • 신속한 문제해결
투자가	• 경영 • 수익 성장률 • 수익 일관성 • 의문점에 대한 응답도	• 시장 가치 • 솔직한 정보공유 • 정확한 재정 기록
정부	• 공과금/세금 납부 • 솔직한 검토/검사 • 효과적인 서비스 제공	• 적기 보고 • 법규 준수
주민	• 법과 규정 준수 • 주민 지원사업 • 주민 궁금증 해소	• 솔직한 정보 공유 • 신속한 민원 처리
사원	• 업무 도전의식 • 자기계발 기회 • 업무 환경 • 균형 있는 가정 생활	• 직업 안전성 • 급여 수준 • 의사소통
경영진	• 적절한 직위 • 보상 • 자기성취 기회	• 책임 및 권한 • 솔직한 정보공유 • 급여

●●● 표 12. 이해관계자와 그들의 기대요소

족시키는 것이 조직에게 가치를 부가시키는 것과 상관없이 경제 · 경영 활동의 핵심요소가 되고 있음을 의미한다. 문제는 이해관계자의 다양한 가치 개념을 파악하기가 힘들다는 데에서 비롯된다.

구성원을 지원하고 이끄는 과정에서 가장 중요한 것은 리더의 현명한 판단이다. 이해관계자의 니즈Needs를 채워 주는 적절한 조치야말로 서번트 리더십의 중심이 되어야 할 것이다. 무엇을 필요로 하는지를 먼저 인지하지 못하면 아무리 열심히 섬기려고 해도 오히려 구성원들이 부담스럽게 생각할 수도 있다.

아이젠하워는 "리더십은 당신이 원하는 일을 다른 사람들이 스스로 원해서 하도록 만드는 예술이다."라고 말했다. 구성원들이 무엇을 원하고 희망하는지를 알지 못하고서는 아이젠하워가 말하는 리더가 될 수 없다. 서번트 리더는 구성원들이 요구하고 희망하는 일이 자신이 추구하는 가치와 어떻게 일치하고 있으며 어떤 분야에서 상충되는지를 명확하게 인식하고 있어야 한다.

〈표 12〉에는 다양한 이해관계자 그룹의 다양한 기대요소들이 제시되어 있다. 이러한 기대요소를 파악하기 위해서 당신은 어떤 조치를 취하고 있는가? 보다 체계적인 접근방식이 필요한 부분이다.

항상 경청하라 : 명문가의 교훈

풍수지리 학자인 조용헌 교수는 500년 내력의 명문가의 성공 패턴을 찾아내는 데 도전했다. 과연 명문가는 어떤 명당에 위치해 있는가? 그리고 그들 명문가의 공통점은 무엇일까? 하는 점이 궁금했던 것이다. 그가 찾아낸 명문가의 가장 큰 공통점은 대대손손 베풂, 즉 적선에 넉넉한 모습이었다.

9대 동안 진사를 지내고 12대 동안 만석을 한 집안으로 조선 팔도에 널리 알려진 명부名富의 대명사인 경주 최 부잣집이 좋은 본보기이다. "만석 이상 넘으면 사회에 환원하라." "사방 100리 안에 굶어 죽는 사람이 없게 하라."와 같은 베풂에 근거한 원칙을 철저히 고수했다. 그러한 베풂의 자세가 혁명과 전쟁 중에도 욕을 당하지 않고 수백 년 동안 명문가로 유지할 수 있었던 비결이다.[30]

명문가가 되기 위해서는 우선 부富를 축적해야 한다. 하지만 더욱 중요한 것은 주위로부터 존경을 받아야 한다. 즉, 부와 귀貴를 함께 가지고 있어야 한다는 것이다. 탈무드에서 비즈니스의 지혜를 찾아내는 데 초점을 맞춘 『가난해도 부자의 줄에 서라』에서 테시마 유로도 "부자가 되기를 원한다면 베풀어라."고 부자의 실천 덕목을 제시하였다.[31]

베풀기를 좋아하는 명문가들에게 돌아온 보상은 바로 '좋은 정보'였다. 사랑채를 개방하여 오고가는 사람들에게 음식 대접을 하는 데 인색하지 않은 주인에게 나그네는 답례로 자신이 알고 있는 좋은 정보를 주고 가는 것이다. 또한 쓸 만한 인재들이 좋은 아이디어를 갖고 스스로 찾아와 투자를 간청한다. 명문가의 주인이 세상 정보에 밝고 쓸 만한 인재에게 일찍 투자할 수 있었던 배경이다. 즉, 정보에 민감한 자세를 가지고 있었던 셈이다.

코네스키R. Cornesky는 "경영은 성공의 사다리를 올라가는 효율성인 반면, 리더십은 사다리가 올바른 벽으로 세워졌는지를 결정한다. 효과적인 리더십이 없는 효율적인 경영은 침몰하는 배를 고급스럽게 꾸미는 것과 같다."라고 말했다. 그는 리더십의 자질이 부족한 사람은 첫째, 남의 말을 듣지 않고 대부분 자신이 80퍼센트를 얘기하고 둘째, 사원을 관리하는 것은 관리자의 몫이라고 선언하며 셋째, 좁은 안목으로 경영한다는 비난을 받는다고 지적하였다.

서번트 리더는 섬기고 베푸는 데 강한 사람이다. 그것이 자신의 강점이다. 문제는 자신의 관점이 아니라 이해관계자의 관점에서 '베푸는 자'로 비쳐질 수 있는가, 하는 점이다. 남의 말을 듣고, 그들에게 주인 의식을 부여하며, 폭넓은 안목을 가져야 한다. 자신의 편견과 집착에서가 아니라, 구성원이 동참하는 방향에서 조직의 비전과 의지를 공유해야 한다.

Bench Marking 　어떻게 이해관계자의 요구를 파악하는가?

좋은 가치를 갖고 이해관계자를 대하라 : 그들이 당신에게 전하는 정보는 당신에게 도움이 되고 싶어 하는 그들의 소박한 마음의 표현이다

명문가 : 베푼다는 자세를 유지하여 주위로부터 존중을 받는 것을 가장 중요한 덕목으로 생각한다. 선한 일을 추구하는 자신에게 전달되는 양질이 정부와 우수한 인재를 적극적으로 활용한다.

서번트 리더의 4가지 실천과제

서번트 리더는 '큰 목표'를 가지고 현실을 파악하며 조직이 올바르게 운영되는지를 확인해야 한다. 미래를 예측하며, 적소에 최고의 팀을 만들어 그들이 업무를 능동적으로 추진하도록 정성을 다해서 후원을 다하는 모습을 가져야 한다.

하지만 일을 하는 과정에서 리더가 세세한 부분에까지 모두 관여할 수는 없다. 서번트 개념이 구성원들이 해야 할 일을 대신해서 하는 것을 의미하지는 않기 때문이다.

모든 구성원이 추구할 수 있는 큰 그림을 그리는 사람이 리더이다. 그것이 '자질구레한 일'에서 자유로워져야 하는 이유이다. 일상적인 세세한 업무에서 벗어나 전체를 이끄는 일로 가야 한다. 유능한 리더는 큰 그림의 세부사항들을 알고는 있지만, 그런 일들을 직접 하지는 않는다.

당신이 비전과 계획을 이미 조직 내에 올바르게 전파시켰다면, 사람들은 목표가 무엇이고 자신들에게서 무엇을 원하는지 알고 있다. 그들이 각자의 목표를 달성하는 과정에서 필요한 모든 요소들을 따스한 가슴으로 지원해줄 든든한 후견인이 바로 서번트 리더이다.

서번트 리더를 위한 4가지 실천과제

과제 1 : 올바른 가치관을 가지고 비전을 보라

"사랑이란 서로 마주보는 것이 아니라 함께 같은 방향을 바라보는 것이다." 생텍쥐페리가 한 말이다. 사랑으로 경영하려는 빨간색 서번트 리더는 모든 구성원이 함께 가야 할 방향을 올바르게 찾아야 한다. 기업은 조직의 사명을 충실히 지키는 데서 방향감각을 유지할 수 있을 것이다. 핵심은 올바른 가치관을 가지고 미래에 대한 청사진을 제시해야 한다는 것이다.

과제 2 : 자신의 유익보다 대의를 구하라

조직이 추구하는 대의를 목표로 리더십을 발휘하는 것이 중요하다. 서번트 리더가 자신의 개인적인 목적에 집착하게 되면 섬기는 기능을 제대로 이행할 수 없을 뿐더러 구성원도 그러한 리더를 위선자라고 비판하게 될 것이다. 예수는 고난을 당하는 메시아로 당시 이스라엘 사람들이 갈망하던 승리의 메시아와는 상반된 길을 걸었다. 베드로가 위험한 길을 가려는 예수를 말리자 그는 호된 꾸짖음을 들었다. "네가 하나님의 일을 생각지 아니하고 도리어 사람의 일을 생각하는 도다."(마태복음 16:23)

과제 3 : 겸손하라

편견과 오만을 조심해야 한다. 그러한 관점에서 항상 겸손함을 잃지 말아야 한다. "그는 권력 때문에 우쭐하지도 않았고 그 때문에 중압감을 느끼지도 않았다. 그가 강력한 대통령이 될 수 있었던 주된 까닭은 그가 강한 인간이었기 때문이다." 시어도어 소렌슨이 케네디에 대해서 한 말이다.

내적인 강인함이 필요한 것이지 외적인 거만함이 파워가 될 수는 없다.

특히 섬기는 리더십을 추구하는 서번트 리더가 거만하다는 소리를 듣는다면 조직 내에 아주 불편한 환경을 야기시키게 된다. 리더는 구성원들로 하여금 올바른 일을 올바른 방법으로 하도록 이끄는 능력을 소유하고 있어야 한다. 지식과 경험을 갖고 있다는 것은 올바른 방법으로 일을 처리하는 데 큰 도움이 된다. 그러나 올바른 일이라고 결정하는 것은 또 다른 차원의 일임을 유의할 필요가 있다.

과제 4 : 작은 일에 성실하라

우리는 흔히 중요하게 판단하는 일에 대해서는 부지런을 떨지만 매일 반복되는 일상사나 사소해 보이는 일에 대해서는 소홀히 하기 쉽다. 그러나 평범한 일을 통하여 성실을 익히지 않으면 중요한 일에 대해서도 성실성을 유지하기 어렵다. 서번트 리더는 주어진 일이 큰 일이든 작은 일이든 최선을 다하여야 한다. 사소한 일에서 서번트의 자세를 잃게 되면 서번트의 모습을 잃게 된다.

지미 카터는 1963년 1월 조지아 주 상원의원에 당선되자 의회에서 표결을 하기 전에 반드시 모든 법안을 읽어보기로 맹세를 하였다. 그리고 4년 동안 표결에 부쳐진 800~1,000건의 법률안을 모두 읽고, 그 기술적 오류나 내용상의 착오를 꼼꼼하게 지적하였다고 한다.

이러한 법률안은 아주 짧은 것도 있지만 몇 백 페이지에 이르는 것들도 있어 바쁜 일정 중에서 이들을 다 읽어 낸다는 것은 무척 힘든 일이었고 눈에 띄지도 않는 일이다.

그러나 법률안에는 정책의 핵심 내용이 들어 있고 일단 통과되면 엄청난 구속력을 가지는 것이므로 이를 세심히 챙기지 않을 수 없었다. 그 덕분에 지미 카터는 별로 중요하지 않은 부문들에 대해서까지 전문가가 되었고 특정인의 이익을 위한 법안에 대해서는 고독한 반대자가 되기도 하였다. 작은 일에도 성실했던 지미 카터 대통령이 퇴임 후 세상을 섬기는 리더로 살아가는 모습은 오늘날의 많은 사람에게 귀감이 되고 있다.

좋은 가치를 추구하라

좋은 가치를 추구하라

"내가 늘 흠모했던 분이었다. 자기가 옳다고 생각하는 일에 두려움 없이 맞서는 여사 같은 사람이 있기 때문에, 나는 미국이 위대한 국가라고 믿는다." 미국의 퍼스트레이디인 로라 부시가 발표한 추모사의 내용이다. 바로 메리케이Marykay, Inc.를 창립하여 세계적인 화장품 회사로 성공시킨 메리케이Mary Kay Ash 여사를 위한 추모사였다.

독실한 크리스천이었던 케이 회장은 "남에게 대접을 받고자 하는 대로 너희도 남을 대접하라(마태복음 7:12)."는 성경 구절을 실천하려고 애쓴 경영자이다. '이익보다 사람을 남겨라'는 경영철학을 가지고 베풀면 베풀수록 더 받게 된다는 'Go-give' 정신을 강조했다.[32]

베푼다는 자세로 경영에 임하는 것은 좋은 가치를 추구하지 않고서는 불가능한 일이다. 메리 케이 사장이 섬기는 자세로 경영을 할 수 있었던 것은 인간존중의 가치를 추구했기 때문이다.

구성원이 공감하는 목표를 세워라

많은 직원을 거느리면서 '사랑'을 운운하는 것은 결코 쉬운 일이 아니다.

더구나 세대간 혹은 계층간의 괴리가 급속히 증폭되는 요즘 시대에는 더욱 그러하다. 예전 아이들은 어린이날 대공원에 데리고 가서 자장면 한 그릇 사주면 매우 만족하였다. 그러나 요즘 아이들은 어디 가기보다는 차라리 돈을 달라고 요구한다. 예전 학생들은 선생님에게 체벌을 당하게 되면 무조건 잘못했으며 다시는 안 그러겠다고 울면서 빌었다. 요즘 학생들은 체벌을 당하면 오히려 경찰에게 신고를 한다. 새로운 세대는 썰렁한 가슴으로 살아갈 준비를 단단히 하고 있는지도 모르겠다. 그들에게 가슴으로 경영하려는 리더는 구시대적 유물 정도로 비쳐질 수도 있겠다.

그런 이유 때문인지 일부 경영자들은 돈이라는 가장 확실한 보상체계만이 관건이라고 판단하는 듯하다. 그러나 그들은 돈을 잘 버는 리더가 될지는 몰라도 존경받는 리더로 평가받지는 못할 것이다. 부의 축적이 경영자의 궁극적인 목표가 될 수는 없다.

그린리프는 서번트 리더가 되기 위해서는 실용성보다는 절대자의 말씀에 목표를 두어야 한다고 주장했다(그림 5 참조). 리더 자신의 목표가 아니라 조직이 추구해야 할 절대자 혹은 조직의 공동목표에 도전해야 한다는 것이다. 그리고 그러한 목표를 달성하기 위해서는 표준화보다는 다양한 접근방식을 추구해야 하며, 권한 이양을 통해서 구성원들이 마음껏 개성을 살릴 수 있도록 해야 한다.[16]

경영 환경에서의 서번트 리더는 조직의 사명과 비전 성취를 목표로 할 수 있을 것이다. 구성원의 화합을 중시하고 갈등과 대결구도를 없애는 데 크게 기여할 수 있는 리더십 유형이다. 모든 사람이 이기심을 갖지 않고 공감할 수 있는 목표를 세워라. 그리고 목표 달성을 위해서 좋은 가치를 가슴에 품고 섬기는 자세로 이끄는 데 헌신하라.

리더십 방식	구성원의 역할	목표
표준화보다는 다양화	일치성보다는 권한 이양	실용성보다는 말씀 중심

●●● 그림 5. 서번트 리더가 추구하는 목표

누가 덕을 보는가에 연연하지 말라

섬긴다는 것, 말은 멋있어 보이지만 받아들이기는 힘든 행동 지침이다. 섬기는 자세가 자존심에 걸리거나 가혹한 노력을 요구하기 때문은 아니다. 오히려 그런 정도의 어려움이라면 얼마든지 감당할 수 있다. 정작 어려운 점은 구성원들이 오해를 한다는 점이다.

"저 사람이 갑자기 저런 것을 보니 무슨 꿍꿍이속이 있을 거야……." 하면서 오히려 이상한 눈으로 바라보는 것이다. 조금 어려운 부탁을 하기라도 하면 "그러면 그렇지, 다 이유가 있다니까……." 하면서 트집을 잡곤 한다. 모두들 손해 보지 않으려고 발버둥을 치는 사회에서, 자신을 헌신하는 자세로 대하면 이처럼 경계의 눈빛으로 대하는 사람이 나타나게 마련이다.

한 장군이 예배에 참석했다가 젊은 목회자의 헌신적인 모습에 감명을 받았다고 한다. 예배가 끝난 뒤, 그는 목사를 찾아갔다.

"목사님, 제가 혹시 교회를 위해서 도와드릴 일이 없을까요?"

"장군님께서 꼭 해주셔야 할 일이 있습니다. 다음 주일부터 예배 시간보다 한 30분 일찍 오시되 정복을 입고 오십시오."

"그렇게 하지요. 그런데 제가 해야 될 일이 뭡니까?"

"네. 교회 입구에서 모든 이에게 웃음 띤 얼굴로 인사를 하시면서 주보를 나누어 주십시오."

약속대로 그 장군은 다음 주일부터 30분 일찍 나왔다. 그리고 정복을 입고 교회 입구에 서서 주보를 나누어 주었다. 그는 하사관이 들어오든지, 일등병이 들어오든지 먼저 웃음 띤 얼굴로 인사하면서 주보를 나누어 주었다. 그 교회가 크게 부흥한 것은 당연한 대가였다. 졸병이 장군에게 인사하는 것은 당연한 일이다. 하지만 그렇게 해서는 역사가 바뀌질 않는다. 그러나 장군이 수하에 있는 장병들에게 먼저 인사하면서 겸손히 섬길 때는 혁명과도 같은 변화가 일어난다. 물론 이런 일은 하루아침에 되지는 않는다. 하지만 좋은 의도를 가지고 일관된 행동을 보여준다면 리더가 추구하는 목표는 반드시 달성될 수 있다.

트루먼 대통령은 "만약 누가 덕을 보든지 상관없이 일을 한다면 못 이룰 일이 없을 것이다."라고 말했다. 자신의 욕망에만 몰두하지 않는다면 큰일을 이룰 수 있다는 것을 가르쳐 준다. 마음을 비우고 어떤 일에 전념할 때에 가장 좋은 성과가 나오기 마련이다. 서번트 리더의 목표는 결코 자신의 이익에 초점이 맞춰져서는 안 된다.

자신의 야망이 아니라 가치를 추구하라

어떤 국가 지도자가 후계자 임명을 위해 뛰어난 정치인 두 명을 초대했다. 그리고 똑같은 질문을 두 사람에게 던졌다.

"당신의 리더십 철학을 말해 보시오. 그리고 그것을 어떻게 실천하고 있는지도 함께."

첫 번째 정치인이 간단히 답변했다.

"저는 국민들이 좋든 싫든 해야 할 일을 하게끔 만드는 기술을 습득했습니다."

지도자는 끄덕이며, 두 번째 정치인을 바라보았다. 외모가 별로 좋은 인상이 아님에도 불구하고 어떤 이유에선지 그는 훨씬 큰 성과를 달성해 오고 있었다. 두 번째 정치인은 잠시 생각하다가 큰 목소리는 아니었지만 단호하게 답했다.

"저는 사실 리더가 아닙니다."

"그러면 누가 리더이지요?"

그는 자신들의 뒤에 모여 있는 대중들을 가리키며 답을 이어갔다.

"리더들은 저기 있으니까요."

"그렇다면 그들의 리더십은 무엇이오?"

두 번째 정치인은 천천히 그리고 사려 깊은 어조로 말했다.

"저들은 자신들이 하고 있는 일을 믿으며 대부분 그것을 즐기고 있습니다. 보십시오. 자신이 가치 있다고 믿는 일을 하고 그것을 즐기기 때문에 구체적으로 자신들을 이끌어 가는 비밀을 갖고 있습니다. 저는 그들의 조정자일 뿐이지요. 저는 단지 그들이 가치 있는 것으로 여기는 것이 무엇인지 그리고 그들의 능력, 흥미, 욕망들이 무엇인지 발견하도록 도와주었을 뿐입니다. 만일 그들이 목적을 갖고 신나게 그것들을 발견할 수만 있다면, 그 전진의 힘이 굉장할 거란 사실을 저는 이미 알고 있으니까요." [33]

자신을 리더로 보지 않고 조정자의 기능으로 볼 수 있는 겸손함. 그러한 겸손함과 섬기는 자세가 두 번째 정치인이 탁월한 성과를 올릴 수 있었던 비결이었던 것이다. 자신의 리더십에 의지하는 것이 아니라 조직의 가치를 극대화하는 데 모든 초점을 맞추고 있다. 바로 서번트 리더의 가치 추구와 일치하는 모습이다.

서번트 리더의 철학

사랑으로 섬기면 모든 것이 해결된다

• 성공 패턴 1

역삼각형의 파워 구도를 즐긴다. 섬기는 자세로 리더의 역할을 하기 위해서는 리더가 가장 낮은 위치에 있는 역삼각형 파워 구도를 인정해야 한다. 피라미드형 파워 구도로는 섬기는 자가 될 수 없다.

• 성공 패턴 2

네트워크형 조직구조를 선호한다. 권한 위임이 자유롭고 고객과의 접점이 다양하게 발생할 수 있는 네트워크 형태의 분산형 조직구조를 선호한다. 적극적인 권한 이양이 가능한 조직구조가 가능하기 때문이다.

• 성공 패턴 3

이해관계자의 요구를 파악한다. 구성원의 다양한 요구를 알지 못하면 섬기는 방향이 잘못 설정될 수도 있다. 고객, 구성원을 포함한 다양한 이해관계자의 의견수렴과 피드백에 초점을 맞춘다.

• 벤치마킹 포커스

- 섬기는 자세 : 사우스웨스트항공사의 허브 켈러허
- 역삼각형 파워 구도 : 홀리데이 인의 케몬스 윌슨
- 명령체계 분산 : 존슨&존슨의 랄프 라센
- 권한 위임 : 유한킴벌리의 문국현
- 이해관계자의 요구 파악 : 명문가의 정보 수집 방법

CHAPTER 4

주황색 리더

튀는 아이디어로 경영하는
브랜드 리더 _이미지를 관리하라

브랜드 가치로 승부하는 브랜드 리더십

브랜드 리더의 철학 – 남을 뒤따르는 자는 성공할 수 없다

브랜드 리더의 성공 패턴 1 – 중간에서 경쟁력을 찾지 않는다

브랜드 리더의 성공 패턴 2 – 블록버스터에 도전한다

브랜드 리더의 성공 패턴 3 – 경쟁 환경 변화에 민감하다

브랜드 리더의 4가지 실천과제

브랜드 리더의 목표 – 표준을 장악하라

ORANGE

브랜드 가치로 승부하는 브랜드 리더십

2001년, 마이크로소프트사의 빌 게이츠 회장이 한국을 방문했을 때, 삼성 이건희 회장은 그를 한남동 삼성 영빈관으로 초대하여 식사를 함께 했다. 식사를 마치고 빌 게이츠가 떠나자, 이건희 회장은 배석했던 임원들에게 "마이크로소프트사의 주가에서 빌 게이츠가 차지하는 비중은 얼마나 될까?" 하고 물었다고 한다. 빌 게이츠가 없는 마이크로소프트를 상상하기 어려우므로 그가 만일 회사를 떠난다면 주식 가격에 어느 정도 영향력을 미칠지 궁금했던 것이다. 이 회장의 그 질문은 바로 브랜드 리더십의 가치를 묻는 질문이었다.

브랜드 리더십 : P&G의 경영모델

브랜드 리더십은 1931년 P&G에서 처음으로 제시된 '브랜드 경영모델' 이 리더십으로 확장된 개념이다. 브랜드 경영 시스템이 판매에 있어서 많은 문제를 해결하는 데 성공했기 때문에 경영자로부터 관심의 대상이 되었으며 브랜드 리더십 개념으로 자리매김을 하게 된 것이다. 브랜드 리더십의 목표는 강력한 브랜드를 창출하는 것이다. 브랜드 리더십에 대한 관점은 전문가에 따라서 다양하지만, 아커와 조아침스탤러Aaker & Joachimsthaler는 보

다 폭넓게 정의하려는 시도를 했다.[34]

브랜드 가치는 브랜드 인지도, 품질인식 수준, 브랜드 연계성 그리고 브랜드 충성도 등 크게 네 가지로 구분된다.[34] 브랜드 연계성은 고객들이 다른 매개체로 인해서 브랜드를 떠올리게 되는 수준을 의미한다. 예를 들어서, 골프를 좋아하는 사람은 옷가게에 가서 빨간색 티셔츠를 보면 자기도 모르는 사이에 타이거 우즈를 떠올리게 된다. 빨간색 상의를 입고 골프 역사를 갈아 치우는 타이거 우즈에 의해서 브랜드 연계성이 생겼기 때문이다. 박세리가 삼성 마크를 달고 US오픈 골프대회에서 우승한 것이 수백 억의 가치가 있다고 발표된 것도 모두 이러한 브랜드 연계성과 관련된 분석 결과이다. 이러한 브랜드 가치를 균형 있게 높이는 전략으로 경쟁하는 것이 브랜드 리더십이다.

브랜드의 파워로 인해서 경영에 크게 절대적인 도움을 받는 기업들은 많

브랜드	브랜드 가치	시장 자산가치	브랜드 가치의 비율
BMW	11.3억 달러	16.7억 달러	77%
나이키	8.2억 달러	10.6억 달러	77%
애플	4.3억 달러	5.6억 달러	77%
이키아Ikea	3.5억 달러	4.7억 달러	75%
폴로Ralph Lauren	1.6억 달러	2.5억 달러	66%
맥도날드	26.2억 달러	40.9억 달러	64%
코닥	14.8억 달러	24.8억 달러	60%
코카콜라	83.3억 달러	142.2억 달러	59%
포드	32.2억 달러	57.4억 달러	58%
디즈니	32.3억 달러	52.6억 달러	58%

●●● 표 13. 브랜드를 중시하는 회사들의 브랜드 가치

다. 1999년 발표된 자료를 근거로 해서 대표적으로 브랜드 가치가 높은 기업들을 〈표 13〉에 소개해 보았다. BMW, 나이키나 애플 컴퓨터는 시장 자산가치와 비교하여 무려 77퍼센트에 해당하는 브랜드 가치를 확보하고 있는 것으로 분석되고 있다. 우리에게 익숙한 맥도널드, 코카콜라, 디즈니 등 대부분 수긍이 가는 기업들의 브랜드 가치가 높다.

이렇게 브랜드 가치가 높게 되면 제품이나 서비스의 수준에 의한 구매력보다 브랜드 이미지에 의한 구매력이 강해지게 된다. 카메라 필름을 사는 경우, 다른 필름 회사의 품질이 더 높을 수 있음에도 불구하고 무심코 코닥 필름을 집어 드는 것을 생각해 보라. 이미 각인된 브랜드에 의해 구매 패턴이 영향을 받게 된다. 이것이 바로 브랜드의 파워의 영향력이다.

브랜드 이미지는 만들어진다 : LL. Bean의 고객만족

1912년, 미국의 레온 빈Leon L. Bean은 가죽장화를 만드는 것을 계기로 사업을 시작하였다. 대부분이 가벼운 장화를 만들던 시절에 두껍고 무거운 고급 장화를 만들어 시장 점유에 도전하였다. 처음 100켤레를 만들어서 우편 판매를 하고 난 후, 바느질에 문제가 있다는 것을 발견하게 되었다. 이때, 레온 빈 사장은 '100퍼센트 고객만족 보장'을 추구한다는 기치 아래 중요한 리더십을 발휘하였다. 당시 그 정도의 불량은 보편적인 것이었음에도 불구하고, "전부 수거하여 100퍼센트 환불을 해줘라." 라고 지시를 했던 것이다.

현재 이 회사는 사냥, 낚시, 하이킹과 같은 레저 활동에 관련된 제품들을 취급하면서도 연간 매출액이 10억 달러에 달하고 있다. 놀라운 것은 순전히 카탈로그 판매에 의존하면서도 그러한 성장을 이룩했다는 점이다. 100퍼센트 고객만족 보장이라는 브랜드 이미지를 만드는 데 초점을 둔 레온 빈 사장의 브랜드 리더십의 결과이다. 브랜드의 파워는 브랜드에 초점을 맞춘 리더십에서 비롯된다는 것을 배우게 된다.

브랜드 리더십은 브랜드의 위상 정립이 중요한 요소가 된다. 기업의 내적인 영향력에 걸맞은 적당한 이미지가 브랜드의 가치를 최적화시키는 데 도움이 되기 때문이다.

예를 들어서 코카콜라는 실제 브랜드 가치에 비해서는 약한 이미지이며 마운틴 듀는 강한 이미지이다. 농구 황제 마이클 조던은 코트에서의 강력한 카리스마와 폭력과 마약에 의해 이미지를 실추하지 않아서 효율적인 이미지를 확립한 대표적인 사례이다. 반면, 코트의 악동 데니스 로드맨은 엽기적인 꾸밈과 말썽 많은 사생활이 매스컴을 타면서 너무 강한 이미지를 갖게 되었다고 볼 수 있다.

국내에서도 세계적인 마라톤 스타인 이봉주와 황영조는 각기 다른 이미지를 가지고 있다. 비교적 말이 적고 내성적으로 보이는 이봉주의 이미지는 약한 편인 반면, 황영조는 은퇴 후 구설수에 오르면서 강한 이미지를 갖는 쪽에 서게 되었다.

국가대표 골키퍼인 김병지도 탁월한 능력을 인정받고는 있지만 전체적인 이미지는 강한 편이다. 유명강사도 이미지의 수준이 다양하다. 김진홍 목사는 기업에서도 인기가 아주 높은 명강사이다. 하지만 성직자라는 신분 때문에 강사로서는 다소 약한 이미지를 가지고 있다.

반면, 강렬한 강좌수법으로 공자나 노자의 사상을 대중적으로 이해시키고 실용화시키는 데 성공한 김용옥 교수는 심심찮은 과격한 표현과 범주를 벗어나는 해석으로 인해서 강한 이미지를 갖고 있다. 잘 하지만 밉살스러워 보이고, 좀 부족하지만 안타까워 보이는 대중들의 심리도 이러한 이미지에 크게 영향을 받는 것은 당연한 브랜드 이미지의 효과이다.

자신이 이끄는 조직의 브랜드 이미지를 경쟁 요소로 삼든, 아니면 리더 자

브랜드	약한 이미지	적당한 이미지	강한 이미지
미국 청량음료	코카콜라	펩시	마운틴 듀
미국 농구선수	데이비드 로빈슨	마이클 조던	데니스 로드맨
국내 자동차	기아 옵티마	현대 소나타	쌍용 무쏘
국내 운동선수	이봉주	박찬호	김병지
국내 연예인	최민식	한석규	최민수
유명 강사	김진홍	손봉호, 구성애	김용옥

●●● 표 14. 브랜드와 이미지 수준에 대한 예시

신의 이미지를 브랜드화시키든, 분명 브랜드 리더십은 조직을 이끄는 독특한 접근방식으로 평가받고 있다. 브랜드나 이미지로 자신이나 조직의 경쟁우위를 확보하는 데 적합한 리더십이 바로 주황색의 브랜드 리더십이다.

브랜드 리더의 철학
남을 뒤따르는 자는 성공할 수 없다

젊은 세대가 선호하는 베네통은 중학교를 마치고 잡화점에서 사회생활을 시작한 루치아노 베네통에 의해 탄생되었다. 베네통은 "남의 뒤를 따르는 자는 성공할 수 없다!"라는 이탈리아 속담을 젊은 시절부터 사업의 모토로 설정했다. 베네통은 다양한 색상, 후염색법 그리고 상식을 넘어서는 광고 카피로 소비자에게 전혀 다른 감각으로 다가서는 데 성공했다. "자신의 능력과 장점에 지나치게 의존하지 말고 타인과의 차별화에 심혈을 기울여라!" 베네통이 성공을 꿈꾸는 젊은이들에게 강조하는 메시지이다.[35]

아직도 사회적인 문제로 제기되고 있는 일류대 증후군은 차별화에 큰 영향을 미치는 요소가 아니다. 오히려 자신의 능력을 꽃피울 수 있는 전공 분야를 얼마나 올바르게 선택했느냐가 정작 성패를 좌우하는 차별화 요소이다. 그럼에도 불구하고 아직도 많은 젊은이들이 어떠한 대가를 치르더라도 본인이 목표로 하는 대학에 들어가고 싶어 한다. 심지어 2~3년씩을 허비하면서까지 말이다. 자신이 원하는 전공을 찾는 데 시간을 들이는 것은 이해할 수 있지만, 한두 단계 등급이 높은 대학에 가려고 인생을 거는 것은 아쉬운 일이다. 더욱 안타까운 일은 그러한 발상을 가진 사람이 결국 우리 사회의 리더가 된다는 사실이다.

리더는 길을 찾는 사람이다. 개인의 적성과 역량 개발에 초점을 맞추지 않고 보다 대접받는 환경을 확보하는 데 물불을 가리지 않는 사람은 훌륭한 리더가 될 수 없다. 대학으로 자신을 차별화하려는 것은 구시대적인 발상이다. 최근, 일류대에 합격하고서도 자신이 선호하는 학과를 위해서 사회적인 인지도가 낮은 학교를 택하는 사례가 나오고 있는 것은 참으로 고무적인 일이다. 자신의 역량이 바로 차별화의 근본이 되어야 하는 것이다. 그러한 역량을 키울 수 있는 경쟁 무대가 필요할 뿐이다.

품질은 복사할 수 없다 : 데밍 박사

생산기술에 앞서 있다고 자만해 있던 미국은 1950~60년대에 생산성과 기술적인 우위 확보에만 초점을 맞추었다. 산업사회가 빠른 속도로 정착되어 가고 있었으므로 기능상의 우위가 바로 경쟁력이라는 판단에서였다. 성능 중심의 품질에만 국한된 관심을 보였고 품질이나 서비스가 구매력에 미칠 영향을 심각하게 받아들이지 않았다.

그러나 오일쇼크를 거치면서 산업계 전반에 불황이 닥쳤고, 이는 고품질을 선호하는 소비문화의 변화에 맞물려 미국은 국가적인 위기의식에 직면하게 되었다. 많은 경쟁분야에서 일본 기업들에게 고전을 면치 못하였고, 특히 소비 성향을 잘 반영하는 가전제품이나 자동차 산업에서 결정적으로 시장을 잠식당하기 시작했다. 일본의 경제적인 약진은 미국은 물론 많은 국가들에게 제품과 경영의 품질에 대해서 새롭게 생각하게 만들었다.

1980년, 드디어 미국이 품질에 관한 한 일본에 백기를 들고 말았다. NBC 방송이 "일본이 할 수 있다면, 왜 우리는 할 수 없는가?If Japan can, why can't we?"라는 다큐멘터리를 제작하여 대대적인 계몽에 나섰다. 이 프로그램은 일본 제품이 미국 제품을 압도하고 있다는 점을 냉정히 인정했다. 또한 에드워드 데밍Edward Deming 박사와 같은 미국 전문가들이 오히려 일본의 경제적 성공에 기여했다는 사실을 알리는 계기가 되었다.

이러한 각성과 더불어 미국의 많은 조직들이 제품, 서비스 혹은 경영의 질을 높이는 데 도전하였다. 기업은 물론 자치단체 조직, 정부 부처, 심지어는 종교단체에 이르기까지 경영의 품질을 학습하는 단계에까지 이르렀다.

이 과정에서 일본에서 오랫동안 자문을 해 왔던 데밍 박사의 경영혁신 철학은 미국에 커다란 영향력을 미쳤다. 데밍 박사 스스로 수없이 많은 강연을 다녔으며 제록스나 포드 같은 기업들을 직접 자문했다. 그러한 그가 남긴 유명한 말이 "품질은 복사할 수 없다!"는 것이다. 일본에서 성공한 노하우를 미국에 바로 도입하려는 시도가 의외로 쉽지 않음을 고백하는 메시지였다.

한 개인도 훌륭한 사람이 되는 방법이 다양하다. 검소해서 훌륭한 사람이 있다. 정직해서 훌륭한 사람이 있다. 추진력이 강해서 훌륭한 사람이 있다. 하물며 훨씬 더 복잡한 조직이 어떻게 똑같은 유형의 경쟁력을 갖출 수 있겠는가? 데밍 박사는 외쳤다. "미국은 미국식 빵을 구워야 한다. 그러면 나는 버터를 바르겠다."

브랜드 리더도 마찬가지이다. 남의 리더십을 모방하려고 하지 말아야 한다. 자신에게 어울리는 리더십 이미지를 스스로 찾아야 하는 것이다.

평범함 속에도 차별화가 숨어 있다 : 스타벅스 커피

"현대인은 커피 한 잔 마실 때도 6가지를 고민해야 한다."

영화 〈You've got mail〉에서 주인공 톰 행크스가 투덜거리는 장면이다. 비록 영화에선 골칫거리처럼 등장했지만, 스타벅스의 커피 매장이 있는 미국, 캐나다, 일본, 싱가포르, 한국 등 세계 여러 곳에서는 커피문화가 새롭게 형성되고 있다.

음료의 온도까지도 고객의 취향에 맞춰서 주문할 수 있게 하는 운영 방식은 천편일률적인 메뉴와 서비스를 참고 견뎌야만 했던 고객들에게 선풍적인 호응을 가져오게 했다. 스타벅스 로고가 찍힌 컵만 들고 다녀도 수준 있는 커피매니아로 인정받을 정도의 완벽한 포지셔닝 전략이 성공 단계에 접어들었다고 할 수 있다.

이러한 서비스 시스템은 스타벅스의 완벽한 서비스 정신에서 시작된다. "무조건 예라고 대답해라Just say Yes."라는 한 문구로 더 이상의 논쟁을 필요 없게 하는 그들의 정신, 너무나 자주 서비스 접점에서 티격태격하는 고객과 종업원의 모습을 만나게 되는 삼류 서비스 현장과는 뚜렷하게 차별된다.

"가만히 엿들어 봅시다. 그들의 논쟁 속에서 평행선을 긋고 있는 한 가지 사실을 발견하게 됩니다. 종업원은 회사의 방침만을 고집합니다. 고객은 자신이 지불한 만큼 대가를 원합니다. 이런 때 답을 제시해 줄 수 있는 뚜렷한 기업의 철학이 강하게 담겨 있는 문구가 바로 'Just say Yes' 가 아닐까요? 종업원들에게 많은 것을 요구하지 않습니다. 권한이 어디에 있는지 고민할 시간조차 필요치 않습니다. 고객 앞에선 무조건 '예스' 가 선행입니다. 회사가 'Just say Yes' 란 서비스 철학으로 방패막이가 되어 줍니다. 책임을 져 줍니다." 이것이 바로 브랜드 리더십을 확보하기 위한 스타벅스 경영진의 리더십 방향이다.

이렇게 든든한 후원자가 있는데 고객에게 언성을 높일 필요가 있겠는가? 스타벅스의 서비스 철학은 젊다. 성큼성큼 앞서서 동종업계뿐 아니라 다른 서비스 업계에도 큰 파장을 일으키고 있다. 개인의 존엄성을 존중하는 그들의 서비스 철학은 고객들에게도 변화를 가져오게 만들었다. 바쁜 아침시간에 줄지어 기다리는 손님들은 지루해 하거나 화내지 않는다. 자신의 차례가

왔을 때 충분히 보상받을 수 있기 때문이다.

자신의 의사가 충분히 전달된 최적의 커피와 귀 기울여 주는 종업원들의 친절함이 차별화된 여유의 공간을 창조하고 있는 것이다. 모든 사람들이 손쉽게 직접 만들어서 마실 수 있는 커피, 스타벅스는 평범한 아이템에서 확실한 차별화에 성공했다. 고객은 이제 브랜드 전략에 매료되어 커피 한 잔에 점심 값을 기꺼이 투자하게 된 것이다.

중간에서 경쟁력을 찾지 않는다

삼성 에버랜드는 '곱셈의 법칙'을 적용하여 서비스 정신을 유지한다. 한 분야에서라도 '빵점짜리 서비스가 있으면 모든 서비스의 결과가 빵점이다'라는 사고방식이다. 각 기능 간의 경쟁력이 덧셈이 아니라 곱셈으로 브랜드 이미지에 기여한다는 의미이다. 리더 자신의 개인적인 이미지도 마찬가지이다. '360도 브랜드화'와 같이 자신의 이미지를 표출하는 데 전방위적인 전략이 필요하다.

360도 브랜드화 : 오길비&마더의 CEO인 셸리 라자루스

포드자동차의 엔지니어들이 맥이 풀린 자세로 회의장으로 모이기 시작했다. "어떻게 광고하는 사람이, 그것도 여자가 자동차기업의 경영 절차를 더 잘 설명할 수 있단 말인가?" 회사 광고를 오길비&마더사에게 의뢰한 포드는 의뢰를 받은 회사의 CEO가 의외로 여자인 것을 알고서는 탐탁치 않은 선입견을 갖게 되었다. 회의에 참석하게 된 엔지니어들이 투덜거리며 회의장에 나타난 것도 그러한 배경에서이다.

오길비&마더의 CEO인 셸리 라자루스는 엔지니어들의 그러한 판단을 미리 예측하고 있었다. "제가 자동차라는 분야에 대해 잘 모르기는 하지만, 도

무지 이해할 수 없는 점이 있습니다. 포드가 재규어와 다르고, 마즈다와 다르고, 또 뷰익이나 폴크스바겐과도 분명 다를 텐데, 어째서 모든 전시장이 다 똑같아 보이는 거죠?" 모두들 잠잠해졌다. 모든 자동차 전시장이 비슷해 보이는 것은 사실이기 때문이다.

셸리는 "이렇게 개성이 없는 전시장을 가지고 과연 무엇을 차별화시킬 수 있겠습니까?" 라고 하면서 날카롭게 지적하기 시작했다. 생동감 넘치는 브랜드인 나이키의 나이키 타운과 비교하면서 "왜 포드는 나이키 타운처럼 하지 못하는 것일까요?" 하고 아픈 곳을 건드렸다. 그러면서 그녀는 '360도 브랜드화'를 주장했다.[28] 즉, 고객이 접하는 모든 접점에서 회사의 브랜드 가치를 높여야 한다는 것이다. 지금까지 포드의 자문회사들이 그러한 질문을 던지지 않았기에 그녀의 지적은 더욱 신선한 충격이었다.

360도 브랜드화! '접촉하는 모든 관점에서 브랜드가 반영되어야 한다'는 접근방식이다. 기존의 경쟁력 요소라고 판단되는 분야에만 집중적인 관심을 나타내서는 경쟁에서 살아남을 수 없다. 1994년, 맥킨지 컨설팅은 세계적인 자동차 회사 167개를 평가하여 고품질 기업과 저품질 기업으로 나누어 그 차이점을 분석하였다. 부서별로 품질Quality 활동에 대한 개념을 강조하고 교육하는 비율을 조사한 다음 비교하여 〈그림 6〉에 나타냈다.[36]

그 결과, 제조, 품질보증 혹은 물류 등에서는 두 기업군 간에 별 차이가 없었다. 주목할 만한 차이는 연구개발R&D, 구매 혹은 서비스 분야 등 조직의 시작과 마지막이 되는 접점 분야에서 발견되었다. 또한 고품질 기업의 경우, 경영의 질에 대한 노력이 모든 부서에서 비교적 고르게 이행되고 있다는 사실이 눈길을 끈다. 모든 분야에서 고른 경쟁력을 갖추지 않으면 결코 고품질 기업의 이미지를 확보하기 어렵다는 것을 말해 준다. 중간은 더 이상 경쟁력의 핵심이 아니다. 모든 관련 분야에 고른 경쟁력을 확보하는 것이 브랜드

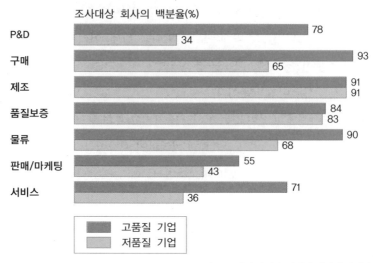

조사대상 회사의 백분율(%)

	고품질 기업	저품질 기업
P&D	78	34
구매	93	65
제조	91	91
품질보증	84	83
물류	90	68
판매/마케팅	55	43
서비스	71	36

●●● 그림 6. 고품질 기업과 저품질 기업의 차이점

리더십의 핵심적인 성공요소이다.

전략적 사고방식이 핵심이다 : 선 마이크로시스템스의 스콧 맥닐리

대부분의 테크놀로지 창업자들은 회사의 규모가 기술의 수준을 넘어 방대해지면 전문경영인에게 자리를 내주곤 한다. 기술 중심의 사고에서 마케팅과 브랜드화 사고로의 전환이 그리 만만하지 않기 때문이다. 그러나 SUN의 스콧 맥닐리는 테크놀로지 창업자였지만, 빌 게이츠와 더불어 성공적인 CEO로서 오랜 기간 탁월한 경영 리더십을 인정받았다. 그의 가장 큰 성공요소는 바로 전략적 감각으로 새로운 시장을 계속 포착하는 것이라고 한다. 뉴욕 메릴린치 상무이사인 스티븐 밀루노비치는 "맥닐리는 어느 누구보다도 빌 게이츠의 전략적 원리를 잘 이해하고 있었다."며 새로운 리더들의 전략적 감각을 높이 평가했다.

전략적 사고는 정치력과 더불어 교섭 능력에도 크게 기여한다. 교섭 능력에서 돋보이는 리더십을 보여준 CEO는 단일 제품으로 가장 강력한 브랜드 이미지를 창출해낸 코카콜라의 우드러프이다. 그는 "내 직업은 코카콜라를 팔아서 가능한 많은 사람이 코카콜라를 즐기는 것을 보는 것입니다."라는 현실적인 모토를 가진 누구보다도 낙천적인 사업가였다. 2차 세계대전 중에 64개의 이동공장을 미군부대에 소속시켜서 식음료 사업을 전 세계로 확대시킨 그의 전략적인 접근 방식은 타의 추종을 불허한다. 전략이 브랜드를 탄생시키고 강화시키는 것이다.

Bench 어떤 분야에서 경쟁우위를 확보하는가?

Marking **오길비&마더 :** 360도 브랜드화로 전방위적 이미지 관리를 중시한다. 포드 자동차에게 나이키 센터를 벤치마킹할 것을 권장했다.

스쿠 맥닐리 ; 전략적 원리를 중시하여 리더십의 포커스를 기술 중심에서 마케팅 중심으로 전환시켰다.

블록버스터에 도전한다

박찬호는 미국 메이저리그에서 선발 투수로 활동하는 세계적인 야구선수이다. 한 시즌 20승, 노히트노런, 사이영상 등 초일류급 투수들이 달성하는 기념비적인 업적을 아직 한 번도 달성하지는 못했지만 잠재력이 높은 투수로 인정받고 있다. 20대 후반에 이미 억만장자가 될 정도로 자신의 탤런트에 대한 높은 보상도 받아 부와 명예를 한꺼번에 거머쥐었다.

박찬호는 이제 한국의 자존심이다. 높은 마운드에 서서 거대한 미국을 상대로 싸운다는 심리적인 착각을 일으키게 만든다. 그가 승리하는 날이면 마치 국가대항전에서 한국이 미국을 이긴 양 모든 스포츠신문의 1면에 대문짝만한 기사가 난다. 그러한 박찬호이지만, 그가 과연 한국이 배출한 야구선수 중에서 가장 탁월한 투수인가에 대해서는 고개를 갸우뚱하는 사람이 많다. 최동원, 김시진 혹은 선동렬도 그에 못지않은 기량을 가졌었다고 믿는 팬들이 꽤 있다. 그러나 누가 뭐라고 해도 박찬호는 박찬호이다. 그는 메이저리그에 진출해서 블록버스터를 터트리는 데 필요한 자질, 도전정신, 용기와 배짱을 가졌던 것이다. 메이저리그에서 승부를 걸겠다는 그의 발상은 마치 '콜럼버스의 달걀'처럼 엄청나게 가치 있는 행동이었다.

브랜드 리더십은 가치 있는 이미지를 선호하는 리더에게 어울린다. 의도적으로 자신의 이미지를 만들어 나가는 사람도 있고, 환경적인 요인으로 인해서 본의 아니게 그렇게 되는 경우도 있다. 한 가지 분명한 것은 블록버스터에 해당하는 방향 설정과 성취가 브랜드 가치를 높이는 데 결정적인 역할을 한다는 점이다.

불씨를 함부로 죽이지 말라 : 화이자의 빌 스티어

"약품의 발견, 개발, 판매 면에서 우리는 절대적으로 최고입니다. 상표 없는 의약품은 우리 일하고는 어울리지 않지요. 우리에게는 연구가 딱 맞는 것입니다." 연구개발을 조직의 가장 중요한 경쟁력으로 꼽고 있는 화이자의 빌 스티어 회장의 말이다. 화이자는 현재 매년 20억 달러 이상을 연구비로 지출하고 있다. 3개 대륙에 6천 명의 연구원을 확보하고 있다.

"6천 명을 관리하는 일 또한 큰일이지요. 제일선에는 관리감독자들이 있고, 그 밑에 관리자, 부관리자, 감독자, 수석감독자, 부사장, 상무가 있으며, 이들이 위원회에 각종 보고를 하게 되어 있습니다. 위원회는 그것을 내게 보고하는 식으로 연구가 관리되는 것입니다." 연구가 기업의 생명이므로 연구관리에 초점을 맞추고 있다고 빌 스티어는 강조하고 있다. 처음에는 크게 기대되었던 연구 테마가 별로 가망이 없어지면 연구원들은 잠시 후퇴해서는 그 테마를 다른 트랙에 올려놓는다고 한다. 새로운 아이디어에 대한 작은 불씨를 죽이는 데 신중함을 읽을 수 있다.

체계적인 연구관리가 뜻밖의 많은 성과를 거두게 만들었다. 비아그라의 개발이 그렇다. 비아그라는 원래 후두염 치료 약물이었다고 한다. 그런데 그 후두염 치료약물이 발기를 일으키는 부작용이 있음이 확인되었다. 뜻밖의 발견이었다. 비아그라가 심장에 끼치는 영향에 대한 연구는 광범위하게 이루어져 감각기관의 위치가 어디에 있고, 그 약물이 심장에 어떻게 작용하는지도 밝혀졌다. 그러나 심장보다 페니스 안에 비아그라의 영향을 받는 감각기관이 더 많다는 것을 미처 몰랐던 것이다. "과학은 굉장하지요. 우리는 그런 감각기관의 위치와 그것들이 어디에서 어떻게 반응하는지를 알게 되었고, 그 후 완전히 새로운 방향으로 나아갔던 것입니다." 스티어 회장의 비아그라 개발에 대한 회고이다.[28]

브랜드를 창출한다는 것은 끊임없는 새로운 시도를 요구한다. 연구개발에 대한 강력한 의지가 새로운 제품과 기술을 창출해 내는 것과 마찬가지로 브랜드 리더십은 새로운 도전에 많은 투자를 해야 한다. 기대하는 결과를 얻어내지 못하는 경우도 많을 것이다. 그러나 포기하지 않고 도전할 때야 비로소 블록버스터가 나올 수 있다.

이상주의자라고 불릴지라도 그 길을 간다

중국의 한 유능한 여대생이 졸업 후 베이징의 국가기관에서 일하기로 되었다. 집도 베이징이고 해서 모두들 잘되었다며 축하해 주었다. 그런데 그녀는 서쪽 끝의 척박한 고원지방인 시짱에서 일하고 있는 한 남자의 뜻을 따라서 벽지를 계몽하는 데 도전하게 된다. 주저 없이 시짱을 선택한 그녀는 한마디 각오를 남겼다.

"옳은 것을 위해서라면 뒤돌아보지 않고 앞으로 나아간다. 만약 시짱이 나를 쓰러뜨리지 못한다면 세상에서 나를 쓰러뜨릴 수 있는 것은 아무것도 없다."

그녀는 시짱에서 뜻하지 않은 어려움을 수없이 겪었다. 몇 년 후, 한 친구가 그녀를 찾아갔다. 몰라 볼 정도로 심신이 지쳐 있던 그녀가 아이를 데리고 라싸 강가를 걸으며 친구에게 이렇게 중얼거렸다. "라싸 강의 아름다움이 사람의 마음을 우울하게도 하지만 우울함을 씻어 주기도 하지." 그녀는 아직도 굴복하지 않고 있었던 것이다. 그녀는 쟝족에 대한 문화인류학적 연구를 시작할 생각이었다. 그러나 불행하게도 차를 타고 가던 중, 산에서 떨어진 돌에 깔려 그만 세상을 떠나고 말았다.[37]

사람들은 그런 그녀를 이상주의자라며 수군거렸다. "현실을 직시하고 현실을 중시하라."는 현실주의자들에게 그녀가 시짱을 선택한 것은 이해하기 힘든 것이리라. 하지만 그들도 이 세상의 변화가 대부분 이상주의자들에게서 비롯되었다는 사실을 부인하지는 못할 것이다. 이상주의자들이 없었다면 우리는 지금보다 훨씬 더 단조로운 세상에서 살아야 했을 것이다. 그들은 늘 안 되는 줄 알면서도 도전한다. 그러나 바로 그런 사람들 때문에 많은 이들이 불가능하다고 느꼈던 일들이 점차 가능한 것으로 바뀌곤 한다. 그래서 '이상주의자들은 세상의 소금과도 같은 사람들이다.'

브랜드 리더에게 있어서 블록버스터는 반드시 금전적인 성취만을 의미하지 않는다. 현실주의자들이 포기한 험난한 고지에서 세상을 밝게 만드는 새로운 가치관을 발견하고자 한다. 그에게 실패는 또 다른 시도를 준비하라는 신호탄에 불과한 것이다.

Bench Marking 블록버스터를 어떻게 달성하는가?

화이자 : 가능성이 적어 보이는 아이디어도 함부로 버리지 않았다. 아이디어의 체계적인 관리를 통해서 블록버스터에 도전했다.

세상의 빛과 소금이 되겠다는 이상향을 품자 : 현실주의자들의 안목을 거부하라.

경쟁 환경 변화에 민감하다

제1차 세계대전을 배경으로 한 영화 〈로베로 장군〉에는 역설적인 장면이 등장한다. 나치에 저항했던 레지스탕스들이 처형을 당하게 되는데 저항 운동과는 상관없이 얼떨결에 붙잡힌 장사꾼 한 명이 "난 아무 짓도 하지 않았다."며 자신의 무고를 주장한다. 평범하게 돈이나 벌며 살아왔는데 이게 웬 날벼락이냐, 하면서 억울함을 호소한다. 그러자 처형을 기다리던 한 레지스탕스가 이렇게 타이른다. "당신이 아무 짓도 하지 않았다는 것, 그것이 바로 당신이 사형을 받아 마땅한 점이오. 전쟁은 5년이나 지속되고 조국과 민족은 멸망 직전에 놓여 있었소. 그런데 도대체 당신은 왜 아무 일도 하지 않았단 말이오?" 무사안일을 추구하는 방관주의자들을 꼬집는 신랄한 묘사이다.

실패한 결과에 대해서 상황적인 요인에 책임을 전가시키려는 리더들이 있다. 본인은 최선을 다했는데, 워낙 예기치 못했던 환경의 변화가 발생하여 어쩔 수 없었다는 변명이다. 하지만 미래 환경의 예측에 실패한 책임은 결코 면할 수가 없다. 미래 환경의 예측이야말로 리더에게 기대되는 가장 중요한 능력이라는 사실에 대한 그들의 변명은 무엇일까?

경쟁 환경의 변화를 예측하라 : GE의 잭 웰치

어려운 환경에서는 누구나 나름대로 최선의 노력을 하기 마련이다. 진정한 리더는 어려움이 닥쳤을 때야 비로소 대책을 강구하는 사람이 아니라 어려움이 닥칠 것을 예견하고 준비하는 사람이다. 여기, 보다 나은 미래를 준비하기 위해서 평안한 현실에 메스를 가하여 '창조적 파괴자'로서의 역할을 자임한 탁월한 경영자가 있다. 바로 구조조정과 관련하여 가장 주목받던 경영자인 GE의 잭 웰치이다.

웰치는 45세의 젊은 나이에 회장으로 지명되었고 세계에서 가장 존경받는 경영자로 손꼽혔던 인물이다. 그가 CEO로 취임했을 때, 경제계는 GE를 건실한 기업이며 산업계의 선도기업이라고 보고 있었다. GE의 순 수입은 17억 달러였고 전 해의 성장률은 9퍼센트였다. 대부분의 평가기준에서 회사는 건강한 비율로 성장하고 있어 모든 것이 장밋빛으로 보였다. 젊은 회장이 새롭게 취임하긴 했지만 순조로운 항해가 기대되었다. 웰치는 내부에서 승진한 사람이다. 자신을 길러 준 조직을 하루아침에 뒤엎으리라고는 아무도 예상하지 않았다.

하지만 잭 웰치의 눈에 비친 GE는 바위처럼 단단한 회사가 아니라 벼랑에 매달려 있는 기업이었다. 그는 소매를 걷어 올리고 혁명적인 변화의 바람을 주도해서 취임 6개월부터 대대적인 구조조정에 들어갔다. 시장 경쟁력에 근거한 철저한 평가로 세계 1위나 2위가 될 가능성이 없는 사업은 과감하게 처분하거나 폐쇄하기 시작했는데 350개 사업부 모두가 구조조정 대상이었다. 그 많던 사업부가 현재 12개 사업부로 축소된 것을 생각하면 상상을 초월하는 구조조정이었음을 알 수 있다.

이 모든 것이 GE가 잘나간다고 평가받던 시점에서 이루어졌다는 것이 웰치 리더십의 백미라고 할 수 있다. 잭 웰치의 구조조정은 너무도 급진적인 변화이어서 사원들의 불만은 물론이고 '미국의 전통적인 국민기업을 파괴하는 짓'이란 비난 여론까지 들끓었다. 그러나 잭 웰치의 의지는 단호했다. 1983년, GE의 얼굴과 같았던 가정용품사업부를 없앤 것에 대해서 사원들의 반발이 쏟아지자, "도대체 21세기에 선풍기 사업을 할 것인가 아니면 단층촬영스캐너 사업을 할 것인가?"라는 한마디로 이를 무마시켰다.

GE는 토머스 에디슨이 시작하여 미국기업의 상징으로 떠오른 초우량기업이었다. 그 누구도 강력한 GE의 분위기를 감히 바꾸려고 시도해 본 사람이 없었다. 그러나 잭 웰치는 흔들었고 바꾸었다. 42만 명이었던 직원을 27만 명으로 줄인 탓에 사람들이 그를 건물에는 피해를 주지 않은 채 사람들만 살상시킨다고 해서 '중성자탄 잭'이라고 별명지었을 정도였다. 잭 웰치는 기업의 구조조정 원칙을 '고쳐라, 폐쇄하라, 아니면 매각하라'에 두었다. 경영자는 사업의 퇴출 시점을 명확히 간파하고 있어야 한다는 것과 구조조정과 개혁을 생존 전략으로 삼지 않으면 살아남을 수 없다는 경영마인드를 가지고 GE를 새로운 패러다임 속으로 이끌었다.

1980년대 후반에 들어와 미국의 대부분 산업이 국제 경쟁력을 상실하고 위기에 처했을 때 GE는 사전에 혁신적인 구조조정을 수행함으로서 세계 최고기업으로 자리잡을 수 있었다.[22] 이러한 결과는 만일 웰치가 다른 기업처럼 현재 실적과 평가에 안주했다면 결코 이룰 수 없었던 성과임을 명심해야 한다.

잭 웰치도 혁신을 주도할 당시에는 온갖 험담에 시달려야 했다. 그러나 웰치는 환경 변화를 예측하고 조직의 미래를 위해 과감한 혁신의 길을 선택했다. 세상에 적응한다는 자세에서 탈피하여 미래에 대비하기 위하여 발버둥쳤다. 보다 나은 미래를 위해서 탄탄한 현재를 과감히 파괴했던 '창조적 파괴자', 잭 웰치 리더십의 숨은 병기는 변화에 대한 정확한 미래예측 능력이었다.

룰 브레이커가 되어라 : 소니의 노부유키

"새로운 시대에 무엇이 변하겠습니까?"

소니의 노부유키 사장에게 던져진 질문이다.

"국가 단위가 의미를 상실하는 대신 도시 단위가 중요해집니다. 그런 의미에선 르네상스 시대의 복고지요. 도시 중에서도 분명한 아이덴티티와 기능을 가진 곳만 번영할 겁니다. 영화의 로스앤젤레스, 정보기술의 실리콘밸리, 제조업의 도쿄처럼 말입니다."

도시 단위의 경쟁 환경이 정립되며 도시의 브랜드 혹은 이미지가 중요하다는 노부유키의 지적이다. 21세기는 국가적인 벽이 사라진 네트워크 시대라고 볼 수 있다. 기업 활동을 가로막던 지리적 혹은 공간적인 제약은 이미 그 중요성을 상실하였다. 아이디어만 적합하면 세계 어느 곳에 가서도 비즈니스를 할 수 있는 것이 요즘의 경쟁 환경이다.

노부유키는 현 시대를 제3의 변혁기로 보고 있으며 비즈니스 모델 자체가 변화한다고 강조했다. 패러다임이 바뀌었는데도 과거의 성공 체험에 안주해 과거 방식을 고수하면 결과는 실패일 뿐이라는 것이다. "그 동안의 성공 경험을 완전히 포기하고 아키텍처 자체를 바꿔야 합니다. 지금과 같은 대 변혁기엔 과거식 구조를 파괴하고 대체하는 세력의 존재와 역할이 무엇보다 중요해집니다."

그는 이러한 변화에 대한 도전자를 '룰 브레이커(질서 파괴자)'라고 부르고 있다. 과거, 진공관으로 TV를 만들던 시대의 최대강자는 도시바였다. 하지만 트랜지스터 시대로 바뀌자, 도시바는 정상의 자리를 내주고 말았다. 진공관 시대에 만들어진 낡은 방식과 모델을 버리지 못했기 때문이다. "지금 기업에 정말 필요한 사람은 이단아들입니다. 직원 개개인이 모두 룰 브레이커가 되어 기존 방식에 도전할 때 그 기업은 성공을 거둘 수 있습니다." 모두가 룰 브레이커가 되려는 정신이 필요하다고 그는 강조하고 있다.

비단 과거에 안주하고 싶어 하는 내부의 적을 파괴하는 것이 모든 것을 해결하는 것은 아니다. 예를 들어서, 윈텔(마이크로소프트-인텔) 연합이 만든 컴퓨터 지배의 룰이나 NTT(일본전신전화)의 시장독점도 공격해 깨뜨려야 할 대상이다. 게임기 시장에서 닌텐도의 아성을 소니의 플레이스테이션이 도전해 깨뜨린 것도 그 예일 것이다. 낡은 질서를 파괴하지 않으면 새로운 질서가 창조되지 않는다.

"창조를 위한 파괴인 셈이죠. 나는 미래란 예측하는 것이 아니라 스스로 창조하는 것이라고 생각합니다." 노부유키 사장은 스스로 창조하여 새로운 질서를 선도하는 것이 브랜드 리더의 중요한 리더십 요소가 된다고 가르쳐 준다.[38]

Bench Marking 어떻게 경쟁 환경 변화에 대응하는가?

GE : 현실에 안주하지 않고 미래 예측 능력에 포커스를 맞추었다. 경쟁 환경 변화에 전향적으로 대응했다.

소니 : 과거의 성공 경험을 포기하는 룰 브레이커를 중시한다. 창조를 위한 파괴자가 되라고 주문하고 있다.

브랜드 리더의 4가지 실천과제

미국 프로농구 NBA에서 가장 사랑받았던 선수 중 한 명이 보스턴 셀틱스의 래리 버드이다. 대부분 흑인 스타들로 구성된 NBA에서 정확한 외곽 슛과 뛰어난 어시스트를 펼치는 그의 플레이는 백인들의 자존심을 세워 주기에 충분했다.

버드가 선수 생활을 마치고 고향 팀인 인디애나 페이서스 팀을 맡아서 놀라운 성적을 거두자 세인들은 또다시 감탄하지 않을 수 없었다. 그가 처음 인디애나로 돌아왔을 때의 일이다. 모처럼 뉴스거리를 만난 기자들이 틈만 나면 버드의 일거수일투족을 취재하기에 이르렀다. 이때 래리 버드가 기자들에게 이런 말을 했다.

"우리 팀에 초점을 맞추어 주십시오. 내가 초점의 대상이 되어서는 절대 안 됩니다." [39]

리더는 최고의 세일즈맨, 조직의 대변인, 홍보담당자, 전도사 그리고 조직의 우두머리이다. 이들의 역할은 모두 조직의 이미지를 높이는 도구로 집결되어야 한다. 자신의 개인적인 이미지보다 조직의 브랜드 가치를 높이는 데 우선순위를 두어라.

브랜드 리더를 위한 4가지 실천과제

과제 1 : 브랜드 아이덴티티를 정하라

브랜드 아이덴티티는 브랜드 전략가들이 창출하고 유지하려고 노력하는 브랜드 연계성의 집합이다. 개인적으로는 리더 자신의 리더십을 어떻게 각인시킬 것인가를 정하는 것이고 나아가서는 이끌고 있는 조직이 어떤 브랜드로 경쟁할 것인가에 대한 방향을 설정하는 것이다. 제품의 브랜드, 조직의 브랜드, 구성원의 브랜드 그리고 심벌로서의 브랜드 등 핵심적인 요소에 대해서 우선 명확한 방향 의식을 가져야 한다.

많은 기업들이 기업 이미지를 함축적으로 전달하기 위해서 브랜드 에센스를 채택하고 있다. 세계적으로 유명한 기업들의 브랜드 에센스는 다음과 같다.

BMW : "지상 최고의 드라이빙 머신Ultimate driving machine"
애플 : "다르게 생각하라Think different"
제록스 : "디지털 문서 회사The digital document company"
3M : "혁신Innovation"
Lexus : "타협은 없다Without compromising"
소니 : "디지털 드림 키드Digital dream kids"
나이키 : "탁월함에 도전한다 Excelling"

리더의 이미지도 마찬가지이다. 대부분 개인적인 이미지 에센스를 추구하지는 않지만 리더들의 평소 신념이나 리더십 철학에서 이미지가 사람들에게 전파되고 그러한 방향으로 인식되곤 한다. 박정희 대통령은 '하면 된다', 전두환 대통령은 '사회정화', 노태우 대통령은 '보통사람', 김영삼 대

통령은 '문민정부', 김대중 대통령은 '국민의 정부'를 일종의 이미지 리더십 에센스로 사용했다고 볼 수 있다.

과제 2 : 창의적인 조직 문화를 중시하라

브랜드 리더십은 창의적인 발상을 권장해야 한다. 고객이나 이해관계자의 잠재적인 요소를 찾아내어 그들의 인식 패턴이 굳어지기 전에 신선한 아이디어로 전환시켜야 한다. 역사적으로 가장 영향력을 미쳤다고 기억되고 있는 유태인을 정리한 『유태인 100』이라는 책이 있다. 영향력을 미친 순서대로 100명을 선정하여 업적과 선정 이유를 설명하고 있다. 당신은 누가 가장 영향력이 큰 유태인이라고 생각하는가? 아마 '그리스도 예수'라고 생각하기 쉬울 것이다. 하지만 저자인 마이클 샤피로Michael Shapiro가 꼽은 사람은 '모세'였다. 그는 "모세가 이스라엘을 세우고 유대교, 기독교, 이슬람과 같은 종교를 탄생시킨 배경을 만들어 낸 리더였다."고 강조한다. 예수, 아인슈타인, 안네, 플로이드가 다음 순서를 잇고 있다.[40] 100명의 공통점은 무엇인가? '남이 가지 않은 새로운 길을 걸어갔다'는 것이다. 즉, 창의력이 전제된 영향력이 가장 기억에 남는 것이다. 창의적인 발상이 존중받는 문화가 필요하다.

과제 3 : 유머를 갖추어라

창의적인 아이디어로 독특한 리더십 이미지를 추구하는 과정에서는 유머는 중요한 역할을 한다. 자칫 남들에게 돋보일 만한 이미지를 추구하는 과정에서 건방지다는 소리를 듣게 되거나 심지어는 다른 사람에게 불쾌한 기분을 줄 수도 있기 때문이다.

영국의 뛰어난 정치가이자 웅변가인 윈스턴 처칠은 제2차 세계대전 중에 위대한 국가 지도자로 활약했을 뿐만 아니라 많은 강연과 훌륭한 저술을 써서 노벨 문학상을 수상하기도 했다. 처칠이 유머를 리더십에 적절하게 활용한 사례는 많이 있다.

제2차 세계대전 중 처칠이 루스벨트 대통령을 방문했을 때다. 백악관에 여장을 푼 처칠이 막 목욕을 마치고 거실로 돌아왔을 때 루스벨트가 처칠의 방을 노크했다. 들어와도 좋다는 응답을 듣고 문을 연 루스벨트는 깜짝 놀랐다. 왜냐하면 실오라기 하나도 걸치지 않은 처칠이 그의 별명인 불독처럼 떡 버티고 서서 빙그레 미소를 짓고 있는 게 아닌가. 처칠은 당황한 루스벨트에게 태연하게 웃으면서 말했다. "허허, 우리 대영제국은 미국에 대해서 감추어야 할 것이 전혀 없소이다. 대통령께서 지금 보시는 바와 같이!"[42]

"나에게 유머 감각이 없었다면 이미 오래 전에 자살을 하고 말았을 것이다." 간디가 한 말이다. 그에게는 어려운 시기에 다가오는 중압감을 유머로 웃어넘기는 여유가 있었던 것이다. 브랜드 리더는 유머를 적당히 갖는 사람에게 적합할 수 있다.

과제 4 : 홍보를 뛰어넘어 이미지를 구축하라

"요즘은 PR 시대." 어렴풋이 기억나는 옛날 얘기다. 자신을 선전하는 것이 수십 년 동안 강조되어 온 덕분인지, 매스컴에서 시민들에게 갑자기 마이크를 주고 촬영을 하여도 자연스런 분위기가 연출되는 것이 요즘의 현실이다. 불과 10여 년 전만 해도 무슨 입사 시험 치르는 것처럼 차려자세를 하고 대답을 하던 것과 비교하면 대단한 변화이다. 그만큼 자신을 당당하게 표현하려는 이미지 마케팅의 중요성이 생활화되었다는 것을 의미한다. 이제는 홍보의 수준이 아니라 전략적으로 이미지를 구축하는 데 초점을 맞춰야 하는 시기가 되었다.

브랜드 리더의 목표
표준을 장악하라

1998년, 애플사 직원들은 실로 오랜만에 가슴 설레이고 묘한 흥분에 휩싸인 채 강당에 모여들었다. 바로 14년 전 애플이 매킨토시를 시장에 선보일 때 느꼈던 바로 그 기분이었다. 돌이켜보면 여러 가지로 우여곡절이 많은 시간들이었다. 분명히 기술적으로는 앞서 있다는 평가를 받으면서도 시장경쟁에서의 냉혹한 현실로 인해서 지금까지 버텨 온 것만도 다행스러울 정도로 어려운 시간들이었다. 그러나 오늘 가슴이 뛰는 것은 14년 전의 벅찬 모습이 재현되기 때문이다. 그 당시 애플을 이끌었던 스티븐 잡스가 돌아왔고 그가 또다시 신제품을 소개하는 휘장을 벗기게 된 것이다. 비록 옛날처럼 청바지 차림은 아니었지만 훨씬 성숙된 모습으로 나타난 잡스가 서서히 애플의 신제품을 소개하기 위해서 휘장을 거두자, 수천 명의 직원과 고객들은 환호와 박수로 애플의 새로운 도전을 축하하였다. 바로 애플의 새로운 희망, PC 디자인에 있어 새로운 표준을 만들어 나간 'iMac'이 탄생하는 순간이었다.

표준을 장악해야 한다 : 애플사의 스티브 잡스

브랜드 리더의 목표는 시장을 선도할 수 있는 표준을 장악하는 것이다.

즉, 동종업계의 선두주자 내지는 모델케이스가 되는 것이다. 3M이 창안해낸 포스트잇은 간단한 아이디어에 불과하지만, 21세기에 만들어진 위대한 제품으로 꼽히며 간단한 메모지의 표준이 되었다. 포스트잇이 3M의 브랜드 이미지를 높이는 데 결정적인 계기가 되었던 것은 당연한 결과이다. 유행을 선도할 수 있는 신선한 아이디어로 표준을 창출해 나가는 것이 결국 중요한 목표가 되는 것이다. 하지만 끊임없이 새로운 아이디어와 혁신을 선도한다는 것은 아무나 할 수 있는 일은 아니다.

진정한 브랜드 리더는 새로운 경쟁 공간을 창출해 나가야 한다. 시장의 요구에 대응하기보다는 시장의 요구를 예측하는 데 초점을 맞추며 불확실성을 두려워하지 않는다.

세기적인 걸작품인 PC를 탄생시켜서 인간의 활동에 새로운 차원을 제공한 스티브 잡스, 그는 지칠 줄 모르는 도전정신으로 기술혁신을 추구했으며 실패를 두려워하지 않는 컴퓨터 산업의 풍운아이다. 컴퓨터 산업의 황제로 불릴 정도로 독단적이고 오만한 경영스타일로 비판과 찬사를 동시에 받았고 험난한 여정을 걸어왔지만 미래예측에 모든 것을 걸고 살아온 벤처 경영인이다.

초창기의 애플은 주변의 비아냥거림 속에서 외롭게 미래를 향해서 도전했다. IBM, HP, Intel, DEC 등 모든 업체들이 개인용 컴퓨터의 필요성에 대해서 회의적이었다. 심지어 인텔은 자사가 개발한 마이크로프로세스가 PC의 핵심부품이었지만, 창시자인 로버트 노이즈도 PC의 미래를 단지 취미용품 정도로 간주했다.

주 컴퓨터에 연결된 단말기를 사용하면 될 것인데, 주 컴퓨터에 비해서 성능이 떨어질 수밖에 없는 장난감 같은 PC를 누가 사용하겠는가 하는 논리였다. 게다가 거리의 히피같이 긴 머리에 샌들을 질질 끌고 다니는 잡스가 제품을 소개하는 바람에 "너 같은 히피들이나 쓰는 장난감이 무슨 상업성이 있겠느냐?"며 문전박대를 했다.

당시 유능한 경영자들조차 PC 시장이 창출시킬 새로운 경쟁 공간을 예측하지 못했던 것이다. 오직 잡스만이 미래의 현실을 명확히 내다보고 있었고 엄청난 추진력으로 PC 시대를 여는 산파 역할을 해내었다. 잡스는 미래의 시장 요구를 내다보는 안목과 리스크를 걸 수 있는 도전정신이 새로운 표준을 창출해 내는 원동력임을 일깨워 주고 있다.

단순함에 승부를 걸어라 : 노키아의 조르마 올릴라

삼림의 나라 핀란드에는 국민적 영웅으로 추앙받는 CEO가 한 명 있다. 재기가 불가능할 것으로 평가받던 기업을 세계적인 흑자 기업으로 탈바꿈시킨 경영인, 화장지가 주력 품목인 회사를 첨단 이동통신 업체로 우뚝 서게 한 노키아의 조르마 올릴라 회장이다.

위기 상태에 빠져 있는 노키아의 사장에 오른 올릴라는 "가전 부문 적자가 매출액의 3분의 1이나 차지하는 기형적인 구조 아래에서는 회사의 미래를 장담할 수 없다."고 강조했다. 그는 "노키아는 수익성 없는 부문은 과감히 정리해야 하며 회사를 처음 설립하는 마음으로 다시 시작해야 한다."고 역설했다.

먼저 화장지를 비롯한 제지 사업을 매각했다. 그는 화장지 같은 제지업은 노키아 같은 대기업이 나설 분야가 아니라고 생각했다. 혹독한 사업재편을 통해서 기적 같은 성장을 보여준 올릴라 회장은 다음과 같이 술회했다. "노키아는 지난 5년간 매우 중요한 사실을 깨달았습니다. 우리가 자신하는 분야만이 확실한 성공을 보장해 준다는 것입니다. 그것은 바로 이동통신 분야입니다."

《포천》은 지난해 10,000명의 경영인과 분석가들에게 조사해서 '세계에서 가장 존중받는 기업'을 뽑았다. 미국을 제외한 해외에서 1위로 꼽힌 기업이 바로 노키아다. 드디어 소니를 앞지르기 시작한 것이다. 올릴라 회장이 말하는 노키아 경쟁력의 핵심은 가장 자신 있는 분야에서 경쟁을 했다는 것이다.

애플의 CEO로 복귀하면서 잡스는 외쳤다. "단순한 것이 복잡한 것보다 어렵습니다. 단순하게 하기 위해서는 생각을 명료하게 하는 데 많은 노력이 필요합니다. 그러나 그 시점에 도달하면 태산을 움직일 수 있는 힘이 생기기 때문에 가치가 있습니다." 자신의 능력을 단순화시켜서 집중력을 높이는 것이 미래지향적 리더십에 중요하다는 잡스의 경험담이다.

"자신의 강점을 중심으로 단순성을 추구하십시오!" 노키아의 올릴라와 황태자 잡스가 강조하는 표준을 장악하는 비결이다.

브랜드 리더의 철학

남을 뒤따르는 자는 성공할 수 없다

• 성공 패턴 1

중간에서 경쟁력을 찾지 않는다. 중간은 경쟁력이 없다. 모든 관련 분야에서 고른 경쟁력을 확보하는 것이 중요하다.

• 성공 패턴 2

블록버스터에 도전한다. 브랜드 창출은 끊임없는 새로운 시도를 요구한다. 새로운 도전에 투자를 아끼지 말아야 한다. 포기하지 않고 도전할 때에 결국 블록버스터가 나올 수 있는 것이다.

• 성공 패턴 3

경쟁 환경 변화에 민감하다. 보다 나은 미래를 위해서 탄탄했던 현재도 과감하게 파괴한다. 룰 브레이커가 되어서 기존의 발상에서 벗어나는 시도를 추구한다. 스스로 창조하여 새로운 질서를 선도하는 사람들이 브랜드 리더이다.

• 벤치마킹 포커스

 – 차별화 전략 : 스타벅스 커피
 – 360도 브랜드화 : 셸리 라자루스
 – 블록버스터를 향한 연구개발 : 화이자의 빌 스티어
 – 경쟁 환경 예측 : GE의 잭 웰치, 소니의 노부유키

CHAPTER 5

노란색 리더

함께 미래를 걱정하는
사이드 리더 _고민하라, 더 고민하라

유비무환의 경영인 사이드 리더십

사이드 리더의 철학 – 1:10:100의 원리에 충실하자

사이드 리더의 성공 패턴 1 – 항상 문제의식을 갖는다

사이드 리더의 성공 패턴 2 – 경쟁력의 다원화를 창출한다

사이드 리더의 성공 패턴 3 – 시스템으로 경영한다

사이드 리더의 7가지 실천과제

사이드 리더의 목표 – 처음에 올바르게 하라

YELLOW LEADERSHIP

YELLOW

노랑

유비무환의 경영인 사이드 리더십

"경쟁이 당신을 쫓아온다면, 다른 사람들보다 더 빨리 달려야만 죽음의 골짜기를 빠져나올 수 있습니다. 그리고 그것은 당신이 특정한 방향을 정하고 죽을 힘을 다해서 달릴 때만 가능합니다." 서바이벌 개념으로 인텔사를 강한 회사로 키우는 데 성공한 앤드류 그로브, 그는 "걱정파가 살아남는다." 라는 경영철학으로 유명하다.

앤드류 그로브는 늘 걱정이 태산이다. 제품이 함부로 관리되지는 않는지, 제품이 너무 일찍 시장에 소개되는 것은 아닌지, 공장이 제대로 가동되고 있는지, 부적절한 사람들을 고용한 것은 아닌지, 사원들의 사기가 떨어진 것은 아닌지 등 항상 회사 걱정으로 분주하다. 당연히 그는 경쟁사들에 대해서도 걱정하고 다른 사람들이 더 싸고 더 좋은 제품들을 어떻게 만들어 내는지 노심초사한다. 그로브 회장은 경영자가 가져야 할 가장 중요한 책임은 다른 사람들의 공격으로부터 구성원들을 보호하고, 그들에게도 보호자의 태도를 갖도록 하는 것이라고 말한다. 그렇게 하기 위해서 경영자는 항상 예민한 시각으로 기업을 관찰하지 않으면 뒤늦게 후회하는 일이 발생할 수 있다는 것이다.

그로브 회장처럼 항상 미래에 대해서 걱정하고 충분히 대비하는 리더십

'걱정파가 살아남는다' 는
경영철학을 지닌 그로브 회장은
노란색 컬러의 사이드 리더이다

인텔의 앤드류 그로브 회장

컬러를 노란색 리더십으로 구분해 보았다. 옐로카드를 받지 않기 위해서 대비하는 것으로 생각하면 쉽게 이해될 것이다.

걱정은 성공의 접착제 : 인텔의 앤드류 그로브

어떤 배나무 과수원에 하루 4,000개의 배에 종이를 씌우는 놀라운 능력을 가진 '배에 종이 씌우는 명인' 이 있다고 한다. 일반적으로 1시간에 100장 씌우기도 힘들다고 하는데 그 명인은 1시간에 500장, 다시 말해서 배 1개에 종이를 씌우는 데 약 7~8초가 걸리는 것이다. 그에게 요령을 묻자, "종이를 씌우면서 다음에 종이를 씌워야 할 배를 찾는 겁니다." 라고 대답했다고 한다. 종이를 싸고 난 후 다음 배를 찾아서는 남보다 더 잘할 수는 없을 것이다. 성공적인 리더는 항상 다음 배를 찾는 데 열심인 사람들이다. 미래를 걱정하지 않을 수 없는 불확실한 경영 환경에서는 더욱 그러하다.

조직은 의사결정의 연속선상에서 움직여 나간다. 의사결정은 리더의 몫이며 조직의 운영에서 리더의 책임은 그만큼 크다. 걱정이 앞서는 사람은 지나치게 신중하여 더 많은 정보를 수집할 때까지 결정을 미루는 경우가 많다. 그러나 대개의 경우, 이러한 자세는 이득보다는 손해를 보는 수가 많다. 시간은 중요한 것이다. 정보가 결정하는 것이 아니라 당신이 결정한다는 것을 알아야 한다.

조사하고 연구하고 심사숙고하는 것은 매우 중요하다. 정보 수집활동 없이 사업을 이끈다는 건 무모한 일이다. 그러나 아무리 노력을 기울이고 시간을 보낸다고 하더라도 확실한 결정을 내릴 수 있는 충분한 정보를 확보하는 것은 불가능하다. 당신이 현재 가지고 있는 정보를 이용해 최선의 결정을 내리고 결과를 잘 마무리하는 데 노력을 기울여야 한다.

자신의 능력을 믿는 것이 중요하다. 하지만 언제나 정확한 결정을 내려야 한다는 부담을 가질 필요는 없다. 좋은 결정이면 되는 것이다. 잘못된 결정을 하지 않으려고 지나치게 신경을 쓰다가는 모든 기회를 놓치고 만다. 잘못될까 두려워서 아무 결정을 내리지 못하는 리더보다는 실수를 하더라도 신속히 결정을 내리는 리더가 성공한다.

"우리는 기술적 변화의 물결이 전보다 훨씬 빠르고 모든 산업으로 퍼져나가는 시대에 살고 있습니다. 이러한 급속한 변화는 어떤 일을 하든지 영향을 미칠 것입니다. 우리는 그러한 변화를 멈출 수도 없고 이로부터 도망칠 수도 없습니다. 그리고 언제 어떠한 방식으로 사업의 전환점이 도래할 것인지 예측할 수도 없습니다. 하지만 분명한 것은 예측할 수 없다는 말이 대비할 필요가 없다는 걸 의미하지는 않는다는 점입니다."[22] 불확실한 미래에 대한 그로브의 대응자세이다. 걱정하는 마음을 유비무환 정신으로 전환시키되 신속하게 대응해야 한다는 점을 강조하고 있다.

의사결정과 관련하여 주요 국가의 행동 패턴이 〈그림 7〉에 소개되어 있다.[42] Q는 질문Question, A는 행동Action 그리고 P는 연기Postpone를 의미하는데, 국가별 의사결정에 이들 3가지 키워드가 어떻게 반영되는지를 흥미롭게 비교하고 있다.

독일은 여러 번 '질문'하고 단 한 번 행동으로 일 처리를 마친다고 한다. 깊게 생각하므로 그만큼 실수가 적다는 뜻이다. 표준체계가 탁월한 독일의 시스템이 이러한 국민성과 무관하지 않을 것이다. 일본은 '질문'과 '행동'을 반복적으로 이행하므로 지속적인 개선에 강하다. 노르웨이는 깊게 생각하기보다는 뒤로 미루어 놓았다가 갑자기 강력한 행동을 취한다. 추진력과 강인한 국민성으로 유명한 바이킹 민족의 근성을 엿볼 수 있다. 잘못 시비를 걸었다가는 큰 코 다치기 십상이다. 미국은 실험정신이 강해서 먼저 실행하고 보는 편이라고 소개되어 있다.

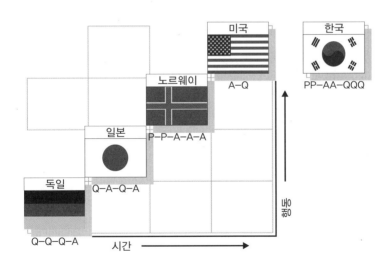

●●● 그림 7. 국가별 의사결정 패턴의 비교

그렇다면 한국은 어떠할까? 여기에는 정답이 없다. 하지만 PP-AA-QQQ' 정도가 아닐까 한다. 늦장을 피우다가 갑자기 신속하게 해치우고서는 크게 후회를 하는 일이 워낙 많았기 때문이다. 한국에는 장기적인 안목을 갖고 신중한 의사결정을 중시하는 리더십을 아쉬워하는 목소리가 크다. 그로브가 얘기하는 예방철학에 근거한 리더십이 필요한 사회이다.

사이드 리더십 : 데니스 로미그 박사

유비무환의 정신으로 경영하려는 사람에게 가장 적합한 리더십 모델은 최근 데니스 로미그Dennis A. Romig 박사가 제시한 '사이드 바이 사이드 Side by Side 리더십'이다. 불확실한 미래에 보다 적극적으로 대비할 수 있도록 리더의 역할을 정리한 리더십으로서, 여기서는 줄여서 '사이드 리더십'을 용어로 사용한다. 기존의 톱다운Top-down 리더십에서 파트너십을 추구하는 동반자 개념으로 관점을 전환시킨 것이라고 볼 수 있다. 성과, 생산성, 그리고 수익성을 높이기 위해서 새롭게 제시된 사이드 리더십은 다음과 같은 원리에 근원을 두고 있다. [43]

- 다른 사람의 얘기만 잘 들어주어도 그들의 생산성을 10퍼센트 높일 수 있다.
- 당신과 업무 협조자가 서로 체계적인 쌍방향의 성과 평가를 활용하면 상호간의 성과를 15퍼센트 향상시킬 수 있다.
- 구성원이 아이디어를 먼저 제시할 수 있도록 분위기만 조성해 주어도 참여의식과 신뢰를 높일 수 있다.
- 구성원에게 무엇을 하라고 지시하는 것은 실패를 야기하고, 아이디어와 지식을 공유하도록 권장하면 성공을 가져오게 만든다.

- 효과적인 리더는 동료, 부하, 상사, 외부 사람을 포함한 모든 사람의 아이디어를 경청한다.
- 리더와 업무 추진 팀이 쌍방향 커뮤니케이션을 이용하고 문제해결에 함께 참여하면 생산성을 20퍼센트 이상 증가시킨다.

사이드 리더십은 구성원들과의 관계 설정이 톱다운이나 보텀업Bottom-Up의 관계가 아니라 수평적인 동행형 자세를 가질 것을 강조한다. 동등한 입장에서 자유로운 커뮤니케이션 문화를 조성하는 것이 경쟁력 강화의 원천이다.

일관된 마음가짐을 요구한다

리더십을 동기부여 유형에 근거해서 분류하는 방식의 하나가 맥그리거가 제창한 X이론, Y이론 그리고 Z이론으로 분류하는 것이다. X이론 유형은 구성원들은 시켜야만 행동하는 수동적인 사람들이므로 '리더가 모든 것을 결정해야 한다'는 지시형 리더십이다. 반면에 Y이론은 적당한 목표만 주어지면 누구든지 열심히 하게 되어 있으므로 '하위직 직원들도 의사결정에 기여하도록 기회를 주어야 한다'는 참여형 리더십이다. 채찍이냐, 아니면 당근이냐 하는 동기부여 방식으로 리더십을 구분한 결과이다.

오래된 연구결과이긴 하지만, 미국의 CEO 243명을 대상으로 조사한 리더십 스타일 분석에 의하면 리더십 유형은 그들의 경력과 관련이 크다고 한다. 〈그림 8〉에서 볼 수 있듯이, CEO 초년에는 Y이론에 근거한 참여형 리더십을 중시하다가 경력이 쌓일수록 점차 X이론으로 전환하는 경향을 찾아내었다.[44] 처음에는 함께 하려는 자세를 가지다가, 시간이 지날수록 자신의 판단에 대한 자신감이 늘면서 지시형으로 변한다는 얘기이다. 물론 의사

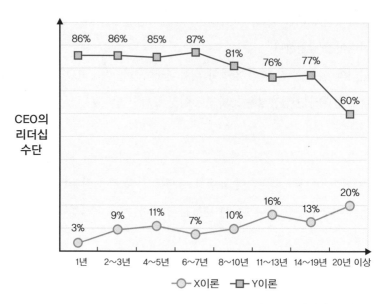

그림 8. CEO의 경력과 리더십 방식

결정의 패턴은 바뀔 수 있다. 그러나 구성원에 대한 마음가짐은 변함이 없어야 한다. 사이드 리더는 항상 구성원과 함께 한다는 마음가짐을 갖는 사람이다.

노사 간의 문제가 심각한 회사에서 근로자들이 주장하는 얘기가 바로 "인간 대접을 못 받는다."는 감정적인 것이다. 물론 근로자들의 처우개선에 대한 요구가 초점이 되는 경우가 없지는 않지만, 이것은 꼭 처우만의 문제가 아니라 일관성 없는 경영진의 리더십에 대한 실망에서 비롯된다는 것을 명심해야 한다. 상황은 가변적일 수 있다. 그러나 사원에 대한 리더의 마음자세까지 가변적일 필요는 없다.

나카타니 야키히로는 『어제까지의 당신에게 이별을 고하라』에서 1:10:100의 법칙에 충실하라고 강조했다.[45] 그는 "1을 생각하고 1을 얘기하면 1이 전달된다는 착각에서 깨어나야 한다."고 주장한다. 1을 전하고 싶으면 10을 이야기해야 하고, 10을 이야기하려면 100을 생각해야 한다고 한다. 1을 올바르게 전달하기 위해서는 1:10:100의 법칙을 염두에 두고 100을 준비하는 자세가 필요하다.

사이드 리더의 철학
1:10:100의 원리에 충실하자

나무에 많이 올라 본 사람은 나무에 오르는 다른 사람에게 딱 한 번 주위를 준다고 한다. 나무에 오르기 시작하거나 꼭대기에 있을 때가 아니다. 거의 다 내려온 시점에서 '주의하라' 고 얘기한다고 한다. 집중력이 떨어지고 방심하기 쉬운 시점에서 지적을 하는 것이다.

보다 나은 미래를 위해서 걱정을 하고 미리 대비하는 것은 중요한 일이다. 하지만 효과가 큰 시점이나 지점에서 걱정을 하는 것이 사이드 리더의 리더십 역량에 중요하게 작용할 것이다. 사소한 걱정을 시도 때도 없이 늘어놓아서 '선이 가늘다' 혹은 '잔소리꾼' 이라는 소리를 듣지는 말아야 한다.

1:10:100의 원리를 기억한다 : 조셉 쥬란 박사

야구에서 수비를 하는 경우, 땅볼이 오게 되면 야수는 반드시 전진해서 잡는 것이 중요하다. 전진해서 잡아야 시간을 줄여 주자를 아웃시킬 수 있음은 물론이고 만일 펌블이 나더라도 수습이 가능하다. 일찍 실수를 했기 때문이다. 게다가 공이 바운드되는 횟수를 줄일 수 있으므로 불규칙 바운드의 리스크도 줄일 수 있는 장점이 있다. 전진 대시야말로 가장 중요한 수비 요령인 셈이다. 축구, 농구와 핸드볼도 마찬가지이다. 동료가 공을 패스하면 반드시 달려 나가서 받는 것이 중요하다. 공을 기다리면 상대편에게 가로채기를 당할 가능성이 그만큼 커지기 때문이다. 그래서 공을 기다리는 버릇이 있는 선수는 그 버릇을 고칠 때까지 고된 훈련을 요구받기 마련이다.

사전에 예방조치를 취해서 손실의 가능성을 최소화하는 접근방식이 바로 1:10:100의 원리를 적용하는 것이다. 어떤 문제점을 해결하는 데에는 세 가지 범주의 비용이 발생할 수 있으며, 그들의 상호간 비율은 1:10:100이라는 사실에 근거한 접근방식이다.

누구든지 처음부터 실수 없이 일 처리를 하고 싶어 한다. 잘못되면 결국 일이 자신에게 되돌아온다는 것을 알기 때문이다. 이렇게 처음에 일이 제대로 될 수 있도록 준비하는 데 드는 비용을 '예방비용' 이라고 부른다. 사전에 미리 예비교육을 시킨다든지 일이 잘못될 것을 고려해서 미리 미연방지 대책에 투자하는 비용들이 이에 속한다. 심지어는 불조심이나 사고를 조심하라고 주의를 주는 노력도 예방비용에 포함될 수 있는 것들이다.

미연방지를 위해서 노력은 하지만 항상 문제의 가능성은 잠재되어 있다. 그래서 내부적으로 검사하고 평가하여 문제점을 찾아내고 대책을 마련하는 비용이 발생한다. 이러한 과정에서 발생하는 비용을 '평가비용' 이라고 부른다. 제조 공장에서 제품을 검사하고 불량품이나 결함을 찾는 데 드는 비용이 평가비용에 포함된다. 문제점을 사전에 찾아 신속하게 대응하지 못하면 결국 결함이나 오류가 발생한다. 서비스가 잘못되었지만 고객이 눈치를 채지 못해서 재빨리 수정을 했다면 내부적으로 모든 문제를 해결할 수도 있다. 만일 그러한 오류가 외부로 빠져나가게 되면, 불량 제품이나 서비스가 시장에 반출되어 고객에게 전달된다. 이때는 필드 서비스나 민원처리 과정을 통해서 손실을 최소화해야 되는데 이러한 과정에서 발생하는 비용이 바로 '실패비용' 이다.

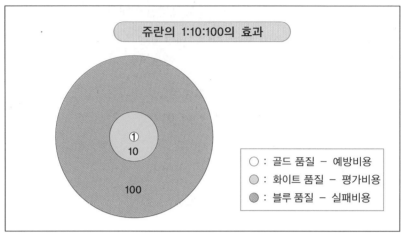

●●● 그림 9. 쥬란 박사의 1:10:100의 원리

미국과 일본에서 오랫동안 지도와 자문을 해왔으며 세계에서 최고 품질 전문가로 꼽히는 조셉 쥬란 박사가 이들 세 가지 비용에 대해서 상대적인 비율을 제시했다. 그의 주장에 따르면 예방비용, 평가비용 그리고 실패비용의 상대적인 비율은 1:10:100이라는 것이다. 처음에 올바르게 하지 않으면 100배의 손해를 보게 된다는 것에 주목할 필요가 있다. 실제로 미국 로체스터에 있는 IBM 사업장에서 이 비율을 조사해 본 결과, 1:13:92로 나타났다.[46] 우리나라에서도 커다란 재해를 당한 뒤에야 비로소 이 교훈을 떠올리며 야단법석을 떨었던 경험은 헤아릴 수 없을 정도이다.

사이드 리더는 미연에 방지하는 것을 중시하는 사람이다. 그들은 걱정을 해야 할 시점이 미연방지가 가능한 설계단계, 즉 업무를 처음 시작하는 단계인 것을 잘 알고 있다. 그러한 활동의 영향력이 100배나 가치가 있는 일임을 마음에 두고 있기 때문이다. 이처럼 처음에 올바르게 해야 한다고 강조하는 리더가 바로 사이드 리더이다.

근본적인 원인에 눈길을 돌려라

'무결점 ZD : Zero Defect 운동'으로 유명한 필립 크로스비는 많은 사람들이 업무 프로세스를 이해하고 오류의 근본원인들을 없애는 방법을 배우는 대신에 잘못된 일을 찾아내는 효과적인 네거티브 검사시스템을 개발하는 데 투자를 한다고 지적하였다. 그러한 사후약방문격의 문제해결 노력은 한계가 있어서, 제조 회사들이 품질비용으로 수익의 25%를 낭비한다고 강조했다. 헤이크스 역시 "기업들이 계속해서 매주, 매달, 매년 필사적으로 동일한 문제점들과 씨름하고 수정하고 있다!"면서 검사 중심의 문제대응 방식을 지적했다. 그는 모든 품질 전문가들이 경영품질 문제점의 80% 이상이 경영진에 의해서 야기되고, 20% 이하가 근로자들에 의해서 야기된다고 믿는다는 것을 발견했다. 결국, 리더십이 기업의 경쟁력을 결정하는 것이다.

워싱턴에 위치한 토머스 제퍼슨 박물관이 박물관 외벽의 유지보수 문제로 고민했던 적이 있었다. 비둘기가 많이 몰려들어서 건물 외벽 여기저기에 배설물을 남겨 놓았다. 소방호수를 이용해서 그러한 오물들을 자주 세척을 해야 했는데 그러다 보니 외벽 마모가 상당한 문제로 대두되었다. 그래서 전문가들이 이 문제의 근본원인을 찾아 나섰다고 한다. 우선, 새가 박물관 주변에 많이 꼬이는 것은 먹이인 곤충이 모여들고 있기 때문이었다. 곤충은 대개 불빛을 보고 모여드는 법인데, 조사를 해보니 조명탑이 너무 박물관 가까이에 설치되어 있음이 확인되었다. 박물관과 전조등의 거리가 근본원인임을 알게 된 제퍼슨 박물관은 결국 전조등을 멀리 설치하는 방식을 통해서 문제해결에 성공했다고 한다.

근본원인에 눈길을 돌려야 한다. 그것이 바로 100분의 1에 해당하는 적은 비용으로 미연에 방지하는 유일한 방법이다. 구성원과 함께 가는 사이드 리더는 누구보다도 문제점의 근본원인을 보는 데 유리한 입장에 서 있는 사람이다. 구성원들과 동등한 눈높이를 갖추는 것에 인색하지 않기 때문이다. 어떤 신세대 엄마가 어린아이를 데리고 백화점으로 쇼핑을 갔다. 아이를 유모차에 태워 주고 사탕을 입에 물리고 다니는 데에도 아이가 칭얼대기만 하여 여간 속상한 일이 아니었다. 휘황찬란한 진열장을 보고 좀 신기해 하는 모습을 보면 좋으련만, 아이는 보채기만 하였다. 그러다가 아이가 사탕을 떨어뜨려서 쪼그리고 앉아 사탕을 주우며 백화점 풍경을 보게 되었다. 보이는 것이라고는 온통 오가는 사람들의 다리와 진열장의 턱받이뿐이었다. 엄마는 그제야 깨닫게 되었다. 아이의 눈에 비치는 풍경은 정말 재미가 없는 것이라는 사실을. 구성원들과 똑같은 눈높이를 갖는 데 거부감이 없는 리더, 사이드 리더는 그러한 자신의 강점을 살릴 수 있어야 한다.

한국은 예방문화가 취약점이다

한국의 경쟁력의 취약점은 예방철학의 빈곤에서 찾을 수 있다. 한국경제신문이 발표한 바에 의하면 국민총생산의 2.5퍼센트를 투입하며, 그 대신 27.5퍼센트에 해당하는 비용을 실패비용으로 지불하고 있다고 한다. 다시 말해서, 미흡한 사전 예방활동으로 인해서 많은 실패를 경험하고 있는 것이다. 반면에 미국은 예방 및 평가비용에 5퍼센트의 비율을 쓰고, GDP(국내총생산)에 5퍼센트를 쓰며, 15퍼센트의 실패비용을 경험하고 있다. 높은 품질 경쟁력을 확보하고 있다는 일본은 4.5퍼센트를 예방 및 평가비용으로 지출을 하고, 그 대신 실패비용으로는 7.5퍼센트밖에 손실을 입지 않고 있다. 따라서 한국은 품질비용적인 측면에서 일본의 3배 그리고 미국의 1.5배에 해당되는 취약점을 갖고 경쟁을 하고 있다.[47] 미연에 방지하는 예방철학의 부족이 가져온 경쟁력의 허점이다.

최근에 범국가적으로 강조되었던 '기본에 충실하자' 는 구호도 사실 예

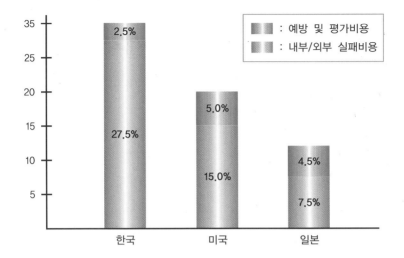

●●● 그림 10. 미국, 일본 대비 한국의 예방/실패비용의 수준

방철학에 근거한 계몽운동의 일환이다. 비슷한 개념이 누누이 강조되지만, 아직 그러한 개념이 우리 사회에 뿌리내리는 데는 시간이 더 필요해 보인다. 1:10:100의 예방철학을 중시하는 사이드 리더들의 활약이 기대되는 시기이다.

사이드 리더의 성공 패턴 1
항상 문제의식을 갖는다

미국 시카고의 한 호텔에서 모토로라가 확대 간부회의를 개최하고 있었다. 중요한 전략회의를 이런 호젓한 곳에서 갖는 것은 미국 기업들의 일상적인 전통이었다. 80여 명의 간부들이 참여한 회의가 거의 끝나갈 무렵, 말없이 앉아 있던 영업부장 아트 선드리Art Sundry가 갑자기 일어났다.

"좋은 얘기를 많이 하셨지만, 마땅히 다루어야 할 주제를 다루지 않았습니다. 우리의 품질은 악취가 납니다! 저의 고객들은 우리의 품질에 만족하지 못한다고 불평하고 있습니다."

선드리의 발언은 엄청난 반응을 불러일으켰으며 회의를 주재하던 로버트 갤빈Robert Galvin 회장에게는 신선한 충격을 주었다. 당시 모토로라는 시장 점유율이 50퍼센트가 넘을 정도로 선도적인 입지를 확보하고 있었다. 더군다나 선드리 부장이 맡고 있던 사업부는 모든 지표에서 탁월한 실적을 보이고 있었다. 그럼에도 불구하고 자사의 제품에 대해서 고객들의 불만이 많다고 지적한 그의 문제의식은 갤빈 회장에게 새로운 도전 의지를 자극시키기에 충분했다.

우리의 품질은 악취가 난다 : 모토로라

그날 이후, 갤빈은 기업 경쟁력의 최우선 과제를 품질 향상에 두기로 마음먹었다. 그리고 사내 최고 의결기구인 운영위원회에 품질 문제를 안건에 포함시키도록 지시했다. 하지만 이런 의도에도 불구하고 초기에는 품질에 관련된 안건이 재무관련 안건에 비해서 상대적으로 경시되는 분위기가 지속되었다.

갤빈은 좋은 품질이야말로 고수익을 보장할 수 있는 유일한 길이라는 신념으로 품질 문제를 먼저 토의하도록 유도했다. 자신의 확고한 의지를 확인시키기 위해서 품질에 대한 안건이 처리가 되면 곧장 회의장을 빠져나갔다고 한다. 회장의 이러한 의도된 결의는 전사적인 품질 개선 노력을 확산시키는 훌륭한 촉매제가 되었음은 물론이다. "'우리의 품질에서 악취가 난다'는 선드리의 발언은 모토로라의 운명을 결정짓는 하나의 계기였다." 갤빈 회장의 회고이다.[48]

'Our quality stinks!'
우리의 품질에서 악취가
난다는 이 한 마디가
모토로라의
운명을 결정지었다

모토로라의 로버트 갤빈 회장

모토로라는 처음부터 창의적인 기업문화를 자랑하는 회사였다. 1928년 폴 갤빈Paul Galvin은 5명의 종업원과 565달러의 자본금으로 시카고에 갤빈 제조회사를 설립하였다. 그는 라디오가 미국인들의 자동차 문화의 한 부분으로 성장할 것을 예측하고 자동차용 라디오를 생산하였다. 제품의 특성을 나타내기 위해서 자동차와 축음기라는 두 단어를 합성하여 모토로라 Motorola라는 상표를 등록하고 카라디오 시스템을 출시하여 히트시켰다.

카라디오에 이어서 모토로라의 약진에 크게 기여한 제품이 10년 후에 개발되었다. 유럽을 여행하던 중 제2차 세계대전이 임박했다는 것을 예측한 갤빈은 휴대용 무선기가 필요할 것이라고 판단했다. 그는 이러한 예측을 토대로 과감하게 신제품 개발에 도전하여 1940년에 핸디토키Handie-Talkie를 출시하고, 이어 1943년에 워키토키Walkie-Talkie를 내놓았다. 워키토키는 전 세계적인 선풍을 몰고 왔으며 8배의 매출신장을 기록했다.

전쟁이 끝날 무렵, 워키토키 시장의 한계성을 예감한 갤빈은 텔레비전 사업에 진출하여 워키토키의 빈자리를 대체하는 데 성공했다. 끊임없이 미래의 환경 변화에 대비한 결과였다.

창업자 폴 갤빈이 사망한 1960년대는 모토로라에게는 연속되는 시련의 시기였다. 사업을 물려받은 로버트 갤빈은 몇 번의 인수합병을 추진하였으나 실패하였고 사업 다각화도 만만치 않았다. 결국 모토로라는 '국제화 전략'이라는 또 한 번의 발상전환으로 돌파구를 찾게 된다. 멕시코에 공장을 세우고 일본에 사무소를 개설하였다. 1968년에는 일본에 반도체 현지 법인을 설립하여, 반도체의 설계와 제조 및 판매를 모두 현지에서 수행하였으며 일본을 비롯한 8개 국에서 판매를 개시했다.

모토로라는 이에 그치지 않고 과감하게 가전부문을 포기하고 하이테크부문에 초점을 맞추어 사업구조를 재편했다. 이러한 전략적인 노력에 힘입어

1980년, 세계 최초로 무선호출기와 휴대폰 상용화에 성공함으로써 제2의 도약을 하게 된다.

모토로라의 사업방식의 특징은 창의적인 발상으로 미래를 선도하는 것이다. 그러한 창의적인 발상의 이면에는 '문제의식'을 갖는 겸허한 조직문화를 읽을 수 있다. 누구보다도 먼저 경영 품질의 중요성에 눈을 떴으며 오늘날 '식스시그마 경영혁신'을 탄생시킬 정도로 세계적인 경쟁력을 확보하였다. 남보다 앞서가면서도 "우리의 품질은 악취가 난다."는 관리자의 비판을 건설적으로 수용한 리더십의 산물이다.

우리는 남과 다르지 않다

"우리는 남과 다르지 않다!"

이것은 모토로라가 식스시그마 운동을 추진하면서 외친 구호이다. 변해야 한다는 경영진의 요구에 '왜 우리는 안 되는가?'에 대해 가당찮은 핑계나 늘어놓을 궁리를 버리라는 경영진의 주문이다. 험난한 길을 걷지 않으면 초일류기업이 될 수 없다는 겸허한 자세를 모토로라는 선택한 것이다.

변화에 대한 보편적인 시각은 '우리는 남과 다르다'는 것에서 시작된다. 필자는 공공부문이나 공기업을 대상으로 한 강연에서 "국민은 변화를 요구한다."는 말을 많이 한다. 공직사회의 리더십 변화가 국가 경쟁력 강화에 절대적임을 강조하는 내용이다. 강의를 마친 후, 공무원이나 공기업의 간부들과 대화를 하게 되면, 왜 변화하기 어려운가에 대한 많은 해명을 듣게 된다. 자신들이 변화를 주도할 수 있는 부분보다 환경적인 요인에 의해서 결정되는 것이 대부분이라는 것이 골자이다. 그들이 변화에 성공하지 못하는 이유를 열거하기 시작하면 끝을 헤아릴 수 없다. 사실 그 내용을 들어보면 수긍이 가는 측면도 많다.

하지만 그러한 소극적인 자세를 갖는다는 것 자체가 발전에 걸림돌이 됨은 어쩔 수 없다. 간혹 새로운 발상으로 변화를 선도한 사례를 얘기해 주는 리더를 만나는 경우가 있다. 그런 분들은 어김없이 배우는 데 적극적이며 진취적인 리더십을 느끼게 만들어 준다. 변화에 관한 한, '우리는 남들과 다르므로 변하기 힘들다' 는 진부한 사고방식에서 벗어나야 한다.

'우리는 남과 다르지 않다!' 는
자세로 모토로라는 식스시그마
운동을 추진하였다

일본 최초의 벤처 경영인으로 유명한 호리바 마사오가 경영하는 호리바 제작소가 미국에서 개최한 전시회에 젊은 사원을 파견하였다. 그 사원은 지혜를 짜내 신제품 디스플레이를 시시오도시(논이나 밭에서 새를 비롯한 짐승을 쫓기 위해 만든 장치. 긴 대롱에 물을 흘려 그 반동으로 큰 소리가 나게 한다)로 표현하는 아이디어를 냈다.

상사는 신참내기가 하는 짓이 마음에 내키지 않았지만, 기를 꺾는 것이 뭐하다 싶어 그냥 놓아두었다. 그러나 의외로 그 시도는 수요자들에게 큰 호감을 불러 일으켰다. 담당했던 젊은 사원은 이 작은 성공을 통해 자신감을 얻었다. 자신의 작은 아이디어가 좋은 결과를 낳는 귀중한 경험을 한 것이다. 이때의 성공 체험이 원동력이 되어 이 젊은 사원은 급성장했다고 한다.[49]

만일 상사가 젊은 사원의 새로운 시도를 막았다면 그러한 성공도 없었을 것이고, 그 사원도 의욕적으로 자신을 성장시키는 데 한계를 느꼈을 것이다. 자신이 익숙한 환경에 의해서 판단력에 지배를 받는 것을 경계해야 한다.

Bench Marking   어떤 문제의식을 갖는가?

모토로라 : 현재의 수준에 자만하지 않고 '우리의 품질에는 악취가 난다'며 경쟁력의 핵심요소에 대한 문제의식을 부각시켰다. 관리자의 비판을 긍정적으로 받아들인 경영진이 문제의 핵심을 회의석상에서 가장 먼저 토론에 부쳤다.

호리비 제작소 : 경영 관행이 신선한 아이디어를 방해하지 않도록 신입사원을 배려했다.

경쟁력의 다원화를 창출한다

"슨푸로 돌아가면 미련이 남는다!"

도쿠가와 이에야스는 이렇게 외쳤다. 그는 모든 재산을 투자하여 지은 슨푸 성을 스스로 버리고 새로운 영지인 '에도' 건설을 향해 발걸음을 돌렸다. 리더의 이 한마디에 가신들도 모든 땅과 재산을 포기하고 이에야스를 따라 나섰다. 신뢰가 만들어 낸 놀라운 리더십 파워이다.

"노부나가가 반죽하여 히데요시가 구운 천하의 떡을 이에야스가 가만히 앉아서 먹었다."는 평가를 받는 도쿠가와 이에야스가 보물처럼 생각하는 부하 5명이 있었다. 천하를 지배했던 히데요시가 이를 시기하여 그들을 빼돌리려는 계략을 꾸몄다. 승전 축하를 빌미로 한 사람씩 초대하여 관직과 포상금 100냥씩을 내려 주었다. 그러자 3명은 두말없이 관직은 물론 포상금까지 챙겼다. 그러나 한 사람은 이에야스에게 허락을 맡은 뒤에 상금을 받았으며, 지카요시라는 장수만은 이를 단호히 거절했다.

쓸 만한 재목이 겨우 1명 정도라고 생각한 히데요시는 맥이 풀려 더 이상 경계를 하지 않게 되었다. 하지만 이 사실을 뒤늦게 알게 된 이에야스는 빙그레 웃기만 하였다고 한다.[50] 그들이 자기를 속이고 그렇게 행동을 한 것은 나름대로 이유가 있었을 것으로 믿었기 때문이다. 누가 보더라도 거절하

는 것이 당연한데, 그 길을 선택하지 않은 이유는 바로 그들 3명이 히데요시의 계략을 눈치 채고 적절하게 대응하였던 것이다. 그들이 일제히 거부했다면 이에야스는 어려운 궁지에 몰렸을 것이 틀림없다.

"사천왕은 각각 나를 받들면서 지원해 주는 거목일세. 그 나무들은 종류가 다 달라. 말하자면 다른 생각을 가지고 있다는 뜻이야. 나름의 생각과 방식으로 나에게 충성을 다하는 거지." 이에야스가 부하들의 판단에 대해 한 말이다. 사이드 리더는 지나친 걱정으로 인해서 큰 그림을 못 보고 작은 부분에 집착하는 것을 경계해야 한다. 큰 그림을 보는 리더가 되어야 하는 것이다.

경쟁력의 균형 감각을 익혀라 : BSC(균형성과지표)

사람은 학습에 탁월한 능력을 가진 피조물이다. 사고할 수 있고 자신을 발전시킬 수 있는 축복을 누리고 있다. 그러한 학습 능력은 상상을 초월할 정도로 인간의 경쟁력을 끌어올리기도 하지만 때로는 극심한 편견을 갖도록 만드는 이유가 되기도 한다. 조직을 경영하는 측면에서도 유사한 편견에 빠지기 쉽다. 어떤 조직은 지나치게 수익구조에 역점을 두어 장기적인 이미지를 손상시킨다. 또 어떤 조직은 프로세스 혁신에만 매달리다가 정작 중요한 접점에서의 경쟁력을 잃는 경우가 있다.

플로리다 전력FPL : Florida Power & Light 은 일본의 데밍상을 수상한 최초의 미국 기업으로 유명하다. 4명의 일본 교수에게 자문을 받아 프로세스 개선에 많은 노력을 투입하였다. 결국, 데밍상을 수상하여 미국에 일본식 품질혁신을 전파시키는 기폭제 역할을 하게 되었다. 우여곡절 끝에 사장이 바뀌게 되었는데, 신임 사장은 경영품질 개선 노력을 원가절감 운동으로 전환시켜 버렸다. "우리는 고객만족에 성공했다. 하지만 우리가 만족시킨 고객은 플로리다 주민이 아니라 4명의 일본 교수였다." 데밍상에 집착하여 오히려 더욱 중요한 플로리다 주민에게 소홀했다는 사장의 비판이었다.

조직의 특정 부문에 집착하는 경향을 막기 위해서 '균형에 근거한 경쟁력 이론'이 전략경영의 모델로 등장하였다. 노턴과 카프란은 균형성과지표 BSC : Balance Score Card를 제시하여 균형 잡힌 경쟁력을 갖추어야만 중장기적인 성공 기반을 구축할 수 있다고 강조하였다.[51]

균형성과지표는 경쟁력 요소간의 연쇄 기능에 의해서 구성되어 있다. 모든 기업은 '수익' 즉, 재무적인 성과가 궁극적인 목표이다. '재무성과'가 나름대로 탄탄해야 함을 의미한다. 수익을 창출시켜 주는 사람들은 고객이므로 '고객만족'이 재무성과에 뒷받침되어야 한다. 다양한 고객은 일시적인 행위에 의해서 만족되는 것이 아니므로 내부 프로세스가 뒷받침되어야만 지속적인 고객만족을 달성할 수 있다. 내부 프로세스, 즉 '내부관점'이 경쟁력을 갖추어야 하는 이유이다. 내부 프로세스를 움직이는 사람은 궁극적으로 내부 구성원이다. 그들의 능력을 높일 수 있는 '학습과 혁신적인 사고'가 고양되지 않고서는 한계가 있다.

따라서 〈그림 11〉에 나타나 있는 재무성과, 고객만족, 프로세스 그리고 학습 및 혁신에 대해서 균형 있는 경쟁력을 확보하는 것이 중요하다. 이러한 관점에 어떠한 가중치를 두느냐 하는 것이 기업의 전략이며, 그 전략은 또한 리더십에 의해 방향이 설정된다. 균형성과지표는 결국 리더십에서 출발하여 경쟁력의 균형성을 강조하는 경영혁신 개념이다.

사이드 리더는 전략적인 관점에서 자신의 예방철학을 실천해 나가야 한다. 좁은 분야에 대한 지나친 집착과 걱정으로 인해 보다 큰 관점을 놓쳐서는 안 된다. 경쟁력의 다원화와 균형을 염두에 두어야 한다. 포트폴리오 관점에서 경쟁력 요소를 다원화시키고 전략적인 균형 감각에 초점을 맞추는

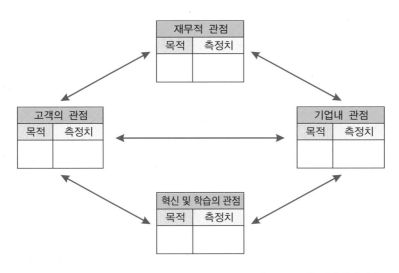

●●● 그림 11. BSC의 4가지 측정 관점

것이 바람직하다. 그러한 관점이 사이드 리더로 하여금 '안목이 좁다' 거나 '스케일이 잘다' 는 비판을 초월하도록 만들 것이다.

집착에서 벗어나야 한다 : 제록스의 퀸 랜드 부사장

"나는 중요한 것을 기억하고 그것을 실행합니다. 그것은 바로 나의 균형입니다." 제록스의 부사장 퀸 랜드의 이야기다. CEO의 업무를 효과적으로 하는 것과 마찬가지로 자신의 개인 생활도 똑같이 이루어져야 한다. 다른 사람에게 혜택을 주도록 자신을 가꾸어야 한다. 만일 당신이 일과 가족, 일과 사회, 사회와 가족, 몸과 마음, 마음과 영혼 사이에 효과적이고도 만족스러운 균형을 잡지 못한다면 결코 행복해 질 수 없다.

또한 구성원이나 가족에게도 좋은 본보기가 될 수 없다. "균형이란 말은 고전적인 문구이다. 그것은 동등, 평등하다는 뜻을 함축하고 있지만, 실제로는 절대 그럴 수 없다. 보통 사람은 일에 많은 시간을 투자한다. 그렇지만 인생은 계속 살아야 하는 것이다."고 이토추의 CFO(재무담당사장) 스튜어드 브라인더는 강조한다.[52] 성공적인 균형은 일과 휴식 간의 절충이다. 아름답게 균형 잡힌 삶을 영위하는 리더의 가치관이 많은 구성원에게 본보기가 될 것이다.

걱정이 많은 사이드 리더는 일에 집착한다는 소리를 듣기가 쉽다. 자신도 모르게 그렇게 보이게 되는 경우가 있다. 직원들이 하는 일이 걱정이 되어서 자신도 모르는 사이에 '이거, 별 문제 없는 거야?' 하면서 부정적인 코멘트가 불쑥 튀어나오곤 한다. 걱정이 앞서는 바람에, 직원이 애써서 만든 결과물에 대한 칭찬보다는 걱정 섞인 말이 나온 것이다. 문제는 그러한 걱정과 염려가 업무에만 관련되어 집중적으로 반복되면 부하직원들은 쓸데없는 잔소리로 받아들이게 된다는 점이다. 리더는 균형을 염두에 두어야 한다. 단거리 경주가 아니라 장거리 경주이므로 코스별 작전에 익숙해야 한다. 업무 성취라는 단거리 코스에 집착하여 전체 경주를 망쳐서는 안 된다.

Bench 경쟁력 다원화를 어떻게 구축하는가?

Marking BSC : 재무, 고객, 프로세스, 구성원의 역량의 관점에서 균형을 추구한다. 조직의 장기적인 전략에 근거하여 우선순위와 가중치를 결정한다.

제록스의 퀸 랜드 : 일과 가족, 일과 사회, 사회와 가족, 몸과 마음, 마음과 영혼 사이에 만족스러운 균형을 유지하라.

사이드 리더의 성공 패턴 3
시스템으로 경영한다

에드워드 데밍이 일본을 자문하기 시작했을 때, 그는 기업 경영자들에게 국가와 조직 전체를 하나의 시스템으로 보라고 촉구하였다. 조직 구성원이 연합하면 살아남고 번영하겠지만, 서로 경쟁하면 스스로를 발전시키지 못할 것이라고 주장하였다. 1991년, 모스크바에서 개최된 국제회의에서도 데밍 박사는 소비에트연합의 약 5천 명에 달하는 산업계 지도자들에게 편지를 보냈다. 러시아인에 대한 그의 메시지는 40여 년 전, 일본 지도자들에게 전한 메시지, 즉 국가를 하나의 시스템으로 보아야 한다는 내용과 같은 것이었다.

"어떤 국가도 가난할 필요는 없습니다. 일본은 천연자원이 부족한 나라지만 훌륭한 경영으로 경제 성장을 이루었습니다. 일본의 최고경영자들은 1950년도에 국가 전체를 하나의 시스템으로 생각하는 법을 배웠습니다. 시스템의 한 요소는 경쟁적인 수단에 의해서가 아니라 전체 시스템에 대한 기여로 평가됩니다."

데밍이 총체적인 난국에 처한 소련에 던져 준 생존 노하우였다. 총체적인 위기에 처한 소련에게 전 세계를 대상으로 놀라운 영향력을 발휘해온 세계적인 전문가가 내놓은 해답이 바로 시스템 사고방식이었다.[53]

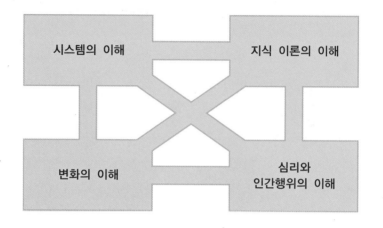

●●● 그림 12. 데밍의 지식 시스템

데밍 박사는 생전에 새로운 철학을 채택하여야 한다고 항상 강조하였다. 데밍이 지구에 남긴 유산은 지식 시스템이다. 시스템의 이해, 지식 이론의 이해, 변화의 이해 그리고 심리와 인간 행위의 이해, 이들 4가지가 적절하게 최적화되어야만 조직의 최적화가 가능하다고 데밍은 결론을 내렸다. 그가 제시한 '심오한 지식 시스템'은 사람들이 자신을 둘러싸고 있는 세계를 볼 수 있는 렌즈였다(그림 12).

시스템적 사고방식이 요구된다

사이드 리더는 리더십 시스템을 구축하고 운영하는 데 관심을 가져야 한다. 리더십 시스템은 리더십을 실행하는 데 필요한 조직, 절차, 공정 및 자원을 총괄한 것이다. 시스템이 없으면 리더십은 일관성이 없을 수도 있으며 조직의 최적화에 오히려 걸림돌이 될 가능성도 높다.

경영의 질을 높이는 데에는 일반적으로 3가지 구성요소를 요구한다. 철학, 시스템 그리고 도구이다. 우선 조직의 철학이 필요하다. 예를 들어서, 어떤 조직이 업무를 처리하는 과정에서 친절하게 할 것인지, 빨리 처리할 것인지, 아니면 실수 없이 완벽하게 처리할 것이지를 정해야 한다. 실수 없이 완벽하게 업무 처리를 하겠다는 의지는 리더의 철학에 근거한 방향 설정이다. 일단 방향이 설정되면, 문제는 그렇게 업무 처리가 가능한 경영 환경을 조성할 수 있는가에 달려 있다. 하루 전에 업무 지시를 하면서 다음 날까지 완벽한 문서를 만들 것을 기대하는 것은 불가능한 일이다. 리더의 철학이 반영되어 경영 활동이 이루어질 수 있도록 시스템이 뒷받침되어야 한다.

방향이 정해지고 시스템이 정착되었다고 하더라도 업무의 질은 개인의 역량과 도구에 의존하기 마련이다. 수작업에 의존하는 것에서 발전하여 문서편집기나 엑셀과 같은 다양한 도표작성 지원도구를 사용해야만 원하는 수준의 보고서를 만들 수 있다. 따라서 철학, 시스템 그리고 도구는 경영의 질을 높이기 위해서 갖추어야 할 3박자이다.

리더십도 마찬가지이다. 각종 업무에 관여하고 함께 간 자세로 조직을 이끌기를 바라는 사이드 리더는 그러한 3가지 관점에 대해서 안목을 가지고 있어야 한다. 개인적인 역량과 도구 활용은 위임이 가능한 일이지만, 리더의 철학과 시스템 구축에 대해서는 직접 이끌지 않으면 안 된다. 리더 자신도 시스템 내의 한 존재로 보고 비전을 갖고 시스템을 성숙시켜야 한다. 경영관리가 탁월한 조직에서는 톱이 방향을 제시하면 이미 체질적으로 몸에 익숙해 있는 위원회가 팀 활동에 근거하여 실천 방안을 시스템으로 전개한다. 리더의 방향 제시에는 다소 시간이 걸리긴 하지만, 관련된 기능과 요소를 거쳐서 검증된 활동으로 이어진다. 대신 리더의 영향력도 시스템을 통해서 검증되므로 독선적인 의사결정은 다양한 곳에서 견제를 받게 된다. 리더십 시스템이 무너지면 리더는 구성원과 인간 대 인간으로 대면하게 된다. 사람의

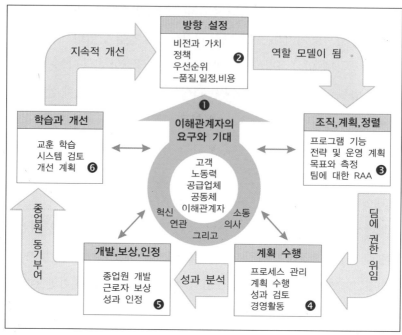

방향 설정
비전과 가치
정책
우선순위
–품질,일정,비용 ❷

지속적 개선

역할 모델이 됨

학습과 개선
교훈 학습
시스템 검토
개선 계획 ❻

이해관계자의
요구와 기대 ❶

고객
노동력
공급업체
공동체
이해관계자

혁신
연관

소통
의사

그리고

조직,계획,정렬
프로그램 기능
전략 및 운영 계획
목표와 측정
팀에 대한 RAA ❸

종업원 동기부여

팀에 권한 위임

개발,보상,인정
종업원 개발
근로자 보상
성과 인정 ❺

성과 분석

계획 수행
프로세스 관리
계획 수행
성과 검토
경영활동 ❹

●●● 그림 13. 미국 보잉사의 리더십 시스템

능력은 생각하는 것보다는 그렇게 차이가 나지 않는다. 시스템이 무너지면 리더는 자칫 무력해지기 십상이다. 올바른 시스템의 구축과 운영이 자신의 리더십을 효과적으로 지키는 길이다.

리더십 시스템을 구체화하라 : 보잉사의 사례

보잉사는 1998년에 미국 말콤 볼드리지상에 도전하여 수상의 영광을 안은 월드 클래스 수준의 회사이다. 제조업 분야에서 수상을 했지만, 볼드리지상이 경영품질을 평가하는 기능을 가지고 있으므로 리더십을 포함하여 전반적인 경영 관리 수준을 인정받았다고 볼 수 있다. 보잉사의 리더십 시스템은 6단계로 구성되어 있다. 이해관계자의 요구와 기대 파악으로 시작하여 학습과 개선에 이르기까지 모든 단계에서의 리더의 역할을 구체적으로 명시하고 있다. 〈그림 13〉은 혁신, 연관과 의사소통, 역할 모델, 권한 위임, 성과분석, 동기부여, 지속적인 개선 등 각 단계에서의 역할이 전체 조직의 리더십에 어떠한 영향을 미치는지를 기능 요소별 관계를 고려하여 제시하고 있다.[54]

조직 전반에 걸쳐서 리더십의 기능과 영향력을 아는 것, 이것은 시스템 발상이 아니고서는 파악하기 어렵다. 조직을 수평적인 관점에서 움직이려고 하는 사이드 리더의 성공은 시스템적 리더십 전개에 달려 있다. 신바람 운동이 후진국형 리더십이라면 시스템은 선진국형 리더십의 인프라이다. 아직도 감성에 호소하는 방법으로 큰일을 성사시키려는 사람들이 있으며 그러한 바람이 과거에 상당히 유효했던 것도 사실이다. 그러나 더 이상 신바람을 좋아할 일은 아니다. 시스템에 근거한 리더십에 눈을 떠야 한다.

Bench Marking 시스템으로 경영한다는 의미는?

데밍의 시스템 철학 : 조직을 시스템 관점에서 볼 수 있어야 한다. 리더의 의사결정이 한 부분이 아니라 시스템 전체에 기여하는 수준에서 평가되어야 한다.

보잉사 : 이해관계지의 요구와 기대파악으로 시작하여 학습과 개선에 이르기까지 모든 단계에서의 리더의 역할을 구체적으로 파악하고 있어야 한다.

사이드 리더의 7가지 실천과제

스티븐 코비 박사가 제품과 서비스의 품질 수준이 우수한 기업에게 주어지는 '데밍상'을 수상한 기업의 공통점을 조사한 적이 있다. 데밍상을 수상한 기업의 경영진은 자신들의 시간의 50퍼센트를 전략을 수립하고 전개하는 데 사용하고 있었다. 반면에, 일반적인 기업들은 단지 15퍼센트의 시간만을 전략과 관련되는 일에 소비하였다. 우수한 기업의 리더가 전략을 수립하고 전개하는 데 적극 관여해야 한다는 것에 주목할 필요가 있다.

전략적 계획은 CEO의 행동만큼이나 효과적인 의사결정을 요구한다. 여기가 바로 리더가 효율적인 결정을 내려야 하는 곳이다. 리더는 알아야 하는 모든 사항을 대부분 인지하고 있다. 그러나 어떤 때는 그 지식의 수준이 충분하지 못할 때도 있으며, 심지어 전혀 모르는 경우도 있다. 그럼에도 불구하고 리더는 계속 의사결정을 내려야 한다. 리더는 '약속과 행동' 사이의 갭을 메워 주는 추진 주체이며 최후의 의사결정을 하는 사람이다.

사이드 리더를 위한 7가지 실천과제

과제 1 : 쌍방향 커뮤니케이션을 구축하라

리더와 구성원, 상호 간의 대화채널을 확보하는 것이 필요하다. 권한 이양과 팀워크 중심의 업무 활동을 중시해야 한다.

과제 2 : 현장에 자원을 투입하라

조직의 내외부를 통해서 실질적으로 기업의 역량을 높이는 데 필요한 곳에 균형 있는 자원 배분을 설계하라.

과제 3 : 비전 있는 목표를 설정하라

구성원들이 공감할 수 있는 비전을 설정하고 함께 공유할 수 있는 조직문화를 구축해야 한다.

과제 4 : 창의적인 발상을 중시하라

사이드 리더는 사이드에 서 있으면서도 리더의 기능을 해야 하는 사람이다. 미래에 대한 독특한 발상과 안목을 갖추지 못하면 리더로서의 파워를 잃을 가능성도 있다.

과제 5 : 참여 방식을 구체적으로 계획하라

참여에 근거한 리더십을 추구하므로 참여하는 현장 리더십이 절대적이다. 함께 고민하고 함께 미래에 도전하는 방식은 어깨를 나란히 하는 것이 리더십의 핵심이다. 실천 원리에서 중요한 것은 제한된 자신의 자원을 나누어야 하므로 치밀한 계획을 세워서 리더십에 구체적으로 활용하는 것이다.

과제 6 : 지식을 축적하라

미래에 대해서 항상 걱정하는 사람이므로 걱정으로 그칠 것이 아니라 미래를 예측할 수 있는 지식을 부단히 축적해야 한다.

과제 7 : 권한을 위임하라

사소한 사항에 대한 권한 위임을 통해서 사이드 리더는 보다 신속하게 미래에 대비할 수 있다.

사이드 리더의 목표
처음에 올바르게 하라

조직을 이끌고 있는 리더로서 걱정이 없는 사람은 없다. 현재든 미래에 대한 불안감이든 외부적으로 표현되는 과정에서 리더는 다양한 모습으로 구성원들에게 다가간다.

일본 요미우리 텔레비전의 〈더 선데이〉라는 프로그램에서 직장인들을 인터뷰하여 '매력 없는 직장 상사'의 유형을 소개했다고 한다. 응답자의 76퍼센트는 자신의 직장에 매력 없는 상사가 있다고 대답했다. 그들이 꼽은 제일 매력 없는 상사가 바로 '잔소리가 심한 사람'이다. 반대로 가장 이상형으로 생각하는 상사는 '일을 맡겨 두고 책임은 상사가 진다'라는 철학으로 조직을 이끄는 사람이라고 한다.

쌍방향 커뮤니케이션을 활용하며 플로어와 동행할 사이드 리더는 '잔소리가 심한 사람' 소리를 듣는 것에 유의해야 한다. 부하들이 자신의 권한 내에서 처리할 수 있는 일까지 참견하고 잔소리를 늘어놓으면 부하들의 실소를 자아낼 뿐만 아니라 그들의 의욕마저 꺾어 놓기 쉽다. 숲을 보고 나무도 보는 리더가 되어야 한다. 미래에 대한 걱정이 근본적인 원인을 찾고 미연에 방지하는 조직 문화를 창출하는 것으로 전환되어야 한다.

시기적절한 의사 결정을 중시하라

미래를 지나치게 걱정하는 리더가 자칫 듣기 쉬운 비판이 바로 '우유부단하다'는 평가이다. 신중을 기하다가 의사 결정 시점을 놓쳐 구성원들의 후속 의사 결정을 연쇄적으로 지연시키는 경우를 의미한다. 조직은 의사 결정의 연속선상에 움직여 나간다. 선도적인 의사 결정은 리더의 몫이며 조직의 운영에 있어서 리더의 책임이 그만큼 크다.

걱정이 앞서는 사람은 지나치게 신중하여 더 많은 정보를 수집할 때까지 결정을 미루기 쉽다. 대개의 경우, 이러한 자세는 이득보다는 손해를 보는 수가 많다. 시간은 중요한 것이다. 정보가 결정하는 것이 아니라 당신이 어떠한 결정을 했는가를 알려야 한다. 정보 수집 활동 없이 사업을 이끈다는 건 무모한 일이다.

그러나 아무리 노력을 기울이고 시간을 보낸다고 하더라도 확실한 결정을 내릴 수 있는 모든 정보를 확보하는 것은 불가능하다. 당신이 현재 가지고 있는 정보를 활용하여 최선의 결정을 하도록 하고 결과를 잘 마무리하는 데 노력을 기울여야 한다.

자신의 능력을 믿는 것이 중요하다. 또 완벽한 결정을 내려야 한다고 지나치게 부담을 가질 필요도 없다. 좋은 결정이면 된다. 잘못된 결정을 하지 않으려고 지나치게 신경을 쓰다가는 오히려 모든 기회를 놓치고 만다. 잘못될까 두려워서 아무런 결정도 내리지 못하는 리더보다는 다소간의 실수가 있더라도 시기적절한 결정을 내리는 데 적극적인 리더가 성공한다.

얼마 전, '실패하는 경영인의 6가지 습관'이 《포춘》에 소개되었다. 그 중 한 가지가 결단성 없는 의사결정 능력이다.

특히 내부에서 승진하거나 리더십을 승계한 사람들이 갖기 쉬운 약점으로서 친숙한 주변 사람들 때문에 발생한다는 지적이다. 구성원과 함께 간 것

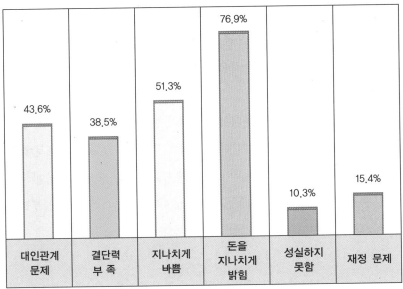

●●● 그림 14. 실패한 CEO의 6가지 습관

을 선호하는 사이드 리더가 배워야 할 교훈이다. 결단성 없는 리더가 되어서는 안 되기 때문이다.

빙산의 일각 현상을 주목하라

한국의 D그룹 이사급 경영진들이 일본의 전자회사에 벤치마킹 방문을 간 적이 있었다. 처음에는 일본 회사의 간부들이 친절하게 벤치마킹 질문에 응대하여 상당히 보람 있는 시간을 가졌다고 한다. 그런데 어느 순간부터 일본 회사는 갑자기 일선 직원을 내보내 응대를 하기 시작했다. 홀대를 받았다고 생각한 한 벤치마킹 팀이 정식으로 항의를 하였다.

"간부들이 벤치마킹을 왔는데, 경영에 대한 질문을 어떻게 직원에게 물으라고 합니까?"

그러자 일본 회사의 간부가 이렇게 대답했다.

"매번 올 때마다 똑같은 질문을 하시니 누가 답변을 해도 같은 수준의 답변을 할 수 있습니다. 그래서 죄송하지만 좀 한가한 직원에게 부탁을 했던 것입니다."

이 말을 들은 간부들은 창피해서 얼굴이 벌겋게 달아올랐다고 한다. 앞에 다녀온 벤치마킹 팀의 질문과 답변을 사전에 공부하지 않고 갔기 때문에 같은 질문을 계속해서 반복했던 것이다. 그러한 일이 있은 후, D그룹의 벤치마킹 팀은 철저한 준비를 거친 후 일본에 갔으며 일본도 다시 고급 간부들이 응답을 했다고 한다.

철저하게 준비하고 남다른 노력을 기울이지 않으면 피상적인 문제점만을 반복적으로 볼 수밖에 없다. 얼마나 많이 주어진 문제를 보느냐가 중요한 것이 아니라 어떤 각도에서 그 문제를 보느냐가 핵심이다.

경영 혁신 비유 중에, '빙산의 일각,' 즉, 아이스버그 현상이라는 것이 있다. 수면 위에 올라와 있는 얼음 덩어리만 사람들의 시야에 들어오지만 사실 수면 아래에는 엄청나게 큰 얼음 덩어리가 전제되어 있다는 것이다. 어떤 징후를 보면 보다 큰 문제의 가능성을 보아야 한다는 것을 지적하는 비유이다.

실질적으로 빙산의 일각에 해당되는 피상적인 문제에 자신의 리더십을 소진하는 사람도 있다. 불량품이나 서비스에 대한 고객 불만 등과 같이 눈에 보이는 손실 요인을 없애는 데 초점을 맞추는 것이다. 그러나 사이드 리더십의 핵심은 그러한 오류가 탄생하게 되는 근원적인 이유를 개선하는 데 초점을 맞춘다. 그래야만 눈에 보이지 않는 커다란 오류를 최소화시킬 수 있기 때문이다.

뉴욕의 한 은행의 지점에 새로운 지점장이 오게 되었다. 그는 지점을 진

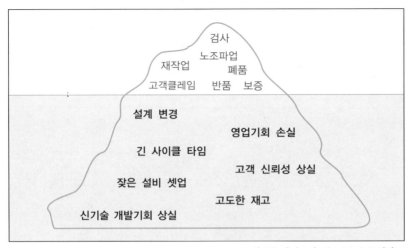

검사

노조파업

재작업   폐품

고객클레임   반품   보증

설계 변경

영업기회 손실

긴 사이클 타임

고객 신뢰성 상실

잦은 설비 셋업

고도한 재고

신기술 개발기회 상실

●●● 그림 15. 아이스버그(빙산의 일각) 현상

단한 후에 자신의 경영 목표로 '무결점 은행'을 만들기로 선언하고 ZD 운동을 추진하였다. 은행 창구에서 실수하여 입출금의 금액 차이를 보이는 행원들에게는 가시적인 목표를 주었다.

"앞으로 2달 후에 2건 이상 차이를 보이는 사람은 불이익을 주겠습니다." 은행의 강력한 주문이 통했는지, 2달 후 모든 직원들의 입출금 오류 실적이 2건 이하로 줄어들었다. 이러한 실적에 고무된 지점장은 급기야 '실수 없는 은행'을 다음 달에 달성하자고 독려했다.

한 달 후, 지점장이 제시한 목표는 거뜬히 달성되었다. 자못 흐뭇해 하고 있는 지점장에게 한 직원이 슬그머니 이런 말을 해주었다.

"지점장님, 사실 모든 창구 직원들이 통장을 하나씩 만들었을 뿐입니다. 남으면 자기 통장에 집어 넣고 모자라면 대신 채워 넣는 방법으로 목표 달성을 한 것이지요."

눈에 보이는 피상적인 실적에만 집착하면 엉뚱한 묘책만 나오기 마련이다. "묘수를 3번 이상 두면 바둑은 진다."라는 말이 있다. 근본적으로 문제에 접근해야지 나중에 수습책으로 묘안을 내는 것은 오히려 리더십을 그르칠 가능성도 있는 것이다. 처음에 올바르게 하는 것을 목표로 해야 한다.

사이드 리더의 철학

1:10:100의 원리에 충실하자

• 성공 패턴 1

항상 문제의식을 갖는다. 문제의식을 갖지 않고서는 예방 중심의 경영 활동을 펼치기가 어렵다. 사이드 리더는 항상 문제의식을 갖고 개선의 여지를 볼 수 있는 사람이다.

• 성공 패턴 2

균형 있는 경쟁력을 창출한다. 불확실한 미래에 대비하기 위해서 균형 있는 경쟁 요소 확보를 중시한다. 특정한 요소에 집착하는 편협한 리더의 모습에서 탈피하려고 한다.

• 성공 패턴 3

시스템으로 경영한다. 조직의 최적화를 위해서 시스템 관점을 중시한다. 리더 자신도 시스템의 일부로 보고 일관된 자세로 조직운영에 참여한다. 사이드 리더의 리더십 활동은 예측이 가능하다.

• 벤치마킹 포커스

　– 문제의식 : '우리의 품질은 악취가 난다'고 한 모토로라

　– 인생의 균형 : 제록스의 퀸 랜드

　– 시스템 철학 : 에드워드 데밍 박사

　– 리더십 시스템 : 미국의 보잉사

CHAPTER 6

초록색 리더

성실한 추진력으로 도전하는
파워 리더_탱크처럼 밀어붙여라

추진력이 돋보이는 파워 리더십

파워 리더의 철학 – 에버그린 정신

파워 리더의 성공 패턴 1 – 행동으로 지시한다

파워 리더의 성공 패턴 2 – 채널을 집중화시킨다

파워 리더의 성공 패턴 3 – 가시적인 목표를 제시한다

파워 리더의 4가지 실천과제

파워 리더의 목표 – 지속적인 혁신을 체질화하라

GREEN

추진력이 돋보이는 파워 리더십

어느 시골에 이웃해서 사는 사돈이 있었다. 그런데 한쪽 집안은 계속해서 번성하는데, 다른 쪽 집안은 변화가 없고 오히려 살림이 줄어드는 것을 걱정할 지경에 이르렀다. 하루는 못사는 사돈이 잘사는 사돈집을 방문하여 물어보았다. "사돈, 좀 부끄러운 얘기지만 이렇게 잘살게 된 비결이 뭡니까?" 다소 자존심이 상하긴 했지만 불과 몇 년 전만 해도 별반 차이가 없던 양쪽 집안이라 여간 궁금한 것이 아니었다.

잘사는 사돈은 그 즉시 자녀들에게 지시를 했다. "얘들아, 빨리 밖에 있는 소를 끌어다가 지붕 위에 올려놓아라." 자녀들은 묻지 않고 열심히 소를 지붕 위로 끌어 올렸다. 사돈은 흐뭇해 하며 간단히 말했다. "이게 우리 집의 비결입니다."

집안 어른의 말에 일사불란하게 움직이는 사돈집을 보고 온 못사는 사돈은 집에 오자마자 식구들을 불러 모았다. "얘들아, 밖에 있는 소를 끌어다가 당장 지붕 위에 올려놓아라." 그러자 모두들 아버지가 노망이 들었다며 오히려 야단들이었다.

"리더십은 구성원이 가야 할 곳을 가르쳐 주고 구성원으로 하여금 가도록 이끄는 능력을 요구한다." 트루먼 대통령의 말이다. 방향 제시 능력과 통솔력 그리고 추진력이 있어야 한다는 것을 강조하고 있다. 통솔력은 목적지로 구성원을 이끄는 능력이며, 파워 리더는 바로 그러한 통솔력과 추진력이 강력한 리더을 가리킨다. 저개발 국가이거나 과거 생산자 중심의 시대처럼 방향 설정이 쉬웠던 시기에는, 강력한 카리스마와 추진력을 가진 파워 리더들이 돋보였던 시기였다.

언행을 일치시켜라 : 간디의 설탕

파워 리더는 자신의 명령이 힘을 잃게 되는 순간을 두려워한다. 통솔력이 없어진다고 생각하기 때문이다. 서번트 리더, 브랜드 리더나 사이드 리더와는 다른 차원에서 통솔력에 집착한다. "뒤따르는 사람이 있으면 리더다."라고 말한 피터 드러커의 표현대로라면 통솔력을 상실한 파워 리더는 여간 곤혹스럽지 않을 것이다. 부담이 되는지 알면서도 종종 파워 리더들이 능력에 넘치는 권한에 집착하고 씨름하는 이유도 바로 여기에 있다.

한 어머니가 아들을 간디에게 데려왔다.

"선생님, 제발 제 아들에게 설탕을 먹지 말라고 말씀해 주세요."

간디는 소년의 눈을 그윽하게 바라보다가, 한참 뒤 어머니에게 얘기했다.

"보름 뒤에 다시 아드님을 데려 오십시오."

"하지만 저희는 선생님을 뵈러 아주 먼 길을 왔습니다. 그냥 돌려보내지 마세요. 아들에게 설탕을 먹지 말라고 한마디만 좀 해주세요."

그러자 간디는 다시 한 번 소년의 눈을 지그시 바라보다가 입을 열었다.

"보름 뒤에 아드님을 데려 오십시오."

보름 뒤, 어머니는 아들을 데리고 다시 찾아 왔다. 간디는 소년의 눈을 그

**언행일치를 대단히
중요하게 여긴 간디는
초록색의 파워 리더이다**

인도의 민족운동 지도자, 간디

욱하게 바라보고 난 뒤, 그때서야 소년에게 말했다.

"설탕을 먹지 마라, 얘야."

"오, 감사합니다, 선생님. 감사합니다. 하지만 궁금한 게 있어요. 지난번에는 왜 저희를 그냥 보내셨죠? 왜 보름 전에 저희가 이곳에 왔을 때 설탕을 먹지 말라고 아이에게 말씀해 주시지 않았나요?" 기왕 해줄 얘기인데 피차 번거롭게 두 번이나 아이를 만난 간디를 이해할 수 없다는 듯한 질문이었다.

"보름 전에는 저도 설탕을 먹고 있었거든요."

비록 사소한 일이지만 언행일치를 대단히 중요하게 생각하는 간디의 신조를 보여주는 이야기이다. 자신은 설탕을 먹으면서 아이에게는 먹지 말라고 가르치는 것을 허락하지 않는 자세를 볼 수 있다. 초록색 파워 리더가 기억해야 할 교훈이다. 성실한 자세로 조직을 이끌어야 하며 언행이 일치된 모습을 보여주어야 한다.[55]

영향력 행사의 우선순위를 지켜라

파워 리더는 통솔력에 핵심이 되는 영향력, 즉 리더십 파워에 초점을 맞춘다. 파워 리더가 영향력을 행사하는 방법에는 4가지 있다. 리더의 파워에 따라서 그 영향력의 효과는 다양하겠지만, 그 적용 과정은 모두 기본적인 것이다. 리더십에 마술 같은 통솔력은 없다. 기본에 충실할 때에야 비로소 구성원들이 변하게 되어 있다.

① 모범을 보인다

가장 좋은 방법으로서 모범을 보임으로써 구성원들의 행위에 변화를 가져오게 하는 것을 말한다. 한국 리더들이 가장 많은 비판을 받는 리더십 영향력이다. 리더의 깨끗한 윤리관, 도덕성, 건전성, 근검절약, 인내심, 성실한 자세 등이 모두 이 부분에 해당하는 것들이다. 구성원들이 취약한 점에 특히 모범을 보일 필요가 있다. 조직에는 문화가 내재한다. 리더의 행동이 그러한 조직 문화의 대표적인 이미지를 제공해야 한다.

② 제안을 한다

대화를 통해 아이디어나 의견을 제시하여 구성원으로 하여금 자신의 행동에 영향을 가져오게 하는 방법이다. "변화에 능동적이 됩시다. 스스로 변해야 합니다. 생각과 행동을 다르게 하십시오." 하고 제안을 한다. 그러한 제안이 잘 받아들여지는가의 여부는 평소 리더의 파워를 인식하는 수준에 따라서 다르기 마련이다. 아마 이 정도에서 조직 구성원이 자신의 기대에 부응해 주기를 기대하는 경우가 대부분일 것이다. 안타깝게도 현실은 그렇게 간단하지가 않다.

③ 설득을 해본다

제안을 해서 잘 안되면 리더들은 이제 설득에 나서게 된다. 대화에 논리성이 필요한 부분이다. 설득은 제안보다는 더 직접적인 방법으로 구성원의 행위에 영향을 주려는 적극적인 방법이다. 조언으로부터 시작하여 논리적 또는 합리적인 설명, 보상 조건의 간접적 제시 등이 모두 설득 과정에 포함된다.

④ 강요를 한다

설득은 강제성이나 위협을 수반하지 않지만, 강요는 상벌을 중심으로 구성원의 행위를 강제로 끌어내는 마지막 수단이다. 실리적 또는 심리적 압박을 느끼게 함으로써 그의 행위에 영향을 주는 강제적 방법이다. 강요에 의한 파워까지 힘을 잃으면 파워 리더는 접근 방식 자체를 아예 바꾸지 않으면 리더의 위상을 지키기 어렵게 된다.

리더십은 영향력을 행사하는 4가지 방법을 잘 활용하는 것에서부터 시작된다. 모든 리더들은 이 4가지를 잘 혼합해서 조직을 이끌어 간다. 파워 리더십의 방향은 단순하다. 강요보다는 설득으로, 설득보다는 제안으로, 제안보다는 모범적인 행동에 우선순위를 두는 것을 원칙으로 한다.

파워 리더의 철학
에버그린 정신

　　건강 상태가 좋지 못했던 50대 초반의 레이 크록. 믹서를 만드는 중소기업을 운영하던 그는 인생의 새로운 전환기를 맞게 된다. 고객들이 "캘리포니아에 있는 맥도널드 형제의 식당에 있는 것과 같은 믹서를 구입하고 싶다."는 이상한 요구를 하면서 주문을 해왔다. 반복되는 이러한 주문에 '도대체 맥도널드가 어떤 곳인가?' 해서 직접 방문하기에 이르렀다. 맥도널드에 들어선 그는 즉시 그 가게의 영업 방침에 매료되었다. 깨끗하고, 친절하고, 신속하며, 가격 또한 저렴한 식당이었다. 당시 허름한 햄버거 가게만 보아 왔던 그로서는 아주 신선한 충격이었다. 곧 레이 크록은 그러한 유형의 패스트푸드 체인점을 전국에 개점하는 비전에 도취되었고, 전 재산을 투자해서 맥도널드를 자타가 공인하는 패스트푸드의 선도적 기업으로 키우는 데 성공했다.

모든 것이 푸르면 성장합니다 : 레이 크록의 교훈

　　1992년 미국 LA를 강타한 로드니 킹 사건이 터졌다. 백인 경찰들이 흑인 용의자를 체포하는 과정에서 잔인하게 구타하는 장면이 비디오카메라에 잡혔고 분노한 흑인들이 폭동을 일으켰던 것이다. 수많은 상점과 시설들이 부서졌으며 한국 교민들도 많은 피해를 당했다고 보도된 바 있었다. 그러한 소요 속에서도 유리창 한 장 깨지지 않은 체인점이 있다. 바로 맥도널드 햄버거 체인점이다. 사회에 기여하는 밝은 기업 이미지를 추구한 레이 크록 사장의 경영 철학 덕분이었다.

리더십 전문가인 워런 베니스가 언젠가 맥도널드 햄버거 대학을 방문했다. "전공이 햄버거고 부전공을 감자튀김으로 한다."는 조크가 있을 정도로 유명한 맥도널드가 운영하는 교육 센터이다. 여기서 베니스는 크록에게 어떻게 그러한 비전을 갖게 되었느냐고 물었다. "정확히 이것이다, 하고 말할 것이 없네요. 아마 내 배경, 본능 그리고 꿈의 합작품이 아닌가 싶습니다. 하여간 그 당시에는 갑자기 기업가 정신이 발동해서 망해도 좋다는 각오로 임하게 되었습니다." 나이 52세에 새로운 사업 분야에 뛰어들기에는 결코 쉽지 않다. 게다가 건강도 좋지 않고 전 재산을 털어서 투자해야 되는 상황이면 더욱 만만치 않았을 것이다. 크록이 그러한 환경에서도 새롭게 도전할 수 있었던 것은 에버그린Evergreen 정신에 기인한다. "모든 것이 푸르기만 하면 성장합니다. 그리고 익자마자 썩기 시작합니다." 훗날, 그는 당시를 다음과 같이 술회했다. "아직 최고의 시간이 앞에 있다고 생각했습니다. 나는 아직 푸르고 발전하고 있다는 생각에 추호의 의심도 없었습니다."

성실한 추진력으로 조직을 이끌어 가는 파워 리더. 레이 크록의 에버그린 정신은 그러한 초록색 파워 리더에게 교훈으로 다가온다. 그는 나이가 문제가 아니라 마음이 중요하다고 강조한다. "늘 푸른 마음을 가져라!" 크록이 외치는 구호이다.

21세기는 인생의 이모작 시대이다. 50대 중반에도 새로운 변화를 시도해야 하는 경우가 흔하게 발생한다. 보통의 경우라면 20년 정도를 교육받은 후, 30세에서 50세까지 첫 번째 직업을 갖게 된다. 문제는 50세에서부터 70

세 정도까지 해야 하는 두 번째 경제 활동 기간이다. 첫 직업을 위해 20년의
교육 기간이 필요했듯이, 첫 직업 기간은 두 번째 직업의 준비 기간이 된다.
첫 직업을 거치면서 준비를 제대로 한 사람은 보다 유리한 입장에서 두 번째
직업을 즐길 수 있다. 그러나 준비가 부족했던 사람은 안타깝게도 허둥댈 수
밖에 없다. 성실을 무기로 하는 파워 리더는 어떠한 시점에서도 준비된 사람
들이다.

포기하지 마라 : 처칠 수상

영국의 윈스턴 처칠 경이 명문 옥스포드 대학에서 졸업식 축사를 하게 되
었다. 그는 위엄 있는 차림으로 담배를 입에 물고 식장에 나타났다. 처칠은
열광적인 환영을 받으며 천천히 모자와 담배를 연단에 내려놓았다. 그리고
나서 청중들을 바라보았다. 모두들 숨을 죽이고 그의 입에서 나올 근사한 축
사를 기대했다. 드디어 그가 입을 열었다.

"포기하지 마라!"

그는 힘 있는 목소리로 첫마디를 뗐다. 그러고는 다시 청중들을 천천히
둘러 보았다. 청중들은 그 다음 말을 기다렸다.

"절대로 포기하지 마라!"

처칠은 다시 한 번 큰소리로 이렇게 외쳤다. 그리고는 다시 모자를 쓰고
는 연단을 걸어 내려왔다.[56]

처칠 수상은 영국 국민의 마음을 움직이는 리더십을 발휘하였다고 평가
받는 사람이다. 노년에는 노벨 문학상을 수상할 정도로 문학적인 재능도 돋
보였다. 하지만 그가 후대에 가르쳐 준 가장 큰 교훈은 '포기하지 않고 노력
하는 삶의 자세' 였으며, 그러한 교훈을 몸으로 가르쳐 준 파워 리더이다. 제
2차 세계대전이 한창이던 1940년 5월, 처칠은 하원에서 수상 취임연설을 하

"피와 땀과 노력 그리고 눈물 밖에는 아무것도 드릴 것이 없습니다"

영국의 수상, 윈스턴 처칠

게 되었다. 그 당시 영국은 패전에 대한 두려움에 휩싸여 있었다. 그토록 중대한 시기에 한 취임연설의 핵심은 "피와 땀과 노력 그리고 눈물밖에는 아무것도 드릴 것이 없습니다!"였다. 절체절명의 순간에 선보인 처칠 리더십은 의외로 자신의 과거 경력도 아니요, 미래에 대한 약속도 아니었다. 온몸으로 도전하겠다는 '헌신적인 마음'을 영국 국민 앞에 내놓았던 것이다. 파워 리더에겐 자신의 모든 것을 조직을 위해서 던질 수 있는 헌신과 열정이 필요하다.

파워 리더의 성공 패턴 1

행동으로 지시한다

　　로버트 슐러 목사는 성직자이지만 리더십에 대해서도 식견이 높은 분이다. 한번은 미국에 출장을 갔다가 슐러 목사의 리더십 강론을 TV를 통해 보게 되었다. 그는 생활 속의 리더십을 3D, 즉 방향Drive, 결단Determination 그리고 추진력Drive으로 설명하였다. 3D 리더십을 소개하면서 그는 청중 속에 있었던 한 신자를 사례로 들었다(TV는 용케도 당사자를 찾아내어 비추어 주었는데, 주변 사람들이 악수를 청하는 장면을 볼 수 있었다).

　　그 신자는 비벌리힐에 몇 개의 의류점을 갖고 있었는데 어느 날 한 손님이 그의 의류점을 방문했다. 쇼핑을 하고 있는 손님의 얼굴이 어두운 것을 보고 다가가서 그 연유를 묻게 되었다. "신장이식 수술을 받아야 하는데, 아직 기증자를 못 만나서 걱정입니다."는 얘기를 들은 사장은 "혹시 실례가 안 되면 내가 장기를 기증해도 되겠습니까?" 하고 제안을 했다. 그리고는 병원에 가서 진짜로 신장이식 수술을 받았다고 한다. 처음 만난 손님에게 자신의 신장을 준 것이다. 슐러 목사는 세상에 빛과 소금이 될 그 신자의 추진력은 '진실한 믿음'에서만이 가능하다고 강조했다.

행동으로 지시한다 : 레이 크록 사장

철강업계의 신화적 인물인 찰스 쉬왑은 연봉을 1백만 달러를 받았을 정도로 카네기로부터 리더십을 인정받았다. 언젠가 쉬왑이 제련소를 돌아보고 있을 때, 직원 몇 명이 금연 표지판 아래에서 담배를 피우고 있는 것을 목격했다. 하지만 쉬왑은 표지판을 가리키면서 "이봐 무슨 짓들이야! 글자도 못 읽나?"라고 소리치지 않았다.

대신, 그들에게 다가가서는 이런저런 얘기를 건넸다. 금연 표지판 아래서 흡연한 것에 대해서는 전혀 언급하지 않았다. 얘기를 마치면서 쉬왑은 담배를 피운 사람들에게 자신의 시가를 하나씩 나눠주었다. 그리곤 눈을 한 번 찡긋하고서 "이 시가는 밖에서 태워 주면 고맙겠네."라고 말했다.[57]

쉬왑이 말한 것은 이것이 전부였다. 야단을 치지도 않았으며 근로자들을 무안하게 만들지도 않았다. 그러나 그 직원들은 내심 자신들의 행위를 부끄럽게 생각하며 사장의 접근방식을 고맙게 생각했을 것이다. 쉬왑은 언제나 그런 식으로 직원들을 대했다고 한다. 직원들이 쉬왑의 말이라면 끝으로 메주를 쑨다고 해도 따를 수밖에 없었던 숨은 리더십 비결이다. 파워는 큰 목소리와 질책에서 생기는 것이 아니다.

맥도널드의 레이 크록 사장은 QSCV−품질Quality, 서비스Service, 청결Cleanliess 그리고 가치Value −를 기업 경영의 모토로 세웠다. 많은 맥도널드의 특징들이 이러한 경영 모토와 무관하지 않다. 경쟁자들이 맥도널드가 자신들의 회사보다도 우수하다고 인정하는 분야가 바로 효율적이고 혁신적인 공급 시스템이라고 한다.

초창기부터 품질을 아주 중시한 클록은 아주 까다로운 요구 조건을 공급자에게 제시하곤 했다. 비교적 큰 회사들은 그러한 맥도널드의 영업 정책에 냉소를 보내고 거래를 단절시킬 정도였다. 자연히 몇몇 군소업자들에게 공급의 기회가 돌아갔고 대부분의 영세업자들이 그러하듯이 그들은 거래를 유지시키기 위해서 최선을 다했다.

하지만 그러한 회사들에게 엄청난 행운이 기다리고 있다고는 아무도 예상치 못했다. 그 대표적인 예가 잭 심플롯이다. 햄버거 가게에서 훌륭한 조연이 바로 감자튀김이다. 감자튀김의 생명은 가능한 오랫동안 바삭바삭한 맛을 유지하는 것이다. 냉동 감자튀김 재료를 개발해서 맥도널드와 운명을 함께 한 잭 심플롯은 일약《포천》이 인정하는 억만장자가 될 수 있었다.

또한 레이 크록은 청결을 강조하기 위해서 체인점에 들르면 직접 유리창을 닦고 화장실을 청소하기도 했다고 한다. 심지어 주차장을 깨끗하게 유지하지 못하는 가맹점의 소유주나 종업원들을 심하게 꾸중한 일도 여러 번 있었을 정도다. 기업의 업종에 적절한 전략을 세워서 그것을 완벽하게 지키려는 최고경영자의 의지가 맥도널드처럼 강렬한 기업 이미지를 심는 데 큰 역할을 하였다. 레이 크록은 자신이 추구하는 조직의 이미지를 스스로 행동으로 보여 주었다. 행동으로 지시한 것이다.

공정함을 잃지 말라

바람직하지 못한 인간관계 설정으로 인해서 통솔력에 문제점을 드러내는 리더가 있다. 지나치게 가깝게 형성된 관계가 오히려 전체 최적화가 필요한 의사결정 시점에 부담이 되는 경우이다. 알아서 해주었으면 하는 상황인데, 정작 열을 내어 주의를 주어도 대응이 시큰둥하다. 자신이 의도하는 바를 관철시키지 못한다는 것은 리더십 위기를 의미한다. 구성원이 자신을 리더로서 신뢰하거나 인정하지 않고 무시하는 지경에 이르렀다면 보다 원천적인 접근방식이 동원되어야 할 것이다. 만일 그럴 정도가 아니라면, 구성원이 우유부단하거나 매사에 부정적인 사람일 가능성이 크다. 이때는 인간관계 설정이 올바르게 되어 있는가를 판단해 보아야 한다.

경영자와 직원과의 관계는 자연의 부름에 따른 것이 아니라 인위적이고 계약적인 것이다. 가족처럼 운명적으로 맺어지거나 친구처럼 좋으면 만나고 싫으면 헤어지는 그런 관계가 아니다. 조직 사회에서는 업무의 성격이나 회사의 방침 혹은 상황에 따라서 낯선 사람도 만나게 되고 싫은 사람들끼리도 함께 일을 해야 하는 경우도 있다.

많은 리더들은 내심 직원들과 부드러운 관계를 유지하는 희망 사항을 갖고 조직을 운영한다. 그러나 지나치게 부드러운 관계를 생각하다 보면 일을 복잡하게 만들기 마련이다. 직원들과 좋은 관계를 유지하는 것은 '공적인 일과 사적인 일을 올바르게 구별하는 것'이다. 경영자에게는 실적이 우선이다. 그것 때문에 월급을 받는 것이다. 직원을 대하는 면에서 실적이 모두라는 인상을 주어서는 안 되겠지만 비즈니스 세계에서 설정된 인간관계의 본질은 결코 무시할 수 없다. 파워 리더는 논리가 앞서야지 감정이 앞서서는 안 된다. 부드러운 관계는 본봉이 아니라 보너스라고 생각하면 될 것이다.

김응룡 감독이 MBC 다큐멘터리 〈성공시대〉에 나왔을 때, 한 야구 해설가가 그의 통솔력을 다음과 같이 비유했다. "팀의 간판 투수가 마운드에서 고전하고 있을 때, 그를 강판시키지 못하는 감독들도 많습니다. 그러나 김 감독은 그런 일을 대수롭지 않게 합니다." 아무리 유명한 선수라도 '이건 아니다' 싶으면 냉정하게 상황에 적합한 최선책을 선택하는 것이다. 그는 여럿이 모인 자리에서 특정 선수를 칭찬하지 않는다고 한다. 선수들 간에 심리적인 불균형을 만들고 싶지 않기 때문이다.

칭찬하지 않는 감독, 그런 김응룡 감독도 마음속으로는 수없이 칭찬을 하고 있을 것이다. 다만, 승부에 결정적인 순간에 자신이 원하는 방향으로 편

하게 의사결정을 하기 위해서 절제를 할 뿐이다. 감정에 흔들리지 않고 냉정한 머리를 유지하기 위해서이다. 통솔력이 흔들리는 리더가 생각해 볼 리더십 요소이다.

Bench Marking 행동으로 지시하기 위해서 필요한 것은?

찰스 쉬왑 : 금연운동을 하면서도 구성원을 당황시키는 일을 피하는 우회적인 방식을 선택했다. 그러한 접근 방식이 자신을 신뢰받는 리더로 만들었다.

레이 크록 : 솔선수범하는 자세를 선택했다.

길음룡 갈독 : 감정에 흔득리지 않고 냇정한 판단으로 의사결정을 할 수 있는 환경을 유지했다.

채널을 집중화시킨다

"나는 졸업장에 의해 감명받지 않습니다." 혼다자동차의 최고경영자였던 소이치로 혼다가 한 말이다. 형식적인 교육을 멸시했던 포드의 철학과 비슷하다. 쓸데없는 체면치레에서 벗어나서 필요한 분야에 역량을 집중시킬 수 있어야 한다는 것을 강조하고 있다.

"내가 직장을 가진 것은 스물여덟 살 때였다. 나는 내가 듣고 싶은 수업에만 출석을 했다. 다른 학생들은 수업을 암기했지만, 나는 수업을 나의 실제 경험과 비교하였다. 나의 점수는 다른 사람들만큼 좋지 않았음에도 불구하고, 나는 기말고사를 보지 않았다. 교장은 나를 불러서 학교를 떠나야 한다고 말했다. 나는 졸업장을 원하지 않으니 그냥 다니게 해달라고 말했다. 졸업장은 극장표만큼의 가치도 없었다. 극장표는 적어도 극장에 들어가는 것을 보장해 주었다. 졸업장은 아무것도 보장해 주지 않았다."[58]

제철공의 아들인 혼다는 아주 어려서부터 기계적인 것들에 매료되었다. 빨리 승부를 걸고 싶었던 그는 16세에 학교를 나와서 자동차수리센터의 견습공이 되었다. 많은 시간과 노력을 주조 기술을 익히는 데 쏟아 부었는데, 이것은 피스톤 링을 만들기 위한 의도에서였다.

제2차 세계대전 당시, 혼다자동차는 다른 자동차 회사들과 함께 연료 부족으로 생산을 중단해야 하는 처지에 놓이게 되었다. 이때 혼다는 모터를 자전거에 붙이는 새로운 장치로 이 문제를 해결했다. 전기 발전기에 쓰였던 작은 가솔린 엔진을 이용하여 오토바이를 고안한 것이다. 간편한 교통수단에 감명을 받은 소비자들이 더 만들어 달라고 요청할 정도가 되었다.

이렇게 고안된 오토바이가 바로 오늘날의 혼다를 탄생시키는 출발점이 된다. 쓸데없는 거품을 완전히 배제하고 핵심기술에만 매진한 소이치로 혼다의 성공 사례이다.

파워 리더는 자신이 필요한 능력에 집중력을 보인다. 격식이나 모양을 갖추는 데 익숙하지 않다. 목표로 삼은 일을 성취하는 데 모든 채널을 동원하며 저돌적으로 밀고 나간다. 자신에게 주어진 모든 역량을 한 곳으로 몰입시킬 수 있는 사람이 파워 리더의 자질을 갖춘 사람이다.

집중할 수 있는 능력이 필요하다 : 델 컴퓨터

겨우 34세에 세계 5대 부자에 오른 사나이. 가장 젊은 나이에 자신의 사업을 《포천》 500대 기업으로 끌어 올렸다. 최근엔 《포천》이 선정한 미국의 40세 미만 청년 갑부 중 1위를 차지하기도 했다. 과연 누구일까? 이쯤 되면 아마 많은 사람들이 빌 게이츠나 스티브 잡스를 떠올릴 것이다. 하지만 이 젊은 경영자는 다름 아닌 델 컴퓨터의 CEO인 마이클 델이다. 공식적인 재산규모는 214억 9천만 달러, 미국 내 모든 고등학교 학생들에게 컴퓨터를 하나씩 사주고도 남는 돈이라고 한다. 의대생 델이 불과 15년 만에 이루어 낸 놀라운 성공이다.

겉보기에도 소박해 보이는 마이클 델은 어렸을 때부터 도무지 특별한 구석이라곤 없었다. 중고등학교 시절에는 자신의 컴퓨터인 '애플 Ⅱ'를 분해하여 마더보드를 살펴보는 데 많은 시간을 보냈다. 록그룹 롤링 스톤스에 열광했던 평범한 학생이었다. 치과의사인 아버지와 금융회사에서 브로커로 일하는 어머니 밑에서 유복하게 자랐으며, 1983년 텍사스 주립대학에 입학할 때도 부모의 뜻대로 의대를 선택했다.

하지만 학과 공부엔 관심이 없었고 주로 컴퓨터를 주무르는 데 대부분의 시간을 소비했다. 당시 한 친구는 "내 기억 속의 델은 항상 소매를 걷어붙이고 컴퓨터와 씨름하는 친구였다."고 회상할 정도이다. 낡은 컴퓨터를 만지작거리던 델은 문득 뇌리에 떠오른 아이디어를 실행하기 시작했다. 중고 IBM PC를 사들여 업그레이드한 후 인근 사업체를 직접 방문해서 되팔기 시작했다.

몇 달 후, 마침내 델은 본격적으로 사업을 벌이기 위해 2학년 진급을 포기하였다. 그리고 단돈 1천 달러를 가지고 사업을 시작해서 불과 한 달 만에 자그마치 18만 달러어치의 컴퓨터를 파는 놀라운 수완을 발휘했다.

지극히 평범해 보이지만 단기간에 엄청난 성취를 이루어 낸 마이클 델의 특징은 놀라운 집중력에 있다. 일단 뭔가에 집중하면 옆에서 폭탄이 터져도 모를 정도로 몰두한다.

어느 날 델은 저녁 식사를 하러 가는 도중, 세금과 인프라 문제에 대해 깊은 생각에 빠져들었다. 몸에 문신을 한 수천 명의 성난 데모대가 자기의 길을 막고 있었지만, 골똘한 사색에 빠진 그의 눈에는 아무것도 들어오지 않았다. 무심결에 성난 데모대를 거슬러 올라갔던 것이다. 그의 강한 집중력을 입증하는 사례이다.

사람들은 이런 놀라운 집중력과 승부욕이 마이클 델의 성공 비결이라고 말한다. 한번 옳다고 생각한 것은 '즉시 실천으로 옮겨 끝까지 밀고 나가는 추진력이 타의 추종을 불허한다'는 것이다.

1984년 창업 당시, 델이 던진 비즈니스 승부수는 대리점과 같은 중간상인

을 거치지 않고 맞춤형 컴퓨터 상품을 최종 소비자에게 직접 판매하는 '채널 집중화'였다. 자신의 기질을 살려 컴퓨터 마케팅의 새로운 틈새를 발견했고 놀라운 집중력으로 그 틈새를 넓히는 데 성공했다.[59]

Bench　　**채널을 집중화하는 방법은 무엇인가?**

Marking　　**소이치로 혼다 :** 쓸데없는 거품을 완전히 배제하고 핵심기술에만 초점을 맞추었다.

마이클 델 : 채널 집중화를 선택하여 중간상인을 거치지 않고 맞춤형 컴퓨터 상품을 최종 소비지에게 직접 판매히는 비즈니스 모델을 만들었다. 집중력이 높은 자신의 기질을 살려서 컴퓨터 마케팅의 새로운 틈새를 발견했다.

가시적인 목표를 제시한다

미국 예일대학교에서 경제학을 수강하던 프레드 스미스는 자전거 바퀴에서 착안하여 새로운 화물수송 시스템에 관한 학기말 보고서를 제출하였다. 보고서의 내용은 미국 내 인구분포의 중심지역에 화물집결지(허브 : hub)를 만들고, 모든 화물들을 일단 여기에 모은 다음 재분류하여 자전거 바퀴(스포크 : spoke) 모양으로 미국 전역에 배송하자는 것이었다. 북동부에 있는 워싱턴 DC로 물품을 보낼 경우에도 중부에 있는 허브를 경유해야 한다는 것이 난센스라고 생각한 교수는 스미스에게 C학점을 주었다.

그러나 프레드 스미스는 포기하지 않고 자신의 보고서 아이디어를 이용하여 화물택배라는 새로운 거대 산업을 창조하였다. 두 지점 간 최단거리 수송을 중시하던 30여 년 전의 '단선적' 물류개념으로는 도저히 납득되기 어려운 내용이었다.

대학 졸업 후 2년간의 베트남 전쟁에서 돌아온 스미스는 자신의 구상을 실천에 옮기기 위해 아버지로부터 물려받은 상당한 규모의 재산과 벤처 사업가로부터의 융자 그리고 자기 돈 400만 달러를 투입하여 페더럴 익스프레스라는 회사를 설립하였다. 그는 미국 중앙부에 위치하고 있는 멤피스를 허브로 선정하였는데, 지리적으로 중심에 있다는 이점 외에도 멤피스의 기후 조건은 공항 설립에 있어서는 최적이었다. 이 지역에서는 날씨 때문에 공항 업무가 마비되는 일은 거의 없다.

자신의 철학을 굽히지 않고 창업에 도전하여 페덱스FedEx라는 거대한 택배 회사를 키우는 데 성공한 스미스 회장, 그가 지닌 통솔력의 핵심은 무엇인가?

측정하라 : 서베이-피드백-실행(SFA) 시스템

스미스가 보는 가장 큰 문제는 어떻게 기업 내에서 적당한 수준의 기업가 정신을 유지하느냐 하는 것이었다.

"잭 웰치 같은 사업가가 되지 못했기 때문에 부패하고 타락하는 것이지요. 문제는 어떻게 규모가 더 큰 진보적인 기업에서 사업가적인 모습을 유지하면서, 적절하게 행정적이고 관리적인 감독을 할 수 있느냐 하는 것입니다."

그는 큰 조직이 되었을 때에는 효율적으로 기능을 발휘하고 있는지를 측정하고 평가하는 것을 강조한다.

"올바른 방향으로 가고 있음을 확인하기 위해 사용하는 세 가지 평가 방법이 있습니다. 서비스품질지수가 그 첫 번째입니다. 이 SQI(서비스품질지수)는 모든 선적에 대한 12가지 수리적 평가요소로 구성되어 있습니다. 두 번째인 CSI(고객만족지수)는 되풀이되는 원칙에 대해 고객이 우리에게 주는 약 36개의 등급으로 구성되어 있습니다. 마지막으로 PQI(프로세스품질지수)는 각각 운영부의 서비스 체계를 하부 부서가 감독하는 거지요. 예를 들어, 로스앤젤레스에서는 종착역에 들어오는 242대의 트럭에 대해 PQI를 수행합니다. 매일 242대의 트럭이 정각 또는 더 일찍 도착하기를 바라지요. 항상 PQI를 작동하고 있는데, 트럭이 늦어지면 컨테이너에 짐을 실을 수가 없기 때문이지요. 이것이 우리의 세 가지 평가 방법입니다. 이것들이 모두 정확한 방향으로만 진행된다면 시장 점유율은 더욱 향상될 거라고 생각합니다."

페덱스의 종업원 제일주의를 강력하게 뒷받침하고 있는 또 하나의 기둥은 SFA시스템이다. 매년 봄에 가동되는 이 시스템은 다음과 같은 3단계로 이루어져 있다:

- 조사Survey 단계

  모든 종업원들은 29개의 조사문항에 대해 익명으로 응답한다.
- 피드백Feedback 단계

  각 업무그룹의 관리자는 조사결과에 근거하여 문제점을 찾아내고 대책을 마련한다.
- 실행Action 단계

  관리자들은 종업원들과 함께 수립된 대책의 실행계획을 짜고 이를 문서화한다.

설문조사는 자신이 속한 업무 부서의 리더십 환경, 직속 부서장의 책임 범위를 넘어서는 고위경영진에 관한 사항들 그리고 지난해에 지적된 문제들에 대해 페덱스가 얼마나 잘 처리하였는지를 묻는다. 조사결과는 부서별로 도표화되고, 각 부서장은 전체 점수뿐만 아니라 29개의 질문 하나 하나에 대하여 점수를 피드백 받는다.

처음 10개의 질문에 대한 점수의 합을 '리더십 지표Leadership Index'라고 하는데(표 15 참조), 이 지표에 대한 목표는 매년 설정된다. 만일 이 목표

	SFA 프로그램의 리더십 지수
1	내가 생각하는 것을 상사에게 자유롭게 말할 수 있다.
2	상사가 나에게 무엇을 기대하는지 말해 준다.
3	우리 업무 그룹의 분위기는 우호적이다.
4	내 상사는 우리가 일을 더 잘할 수 있도록 도와 준다.
5	내 상사는 나의 관심사를 기꺼이 경청하려 한다.
6	내 상사는 업무에 대한 나의 생각을 묻는다
7	내 상사는 내가 일을 잘 처리했을 때 이야기해 준다.
8	내 상사는 나를 인간적으로 존중해 준다.
9	내 상사는 내가 알아야 할 필요가 있는 정보를 항상 제공해 준다.
10	내 상사는 내가 방해받지 않고 일할 수 있도록 해 준다.

●●● 표 15. SFA 프로그램의 리더십 지수

를 달성하지 못한다면 300여 명의 고위경영진들은 상여금을 받지 못한다. 수석부사장의 경우 일반적으로 본봉의 40퍼센트 정도에 해당되는 상여금을 받고 있으나 이 목표를 달성하지 못하면 상여금은 한 푼도 받지 못하도록 되어 있다. 올바른 리더가 되라는 강력한 주문이다.

따라서 이러한 리더십 측정시스템이 페덱스의 경영진에게 시사하는 바는 종업원들에게 더욱 신경을 쓰고 그들을 공정하게 대해야 한다는 것이다. 또한 이 제도는 "당신은 우리 회사에서 매우 중요한 사람으로서 큰 가치를 지니고 있다. 회사의 운영은 당신에 의해 좌우된다."는 메시지를 페덱스의 각 종업원들에게 전하고 있다.[60]

페덱스가 리더십 지수를 활용하여 경영진들에게 가시적인 목표를 제시한다는 것에 주목해야 한다. 서비스 품질, 고객만족, 그리고 프로세스 관점에서 측정을 통하여 목표를 가시화하였듯이 경영 리더십도 측정을 통한 목표 가시화를 분명히 하고 있다. 통솔력을 객관화하고 목표 달성 수준을 가늠할 수 있는 성적표를 적극 활용하고 있다.

쥬란 박사는 "측정이 없으면, 개선도 없다."며 경영 수준의 측정을 강조했다. 파워 리더는 리더십의 성적표를 확인할 배짱이 있는 사람이다.

Bench Marking 가시적인 목표를 제시하는 방법은 무엇인가?

프레드 스미스 : 경영의 수준을 측정했다. 서비스품질지수, 고객만족지수, 프로세스품질지수로 나누어서 경쟁력을 평가하여 목표를 가시화하였다.

GFA 프로그램 : 리더십 지수를 측정하여 경영진의 인센티브에 연계시켰다. 측정 결과를 활용하는데, 경영진이 솔선수범하도록 여건을 만들었다.

파워 리더의 4가지 실천과제

"CEO가 된 지 1달이 지나자, 나는 그 지역에서 가장 인기 있는 사람이 되었다. 남에게 칭찬을 받는 것이 직위 때문이지 자신의 인간성 때문이 아니라는 사실을 깨닫는 데 10년이나 걸리는 어리석은 사람들도 있다." 아플랙의 CEO인 댄 아모스의 이야기이다. 분명히 리더는 훌륭한 '인격'을 가진 사람이다. 이미 그것이 정상에 도달하게 된 원인 중의 한 가지일 것이다. 하지만 리더의 위치에 오르더라도 성실성의 중요함을 절대 잊어서는 안 된다. "리더십을 잃는 지름길은 성실성을 잃었다는 생각이 들도록 행동하는 것입니다. CEO는 자신의 이름을 빈틈없이 지키고 있습니다. 그들은 진 빚이 없는데도 청구서를 지불하는 것처럼 자신의 명예를 위해 그 값을 치를 것입니다."라고 굴브란센의 CEO 커트 카터가 주장하였다. 성실성을 잃으면 리더십 파워도 잃게 마련이다.

파워 리더를 위한 4가지 실천과제

과제 1 : 신중하게 방향을 설정하라

자신과 주변을 언제나 깨끗하게 정돈하라. 질서와 정돈, 신중은 사람의 능

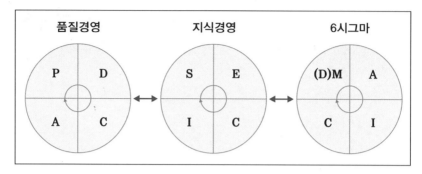

●●● 그림 16. 체질화를 추구하는 사이클 유형

률을 발휘하기 위한 키 포인트이다. 자신이 사용하는 도구들을 깨끗이 사용하는 사람은 좋은 일을 할 수 있다. 그리고 방향을 설정할 때에는 그 분야에 업적을 남긴 사람들에 대해 충분히 신중하게 연구하라. 백지 상태에서 시작하는 것은 새롭지만 결코 뛰어나지 않다.

과제 2 : 신뢰감을 갖고 결단하라

결심한 부분에 대하여 자신의 능력을 의심하지 말라. 사람마다 자신의 능력의 한계가 있는 것은 분명하다. 하지만 사람은 자신의 능력보다 더 큰일을 해낼 수 있는 존재이다.

과제 3 : 용기 있게 이끌어라

계획한 대로 실행하라. 추진력이야말로 당신의 강점이다. 아는 것을 실행하라. 그리고 지식을 최대한으로 활용하라. 어떤 사람은 일생을 연구에만 헌신한다. 그러나 그것은 훗날, 하나의 열매만을 맺게 될 뿐이다.

과제 4 : 체질화에 도전하라

경영혁신 개념들은 구성원의 체질 개선을 목표로 한다. 품질경영은 PDCA(Plan, Do, Check, Act)를 추구하여 계획, 실행, 검토, 조처의 사이클을 중시한다. 지식경영은 SECI(Socialize, Externalize, Combination, Internalize)로서 지식의 사회화, 외부화, 통합화, 내부화로 이어진다. 식스시그마는 MAIC(Measure, Analyze, Improve, Control), 즉 측정, 분석, 개선 그리고 통제를 축으로 체질화를 훈련시킨다. 파워 리더는 조직의 체질 개선에 도전해야 한다.

지속적인 혁신을 체질화하라

이창호는 완벽한 마무리로 바둑계를 석권한 바둑 천재이다. '두터움의 바둑'을 두는 그는 현대 바둑에 커다란 영향력을 미친 조용한 반상의 리더이다. 그의 끝내기 실력 덕분에 반집으로 이긴 경우가 많아서 '강자는 운도 좋다' 혹은 '반집도 실력이다'라는 유행어가 생기기도 했다. 그러한 이창호에게 그의 승부 비결을 물어보았다.

"70점짜리 좋은 수를 끝까지 두겠다는
마음으로 임한 ㅣ다"

이창호

"70점짜리 좋은 수를 끝까지 두겠다는 마음으로 임합니다." 이창호가 말한 비결이다. 묘수를 둔다는 자세가 아니라 괜찮은 수를 한결같이 둔다는 자세, 빨리 많은 것을 이루려는 파워 리더에게 교훈으로 다가온다.

단계적으로 발전하도록 되어 있다 : 월마트의 샘 월튼

작은 목표를 세우고서도 놀라운 성과를 달성한 리더들이 많다. 욕심을 내지 않고 순수한 마음으로 성실하게 정진하다가 자신도 모르게 놀랄 만한 업적을 성취하는 경우이다. 아칸소 주의 작은 도시에서 구멍가게로 시작한 월마트. 지금은 100여 년의 역사를 가진 시어즈를 앞질러 세계 최고의 할인체인점으로 자리매김했다. 월마트의 샘 월튼 회장은 상점이 9개가 되었을 때, "더 이상의 확장은 내가 직접 관리할 수 없으므로 하지 않을 것이다."라고 확언했다. 그렇지만 상점은 2,000여 개로 확장되는 성장을 이룩하였다. 그는 그렇게 많은 상점이 생겼음에도 자기가 소매점을 하나하나 운영하는 마음으로 상점들을 관심에 두었다. 대박을 꿈꾸지는 않았지만, 꾸준한 노력이 기억에 남을 CEO의 반열에 서게 만든 힘이 되었다.

월튼은 항상 새로운 것을 추구하였다. 1960년대 이후 미국 유통업의 판도를 뒤바꿔 놓은 극심한 경쟁을 뚫고 선두주자로 나설 수 있었던 계기가 된 것도 배송 및 통신체계의 첨단화를 이룩한 덕분이었다. 1978년 이래 전국 20개소에 건설된 유통기지는 완전 자동화된 창고의 모범이었다.

창고는 축구 경기장 23개를 붙여 놓은 크기로, 창고의 물건을 바깥쪽으로 실어 나르는 트럭 출구만 해도 135개로 구성되어 있다. 레이저 광선이 주문표를 읽고 바코드를 통해 물건을 골라 컨베이어 벨트에 실어 출구로 보낼 수 있는 첨단화 설비도 특징적인 볼거리다. 이로 말미암아 전국 어느 지점이든지 배송기지에서 1일 운전거리 안에 들게 하는 물류혁신을 일으킬 수 있었다. 이에 만족하지 않고 1983년에는 모든 상점과 배송기지 그리고 본사 간에 2개의 인공위성을 이용한 통신체계를 설치하였다. 이 규모는 민간 데이터베이스로는 세계 최대로써 AT&T보다도 큰 규모임에 놀라지 않을 수 없다. 본부의 스크린에는 어느 한 지점에서 고객이 계산을 하고 나면 은행에 실적 수치가 바뀌고, 모든 매상의 재고목록 및 수량이 체크되는 통신의 혁신을 이룩하였다.

우리들은 변화를 두려워한다. 지금 생활이 안정되어 있으면 더 이상의 모험을 하지 않는다. 새로운 것을 추구하여 향상되기를 원하지만, 그 과정에서 생기는 복잡성과 분주함, 실패에 대한 두려움, 결과로서 나타나는 주위환경의 변화에 대한 두려움으로 시도하려고 노력하지 않는다. 그러나 월튼 회장은 주어진 것에 만족하지 않고 항상 무엇인가 새로운 것을 찾아 변화를 시도했으며, 그러한 그의 끊임없는 시도가 놀라운 결과를 가져올 수 있었다.

지속적인 변화에 대한 도전이 혁신을 만든다

아마 대부분의 경영자들은 자신의 과거를 돌이켜보면 여기까지 온 것이 참으로 기적과 같다고 생각할 것이다. 남다른 노력이 없었던 것은 아니지만, 어려웠던 고비 고비를 생각해 보노라면 현재의 위치가 신기할 따름이다. 커다란 비전을 갖고 일관되게 도전하여 성공한 사람들도 있을 것이다. 그러나 단지 매순간 최선을 다해 살아왔는데 문득 돌이켜보니 놀라운 결실을 맺게 된 사람들이 더 많지 않을까? 본인이 그토록 기대했던 기적은 정작 한 번도 발생하지 않고 오히려 묵묵히 진행시켜 온 삶의 다른 부분에서 기적과 비교할 만한 변화가 일어났던 것이다.

제너럴일렉트릭, GE는 1878년도에 에디슨 전기로 출발한 회사이다. 1896년 다우존스 산업지수가 발표되었을 때, GE를 포함하여 12개의 회사가 목록

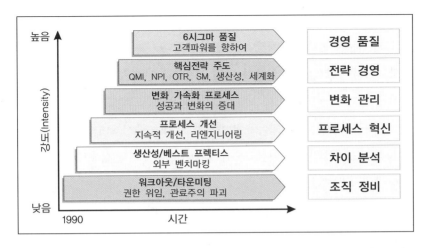

●●● 그림 17. GE의 경영혁신 로드맵

에 올랐다. 100여 년이 지난 2000년, 11개의 기업이 모두 자취를 감추고 오직 GE만 살아남았다. 그래서 GE에게 질문이 던져졌다.

"GE만 살아남은 비결이 무엇입니까?"

"GE는 끊임없이 변신에 도전했습니다."

GE의 CEO인 잭 웰치가 말한 생존 비결이다. GE라는 커다란 조직이 지속적으로 변했기 때문에 살아남았다는 것이다. GE는 우리에게 한 가지 분명한 교훈을 주고 있다. "올바르게 변하는 자만이 경쟁력이 있다." 즉, 올바른 변화가 중요한 성공요인이 되는 셈이다.

잭 웰치가 CEO를 20년간 역임하면서 쌓아올린 'GE의 기적 같은 성공신화'도 지속적인 혁신에서 비롯되었다. 〈그림 17〉에 나타나 있듯이 '워크아웃'에서 시작하여 '식스시그마 품질혁신'에 이르기까지 웰치는 끊임없이 변신에 도전하는 조직을 만들었다.

워크아웃 개념은 원래 1989년에 시작된 것이다. 콜롬비아 대학의 커비 워린 교수가 우연히 다운사이징을 통해서 엄청난 조직 개편을 마친 잭 웰치에게 던진 질문 때문에 유명해졌다. 워린이 물었다. "그토록 많은 사람을 조직 바깥으로 내몰았으니, 그 업무Work의 일부분은 언제쯤 밖으로 내몰Out 계획이십니까?"

'업무를 내몬다'는 워크아웃에 매료된 웰치는 즉시 교수들과 컨설턴트를 중심으로 20명의 자문위원회를 구성하여 실천으로 옮겼다. 불필요한 업무를 퇴출시키는 타운 미팅이 타오르기 시작했다. 파워 리더는 실천하는 사람이다. 구성원으로 하여금 변화에 능동적으로 대응하는 방법을 실천으로 보여주는 리더이다.

파워 리더의 철학

에버그린 정신이 중요하다

• 성공 패턴 1

행동으로 지시한다. 파워 리더는 솔선수범에 자신 있는 성실한 사람이다. 행동으로 보여주는 것을 중시하며 진두에 서서 직접 조직을 이끌고 위험에 도전한다.

• 성공 패턴 2

채널을 집중화시킨다. 불필요한 자원과 역량의 소비를 줄이기 위해서 채널의 집중화를 선호한다. 포커스 능력을 기반으로 '내가 손대면 달라진다'는 확신을 가지고 조직을 선도한다.

• 성공 패턴 3

가시적인 목표를 제시한다. 모든 구성원이 지속적으로 추구할 수 있는 가시적인 목표를 통솔력에 활용한다. 각종 지표를 통해서 경쟁력을 평가하고 과감한 보상과의 연계를 통해서 직접적인 동기부여를 중시한다.

• 벤치마킹 포커스

– 에버그린 정신 : 맥도널드의 레이 크록

– 솔선수범 리더십 : 정주영, 레이 크록

– 포커스 능력 : 혼다의 소이치로, 델 컴퓨터의 마이클 델

– 경쟁력 측정 : 페덱스의 프레드 스미스

CHAPTER 7

파란색 리더

지식으로 이끄는
슈퍼 리더_보다 더 권한을 위임하라

지식으로 이끄는 슈퍼 리더십

슈퍼 리더의 철학 – 인재 양성으로 승부한다

슈퍼 리더의 성공 패턴 1 – 인적자원의 가치를 차별화한다

슈퍼 리더의 성공 패턴 2 – 인재양성, 셀프 리더를 의도적으로 키운다

슈퍼 리더의 성공 패턴 3 – 파트너십 개념을 추구한다

슈퍼 리더의 7가지 실천과제

슈퍼 리더의 목표 – 셀프 리더를 만들어라

BLUE

파랑

BLUE LEADERSHIP BLUE LEADERSHIP BLUE LEADERSHIP BLUE LEADERSHIP BLUE LEADERSHIP

지식으로 이끄는 슈퍼 리더십

"어떤 일에 완전히 몰입하는 능력을 터득한 사람은 어떠한 일이 주어져도 몰입할 수 있다." 앤드루 카네기가 전문성에 대해 언급하면서 한 말이다.[61] 집중할 수 있는 능력이 중요하며, 그러한 집중력은 한 개인의 근원적인 경쟁력을 확보할 수 있음을 의미한다.

우수한 두뇌의 소유자로서 해박한 지식으로 이끄는 리더를 지식 리더로 분류하였다. 새로운 기술에 대한 지식이나 탁월한 분석적 능력을 겸비하여 구성원들로부터 박식한 지식과 선견지명에 대해 존경을 받는 리더들이 이 그룹에 포함될 수 있다. 단기간에 성공한 경영자의 반열에 서게 된 e-비즈니스의 리더들이 대부분 이러한 유형의 리더들이다. 최근에는 사장들의 명함에 ㅇㅇ박사라고 소개되어 있을 정도로 고학력의 경영인들이 많다.

지식 리더는 구성원의 개인적인 능력을 중시하며 '알아서 스스로 한다'는 DIYDo It Yourself 정신을 중시한다. 본인 스스로 그러한 성장 배경을 가지고 있으며 리더십 전개에서도 그러한 성향을 추구한다. 똑똑한 사람을 영입하고, 교육과 훈련을 통한 인재육성을 강조하여 학습하는 조직 문화를 만든다. 각자가 스스로의 주인이고 리더가 되어야 진정한 조직 경쟁력이 형성된다고 믿기 때문이다. 이러한 지식 리더에 가장 가까운 기존 리더십 개념이 바로 '슈퍼 리더십' 이다.

누가 초우량 기업을 만드는가?

'우수함은 탁월함의 적이다 Good is the enemy of great.'

잘한 것에 만족하는 타성이 탁월한 성취를 이루는 데 방해가 된다는 의미이다. 짐 콜린스James Collins가 이끄는 20명의 연구팀이 탁월하게 성공한 초우량기업과 우수하게 성공하고 있는 기업의 차이점을 찾는 데 도전하였다.[62] 1965년에서부터 1995년까지 《포천》 500대 기업에 속했던 1,435개 회사 모두를 조사대상에 포함시켰다. 그 중에서 주식투자 회수율이 장기적인 관점에서 현저하게 차이가 날 정도로 성공한 초우량기업Great companies을 11개로 압축시켰다.

다윈 스미스Darwin E. Smith 사장이 이끌었던 킴벌리-클록을 시작으로 질레트, 필립 모리스, 파니 매, 서키트 시티 등의 회사들이 속해 있었으며, 박세리가 좋은 성적을 거두었던 제이미 파크 클래식의 후원사인 크로거Kroger

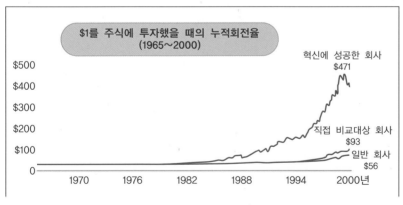

●●● 그림 18. 초우량기업과 우량기업의 주식투자 회수율 비교

도 포함되어 있었다. 당연히 포함될 것으로 예상되었던 GE가 3차 커트라인을 통과하지 못했을 정도로 까다로운 선정 절차를 거친 회사들이다.

〈그림 18〉에 나타나 있듯이 1달러를 동시에 투자했을 때, 이들 초우량기업의 2000년 1월 1일 현재 누적회수율은 471달러로서 우량기업(93달러)이나 조사대상 기업 평균(56달러)에 비해서는 현저한 차이를 보여주고 있다. 그림의 누적수익률 추이가 말해 주듯이 그야말로 혁신적으로 성공했다는 표현이 어울릴 만한 기업가치 창출이 아닐 수 없다.

연구팀은 초우량기업의 리더십 특징을 최고경영자, 중역, 중간관리자, 팀장 그리고 직원 등 계층별로 나누어서 성공 비결을 분석하였다. 놀랍게도 이들 회사의 CEO는 대중 앞에 서기를 꺼릴 정도로 겸손한 성품이라고 한다. 그래서 '겸손 + 의지'를 최고경영자의 리더십 특징으로 제시하였다. 목소리가 크고 알량한 성공을 홍보하는 데 급급한 경영인이 아니라 조용히, 하지만 강한 의지를 갖고 매진하는 리더가 한 단계 더 높은 성취를 이루었다고 한다. 특히 인적자원에 대한 경영진의 접근 방식이 특이하다.

초우량기업은 '우수한 인재를 우선 확보하고 그들의 역량을 활용하는 사업을 추진한다'고 한다. 이는 먼저 전략을 정하고, 그 전략을 달성하기 위해서 사람을 채용하는 우량기업과는 차이가 나는 특징이다. 능력이 있으면 얼마든지 경쟁력을 확보할 수 있다는 것에 초점을 둔 인력관리 접근 방식이다. 그들은 또한 중역들의 분명한 방향 제시, 중간관리자의 효율적인 인력 및 자원 관리, 팀장의 효과적인 팀 통솔력 그리고 일선 직원들의 개인적인 역량 등을 계층별 인적자원의 특징으로 소개하였다.

콜린스 연구팀의 연구결과는 구성원의 역량이 근본적으로 높아야 높은 경쟁력을 확보할 수 있다는 교훈을 가르쳐 준다. 결국 끊임없이 학습하고 자

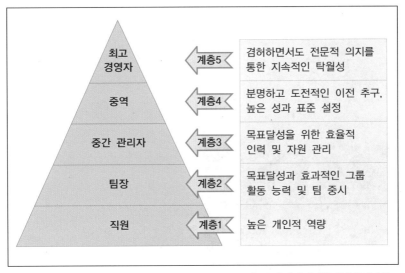

●●● 그림 19. 초우량 기업의 계층별 리더십

기 개발을 중시하는 기업 문화가 경쟁력의 관건인 셈이다.

셀프 리더를 키워라

지식으로 이끄는 슈퍼 리더십은 자신의 성향을 뒷받침할 수 있는 우수한 리더들을 조직 내에서 키우는 데 초점을 맞춘다. 여기에서 이야기하는 슈퍼 리더란 '구성원 개개인들이 자기 자신을 리드할 수 있는 셀프 리더self-leader가 될 수 있도록 리드해 가는 사람'을 의미한다.[63]

잭 웰치 회장도 자서전에서 "내 목표는 거대한 규모의 회사 안에 작은 회사의 정신을 불어넣는 것이었다."라고 말했다. 셀프 리더십의 중요함을 강조한 것이다.

슈퍼 리더십이 등장하게 된 배경에는 기업이 직면한 급격한 환경 변화를 들 수 있다. 무엇보다도 경쟁이 격화되는 과정에서 기업은 인적자원을 충분

"내 목표는 거대한 규모의 회사 안에 작은 회사의 정신을 불어 넣는 것이었다"

GE의 잭 웰치 전 회장

히 활용하여 국제적인 경쟁력을 높여야 하는 부담을 가지게 되었으며, 급격한 변화 속에서 구성원 스스로가 끊임없이 변화하지 않으면 생존할 수 없는 상황에 직면하게 되었다. 그리고 이러한 진정한 리더십의 발현은 외부로부터가 아니라 구성원 내부의 자각에서 비롯된다는 인식을 공유하게 된 것이다. 이러한 인식의 전환은, 한 사람이 다른 사람에게 영향력을 행사한다는 전통적인 논리에 비추어 본다면 커다란 패러다임의 전환이 아닐 수 없다. 바로 구성원들 스스로가 자율적이면서도 효과적으로 자신의 운명을 이끌어 가도록 그들의 잠재력을 극대화시키는 것이 리더의 중요한 역할로 부각되게 된 것이다.

똑똑하지만 겸손해야 한다 : 래리 보시디 회장

어떤 교수가 시국사범으로 몰려서 감옥에 가게 되었다. 수개월 동안 죄수들과 감방에서 생활을 하고 나서 그는 이런 말을 남겼다. "머리로 이해하는 사람보다 마음으로 이해하는 사람이 가까운 법이다. 마음으로 이해하는 사람보다도 더 가까운 사람이 바로 처지가 같은 사람이다." 감방에서 처지가 같아져 보니 지식과 인격의 격차는 사라지고 흉악범도 친구처럼 되더라는 것이다.

직원의 입장에서 보면 최고경영자가 자신들과 같은 처지에 있을 수 있다는 것을 아는 것은 커다란 즐거움이다. 그래서 완벽한 리더보다는 때로 엉뚱한 실수를 하는 인간적인 리더에게 더욱 친근감을 느끼게 된다. 논두렁에서 농부들과 막걸리를 마시는 대통령, 환갑을 넘은 나이에도 하계 수련회에서 직원들과 씨름을 하는 회장, 출퇴근길에 대중교통을 이용하는 자치단체장, 심지어는 사우나에서 만나 대화의 장을 가져 보기도 하는 경영자. 이들 모두 구성원들과 처지가 같아질 수 있다는 것을 확인시켜 주려는 리더십 전개 방법이다.

미국의 레이건 대통령이 재선을 위해 토론회에 나왔을 때, 한 기자가 "왜 일요일 날 교회에 가지 않습니까? 특권의식에 젖어 있는 것 아닙니까?" 하고 따져 물었다. 자신이 일요일마다 교회에 간다면 수많은 경호 인력을 괴롭혀야 된다는 레이건의 재치 있는 답변에 기자가 머쓱해지긴 했지만, 대통령도 한 시민이라는 인식을 확인하고 싶은 심리에서 나온 질문일 것이다.

처지가 같아질 수 있는 리더를 마음에 두고 있는 추종자들에게 가끔씩 찬물을 뿌리는 리더가 있다. 바로 '자신의 능력에 대해서 지나친 우월감을 갖고 있는 똑똑한 리더' 들이다. 구성원들이 자신의 의사결정 근거에 대해서 알고 싶어 하면 '그것을 왜 알려고 해?' 하는 태도를 보인다. '당신 할 일이나 잘하면 문제가 없다' 는 식이다. 당하는 입장에서 보면, '당신은 나한테 별 도움이 안 되니 조용히 있어 달라' 는 것과 같아서 인간적인 모멸감을 느끼게 된다. 2000년《포천》이 선정한 '종업원들이 가장 일하기 좋은 직장' 으로 달라스에 위치한 컨테이너 회사가 1위로 꼽혔다. 이 회사는 보수가 좋고 10년마다 안식년 제도도 운영하고 있다. 그러나 이보다 더 중요한 것은 모든 구성원이 매일의 매출량을 알 수 있을 정도로 회사의 정보를 투명하게 공유한다는 사실이었다. 구성원 각자를 똑똑한 사람으로 대접하며 그들의 알 권리를 충족시켜 주고 있는 것이다.

박식한 스타일의 지식 리더는 풍부한 지식을 소유한 매우 유능한 사람들이며, 그들의 입장은 매우 단정적이고 거리낌이 없다. 또한 말이 빨리 통하는 똑똑한 사람을 선호한다. 그러한 리더는 대개 어릴 때부터 공부를 잘하고 처세가 분명하여 남에게 비판을 받지 않고 자란 경우가 대부분이다. 결코 자신의 판단에 대해서 후회를 하지 않는다. 누구와 논쟁이 붙어도 '상대방의 관점이 나와 다르다는 것은 인정할 수 있지만 자신의 관점이 잘못되었다' 는 것은 절대로 인정하지 않는다. 자신이 틀렸다는 사실을 치욕으로 생각하며 자신의 논리에 배치되면 마음이 편치 않다.

이런 스타일의 리더는 부하의 잘못을 지적하는 데 거리낌이 없으며 그것을 논리적으로 입증하는 데 시간을 소모한다. 이견이나 반박을 수용하면서 리더의 아량을 보이는 듯하지만, 내심 거의 모든 결정은 자신의 논리에 근거하여 처리한다. 자신의 결정을 철저히 신뢰하기 때문이다. 그러나 똑똑한 스타일의 리더를 대하는 구성원들은 리더의 감성에 도전한다는 것을 깨달아야 한다. 좋은 정보를 제공하거나 마음을 열도록 하는 데는 열심을 보이지만 정작 자신의 의견을 개진하는 데에는 소극적이 될 수밖에 없다.

"리더십이라는 것은 미래를 보는 눈이라고 생각합니다. 사람들을 그 미래에 끌어들일 수 있느냐가 중요합니다. 또한 리더십이란 조직이 부여한 모든 의무를 완벽하게 해내고 소화할 수 있는 적임자를 선택할 수 있는가 하는 것입니다. 과거에 최고 리더라고 하면 모든 것을 알고 있는 사람을 의미했지요. 그러나 지금의 CEO는 겸손을 최우선으로 하는 직업입니다. 더 많은 것을 추구할수록 스스로를 낮추어야 하는 이유를 더욱더 깨닫게 될 것입니다. 잘난 척 할 그 시간에, 해야 할 일들이 언제나 산더미처럼 쌓여 있기 때문입니다." [28] 최근 식스시그마 경영혁신과 관련하여 주목을 받고 있는 얼라이드 시그널의 래리 보시디 회장의 CEO 리더십에 대한 관점이다. 박식한 리더보다는 겸손한 리더가 필요한 시대라고 강조하고 있다.

인재 양성으로 승부한다

평범해 보이는 회사 변호사인 다윈 스미스Darwin E. Smith
가 킴벌리-클록의 새로운 CEO에 선임되었다. 스미스 사
장은 온순한 성격의 소유자로서 이사회조차도 특별한 확신 없이 그를 CEO
에 선정했다. 이사진 가운데 한 명이 스미스를 따로 불러내어 그 자리에 앉
기에는 여러 가지 부족한 점이 있다고 지적을 했을 정도로 회의적인 시각을
가진 사람들도 있었다. 그러나 스미스는 20년간 CEO 자리를 지키면서 놀라
운 경영 능력을 보여주었다. 킴벌리-클록은 주식투자 회수율에서 시장 평균
보다 4.1배의 뛰어난 실적을 거두었으며 스코트 페이퍼나 P&G 같은 라이벌
회사를 가볍게 따돌렸다. 코카콜라, HP, 3M 혹은 GE보다도 경영 실적이 좋
았다. 다윈 스미스는 말로서가 아니라 실적으로서 '과연 CEO를 잘 해낼 수
있을까?' 하는 이사회의 우려를 씻어 내었다. 초우량기업이 무엇을 의미하
는지를 보여준 대표적 경영자로 손꼽히는 스미스의 인간적인 특징은 '겸손
함과 내적 의지'로 표현할 수 있다.

두뇌가 아니라 인재를 찾아야 한다

17세기 영국의 정치가였던 체스터필드 경은 자신의 아들에게 처세에 대

한 당부로 다음과 같은 말을 남겼다. "할 수 있다면 남보다 현명해져라. 그러나 현명하다는 사실을 남들이 알지 못하게 하라." 그가 말한 것처럼 정말 똑똑하고 현명한 사람은 문제가 없겠지만, 좀 심한 말로 헛똑똑한 리더들을 우리는 쉽게 볼 수 있다.

채란과 콜빈은 '왜 CEO가 실패하는가?' 라는 글에서 무기력한 CEO의 6가지 습관을 소개하였다. 여기서 꼽은 첫 번째 습관이 바로 똑똑하면 실패할 수 없다고 믿는 사람들이다. 자신의 능력을 과신하며 직원들도 모두 능력 위주로 선발하여 '어떻게 이러한 강력한 팀이 실패할 수 있단 말인가?' 하고 성공을 믿어 의심치 않는 경영자라고 한다.

"머리만 있으면 모든 것이 가능하다고 생각했던 시기가 있습니다. 지금은 이런 생각이 많이 줄어들었습니다. 두뇌도 중요하지만, 이제는 확실한 인재들을 찾는 데 주력하고 있습니다. 생각에만 갇혀 꼼짝 못하는 사람이 아니라 팀워크를 잘 구축해 나가고, 끊임없이 의견을 교환하며 고정관념에 사로잡히지 않는 용기 있는 사람을 찾고 있지요. 융통성이 있고, 눈코 뜰 새 없이 변화하는 시대 속에서도 동요하지 않고 안전하게 기업을 이끌어 갈 수 있는 능력을 가진 사람이 필요합니다. 도의를 저버리라는 뜻이 아닙니다. 사건과 화제를 또 다른 관점으로도 바라볼 수 있다면, 1년 안에 지금과는 다른 시각을 얻을 수 있게 될 것입니다." 래리 보시디 회장의 인력 양성에 대한 관점이다. 말귀를 잘 알아듣고 업무 처리를 잘할 수 있는 똑똑한 사람을 뽑으면 그만이다는 생각을 한 시절이 있었지만 지금은 참된 인력을 중시한다는 경험담이다.

대한상공회의소는 『한국 기업의 성공과 실패』를 통하여 우리나라 30대 그룹의 첫 번째 성공 요인으로 인재 양성을 꼽았다.[64] 이러한 결과를 좀 비약시키면 한국의 경쟁력을 장기적으로 높이기 위해 우리 각자가 해야 될 과제는 자신의 잠재력을 최대로 개발하는 것이라고 볼 수 있다.

우수한 인력을 확보하는 것에 그치는 것이 아니라 그들을 한 단계 높은 능력으로 이끄는 슈퍼 리더가 되어야 하는 것이다. 미국의 루스벨트 대통령도 자기가 생각하는 일이 100가지 중에서 75가지가 옳다면 자기로서는 최고로 바라는 것이라고 말한 적이 있다. 자신의 똑똑함을 믿기보다는 끊임없이 학습하는 조직 문화를 만들어야 한다.

매출액의 1퍼센트 값을 해라 : 마쓰시타 고노스케

"기업 이윤의 원천은 인간." 일본 기업인 마쓰시타에서 전통으로 계승되어 내려오고 있는 기업 신조이다. 1917년 오사카에서 자본금 100엔의 작은 가내공방에서 출발하여 일류기업으로 성장한 마쓰시타는 지금도 이 신념을 굳게 믿고 있다.

마쓰시타 고노스케는 누구보다도 인재육성에 초점을 맞춰 기업을 경영한

성공 요인	비율(%)
1. 인재 제일주의에 기초한 우수인력의 양성	13.7
2. R&D를 통한 첨단 핵심기술의 토착화	11.3
3. 정부시책에 적극적인 부응	10.9
4. 노사 상호간 화합 및 신뢰관계의 형성	10.5
5 전문경영인을 활용한 책임경영 체제의 구축	10.3
6. 최고경영자의 시류를 읽는 사업 예측력	10.1
7. 지속적인 신제품 개발	9.2
8. 회사 공동체적 기업 문화	8.3
9. 사업 다각화	8.0
10. 해외시장 개척	7.7

●●● 표 16. 한국 우량기업의 성공요인

리더이다. 창업 때부터 신입사원을 의무적으로 일정기간 기숙사에 입주하도록 했다. 마쓰시타 부부는 신입사원의 양부모가 돼 규율과 절도를 가르치고 인생 지도를 담당했다. 그의 부인은 직원들의 건강까지 챙길 정도로 대모의 역할을 충실히 했다. 이 전통은 나중에 회사가 커지면서 각각의 공장에서 공장장 부부가 직원들과의 스킨십을 통해 인재교육을 담당하는 형태로 탈바꿈했다. 사원양성소를 건립하여 3년간의 체계적인 교육프로그램을 거치도록 인재육성을 정형화하였다.

인재양성과 인간 중시에 대한 마쓰시타의 집착은 철저했다. 한 예로서, 전통 있는 기업 빅터가 파산 위기에 처하게 되어 마쓰시타가 재건을 맡게 되었다. 고노스케가 내놓은 처방은 단 2명의 경영자를 파견하는 것이었다. 경영자를 파견하는 대가로 고노스케는 매출액의 1퍼센트를 지불할 것을 요구했다. "사람 2명을 파견하고 1퍼센트를 달라니……." 빅터로서는 황당한 일이라고 생각되어 높은 경영지도료를 불평했다. 그러나 고노스케는 단호했다. 매출액의 1퍼센트가 아니면 2명의 경영자를 다시 데려가겠다는 것이었다. 결국 빅터는 매출액의 1퍼센트라는 높은 경영지도료를 지불하고 말았다. 놀랍게도 파견된 2명은 빅터를 초우량기업으로 탈바꿈시켜 버렸다.

우수한 경영자의 가치를 매출액의 1퍼센트로 책정하는 마쓰시타의 기업문화. 바꾸어 생각해 보면 매출액의 1퍼센트 역할을 못하는 경영자는 실격이라는 엄청난 책임의식을 담고 있다. 1997년, 모든 기업이 불황에 허덕일 때 마쓰시타는 숙련공의 정년을 60세에서 65세로 연장해서 세상을 깜짝 놀라게 했다. 일본 기업의 58퍼센트가 55년 정년을 채택했던 1972년에도 고노스케는 60세 정년을 채택하는 혁신을 단행했다. 환갑을 앞둔 숙련공을 자연퇴출시키기보다는 특수기술과 노하우를 젊은 세대에 철저히 전수시키는 것이 이윤 확대에 도움이 된다는 생각에서였다. 교육과 훈련으로 양성된 인력을 중시하는 투철한 사상을 알 수 있다.

　마쓰시타는 신입사원 채용 기준으로 학업성적, 호탕한 성품 그리고 스포츠맨십 등 3가지를 활용한다고 한다. 각 기준에 대해 3분의 1의 비율로 인력을 뽑아 상호간의 경쟁을 유도하면서 우수한 사원으로 성장시킨다. 모두 공부를 잘하는 사람이 아니라 인재가 양성될 수 있는 최적의 인적 배합을 고려한 채용 방식이다. 고노스케는 사원들에게 종종 이렇게 훈시했다고 한다. "감옥과 수도원의 공통점은 세상과 고립되어 있다는 점이다. 그러나 차이가 있다면 불평을 하느냐, 감사를 하느냐 그 차이뿐이다. 감옥이라도 감사를 하면 수도원이 될 수 있다."[65] 자신이 속한 조직을 감사하게 생각할 수 있는 사람. 그가 바로 고노스케가 생각하는 가능성이 보이는 젊은이였다. 긍정적으로 생각하고 자신을 단련시키는 셀프 리더를 키우고 싶었던 것이다.

슈퍼 리더의 성공 패턴 1
인적자원의 가치를 차별화한다

고객의 가치는 동일하지 않다. VIP 고객은 회사에 큰 기여를 하기 때문에 그에 상응하는 고급 대우를 받는다. 은행 고객 중에서 30퍼센트의 고객이 130퍼센트의 수익을 창출하고, 40퍼센트의 고객은 손익에 영향을 미치지 않으며, 30퍼센트 정도는 오히려 비용을 발생시킨다는 것은 새삼스런 얘기가 아니다. 고객을 차별적으로 응대해야 할 충분한 이유가 있는 것이다. 융숭한 대접을 받지 못하는 고객으로서는 속상한 일이겠지만 시장의 원리는 냉혹하다.

10퍼센트를 해고하면 90퍼센트가 뛴다

일반적으로 크게 두 그룹의 사람들이 조직 사회를 안타깝게 만든다. 하나는 '좀 자제했으면 좋겠건만 자신이 적임자' 라고 설치는 그룹이다. 다른 하나는 좀 역할을 해주었으면 좋으련만 극구 사양을 하는 사람들이다. 가장 바람직한 것은 후자 그룹에 속하는 사람들이 많아서 조직을 보이지 않게 선도하는 것이다. 하지만 아직 전자의 목소리가 요란한 것이 현실이다. 그래서 어떤 사람은 새로운 조직을 맡았을 때 가장 중요한 성공요소로 '침묵하고 있는 소수의 올바른 목소리를 찾는 것' 을 꼽기도 한다. 그러나 이는 이론대로 되는 것이 아니어서 대단한 경험과 안목이 요구된다.

청렴성을 간판으로 정가에 진출하여 시정을 맡게 된 모 교수가 조직 장악을 위해서 올바른 말을 하는 두 사람을 중시했는데, 나중에 알고 보니 그들이 오히려 가장 기피했어야 할 인물들이었다고 한다. 우스개 같은 이 일화는 학자가 더 이상 정치를 하면 안 된다는 것을 풍자한 것이지만 올바른 안목을 갖는 것이 그만큼 어렵다는 것을 시사해 준다. 능력 있는 사람을 확보하는 것이 경쟁력 강화의 가장 근본임은 이미 강조한 바 있다. 문제는 '능력 있어 보이는 사람과 능력 있는 사람'을 처음부터 구분하기는 쉽지 않다는 사실이다. 그래서 리더는 인재확보가 아니라 인재양성에 승부를 걸어야 하는 것이다. 자질 있는 리더를 확보하려고 노력하라. 하지만 선택된 리더를 올바른 셀프 리더로 키우는 데는 심혈을 기울여야 한다.

어떤 생물학자가 꿀벌의 생태를 조사해 보았다. 일벌 중에서 15퍼센트만이 부지런히 꿀을 만들어 나르고 나머지의 기여도는 그리 크지 못하다는 것을 알게 되었다. 그래서 열심히 꿀을 만들어 나르던 그 15퍼센트의 일벌에 속하는 벌들만 따로 모아서 다시 관찰을 했다고 한다. 의당 열심히 일하는 벌들이므로 모두들 부지런히 꿀을 만들어 나를 것이라고 기대했다. 그러나 새로운 그룹에서도 단지 15퍼센트 가량만이 부지런히 꿀을 만들어 나르는 것으로 관찰되었다. 동기부여가 된 소수가 큰 기여를 하며 동기부여 되는 비율은 상대적으로 비슷하다는 것을 생물학적으로 입증한 연구결과이다.

잭 웰치는 "10퍼센트의 직원을 해고하면 나머지 90퍼센트의 직원이 더욱 발전한다."며 기여도가 적은 구성원의 퇴출을 통한 지속적인 조직문화 혁신을 주장하였다. 슈퍼 리더는 모든 사람을 셀프 리더로 만드는 것을 추구하지만, 투입하는 노력은 구성원의 역량과 목적에 따라 차별화한다.

블랙벨트를 키워라 : 식스시그마 경영혁신

식스시그마는 다른 경영혁신 기법과 크게 차이 나는 점이 한 가지 있다. 바로 다양한 벨트로 분류하는 내부전문가 제도라는 점이다. 모토로라는 식스시그마를 추진하면서 화이트벨트, 그린벨트, 블랙벨트, 마스터 블랙벨트, 챔피언벨트와 같은 다양한 벨트로 이름을 붙여서 경영혁신에 대한 전문성을 등급화시켰다.[66]

벨트 개념은 동양 무술의 수준을 나타내며, 경영혁신 과정에서 다양한 수준의 훈련과 경험을 습득한 사람의 등급을 나타낸다. 마치 태권도에서 흰 벨트가 품세를 익히는 초보 단계이고, 그린벨트가 대련 단계, 블랙벨트가 유단자 단계, 마스터 블랙벨트가 어떤 도장의 사범급이 되는 것과 비슷한 개념이다.

〈그림 20〉에 나타나 있듯이, 화이트벨트는 식스시그마의 기본을 이해하는 입문단계 수준을 나타낸다. 그린벨트는 프로젝트를 직접 수행하는 단계로서 자신의 본연의 임무를 가지고 있으면서 문제해결에 투입되는 사람들이다. 블랙벨트는 전업(풀타임)으로 문제해결 및 문제개선에 투입되는 사람으로서 화이트벨트나 그린벨트를 교육시키는 지도와 자문의 역할을 하는 '내부 컨설턴트' 로 볼 수가 있다. 마스터 블랙벨트는 한 단계 더 올라가서 블랙벨트가 수행하는 프로젝트를 관리한다. 또한 벨트 교육을 전담하고 지도하는 사람으로서 내부핵심요원으로 볼 수가 있으며, 프로젝트 관리를 전업으로 하는 사람이다. 챔피언벨트는 경영자 중에서 전체적인 관리와 달성목표와 제도를 정해 주는 사람으로서 식스시그마의 방향을 설정해 주는 사람으로 볼 수가 있겠다.

이러한 벨트 제도에 근거한 전문성 강화 전략에서 인력의 기능을 층별화하려는 리더십의 방향을 읽어야 한다. 똑같은 과장급의 직원이라고 하더라

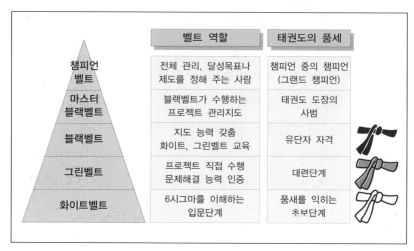

	벨트 역할	태권도의 품세
챔피언 벨트	전체 관리, 달성목표나 제도를 정해 주는 사람	챔피언 중의 챔피언 (그랜드 챔피언)
마스터 블랙벨트	블랙벨트가 수행하는 프로젝트 관리지도	태권도 도장의 사범
블랙벨트	지도 능력 갖춤 화이트, 그린벨트 교육	유단자 자격
그린벨트	프로젝트 직접 수행 문제해결 능력 인증	대련단계
화이트벨트	6시그마를 이해하는 입문단계	품새를 익히는 초부단계

●●● 그림 20. 6시그마 벨트제도와 태권도의 품세

도, 새롭게 축적된 전문성에 근거하여 경영혁신 역할에 투입시킨다는 것을 전제로 하고 있다. 구성원의 인격은 동등할 것이다. 하지만 그들이 조직의 경쟁력에 기여하는 방향과 수준은 격차가 존재할 수밖에 없으며 또한 그래야만 한다. 슈퍼 리더는 조직원의 가치가 동등하지 않음을 인정하고 그들을 자신의 역량에 어울리는 리더로 키워야 한다.

Bench Marking 인력의 가치가 동등하지 않다는 의미는 무엇인가?

식스시그마 : 벨트 개념을 도입해서 차별적인 전문성을 확보하는 데 초점을 맞춘다. 내부의 인적구성원의 역량을 전략적으로 확보해 나가는 장기적인 계획을 확보하는 것이 필요하다.

마쓰시타 고노스케 : 신입사원을 학업성적, 호탕한 성품 그리고 스포츠맨십 등을 기준으로 33퍼센트씩 채용했다. 구성원의 역할을 분배하는 데 초점을 맞추었다.

슈퍼 리더의 성공 패턴 2
인재양성, 셀프 리더를
의도적으로 키운다

'리더를 세우는 리더십'인 슈퍼 리더십은 단순히 리더십의 계승을 의미하지는 않는다. 리더를 따르는 이들이 또 다른 셀프 리더로 훈련되면 그들은 점차 자신들의 리더로서의 역할을 확산시킬 수 있게 된다. 새롭게 리더로 세워진 리더들이 다시 구성원들을 또 다른 리더로 훈련시켜 세우게 되고, 이러한 일련의 과정이 계속 진행되면서 조직은 주인의식으로 무장된 셀프 리더로 가득 채워진다고 할 수 있다. 궁극적으로 모든 구성원들이 자신의 주인이 되며, 크고 작은 기능의 리더가 되는 큰 그림을 추구하는 것이다.

폭포수를 생각하라 : LUTI 폭포형 모델

복사기 전문업체로 유명한 제록스는 LUTI 폭포형 학습 리더십 모델을 가지고 학습조직을 탄생시킨 기업이다. LUTI는 '배워서Learn 사용한Use 후, 가르치고Teach 확인하라Inspect'는 단계적인 활동을 연결해서 만든 의미이다. 학습문화를 창출하는 과정에서 비효율성을 배제시키고 리더십을 검증하기 위한 계단형 모형이다.[67]

이 모델의 핵심은 학습문화가 최고경영진에서부터 시작되어 폭포수가 밑

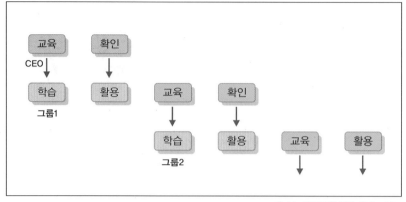

으로 떨어지듯이 조직의 계층구조에 따라서 하향식으로 펼쳐 나간다는 점이다. 지식을 전수하되, 스스로 하라고 내버려두지 않는다. 리더가 먼저 조직에 맞는 핵심 지식을 터득하고 이행하고 난 후, 그 중요성을 전파시켜 연쇄적인 학습기능에 불씨가 되어 준다. 상위 계층이 바로 아래 계층의 활동방향을 전수하는 슈퍼 리더십 개념이 전면적으로 스며들어 있다.

슈퍼 리더십의 필요성은 크게 다음과 같은 3가지로 압축된다. 물론 많은 셀프 리더를 세우면서 얻어지는 긍정적인 효과들을 의미한다.

- 원활한 조직 관리
- 조직의 계속성 유지
- 조직의 확산과 발전

우선, 적절한 사람들을 셀프 리더로 훈련시킴으로써 그들이 조직의 문제 중 상당부분을 슈퍼 리더를 대신해서 처리할 수 있게 만들 수 있다. 권한 이양을 통해서 조직의 관리가 훨씬 더 원활해 질 수 있게 되고 슈퍼 리더의 부담이 줄어들게 된다.

슈퍼 리더십은 또한 리더가 속한 조직의 리더십이 계속 계승되어 조직이 결속될 수 있도록 유지시켜 준다. 슈퍼 리더가 당대에 이루지 못한 조직의 비전을 계속 유지하면서 그 비전이 완성되도록 이끄는 힘이 된다. 슈퍼 리더가 의도적으로 세운 셀프 리더이므로 조직의 비전과 사명을 공유하는 수준이 높을 수밖에 없다.

슈퍼 리더십은 계속적으로 구성원들을 셀프 리더로 양육하기 때문에 셀프 리더들로 하여금 자신이 양육된 조직을 떠나 새로운 조직을 이끌 수 있는 역량을 키워 준다. 새로운 조직을 맡게 된 셀프 리더들은 구성원들이 또 다른 셀프 리더가 될 수 있도록 양육하면서 다시 새로운 슈퍼 리더로 성장하게 된다. 조직의 확산과 발전 속도는 빨라지는 것은 당연하다.

아메바 조직으로 경쟁한다 : 교세라의 이나모리 회장

교세라는 교토의 세라믹이라는 의미를 담고 있는 회사로서 가즈오 이나모리가 43년 전에 창업한 회사이다. 규모는 크지 않지만 히타치, 도시바, NEC 같은 대기업과 비교해서 빠르게 성장한 회사로서 수익성이 아주 탁월한 회사이다.

교세라를 초우량 기업의 반열에 올려놓은 이나모리는 "태도가 성공 여부를 좌우한다."는 철학을 가지고 있다. 그가 말하는 성공방정식은 '능력×노력×태도' 로 이루어진다. 그 중에서도 특히 태도가 중요하다고 그는 강조한다. 아무리 능력이 있어도 잘못된 방향으로 역량을 발휘하면 엄청난 사회적인 손실을 입힌다는 얘기다. 그가 직원들에게 강조하는 것은 셀프 리더십과 열정이다. 이나모리가 1997년 은퇴한 후, 잠시 삭발을 하고 수양을 했던 엔

후쿠지 절은 많은 교세라의 과거 직원들이 묻혀 있는 곳이다. 그들의 묘비에는 "죽어서까지도 교세라의 가족이 되기를 원하는 사원들"이라고 새겨져 있다고 한다.[68] 직원들의 열정이 후끈 느껴지는 장면이다.

이나모리는 전 사원의 열정 때문에 급속히 성장할 수 있었던 교세라가 처음의 개척정신을 잊어버리고 관료주의 집단인 여타 대기업처럼 될까봐 걱정이 되었다. 교세라를 초우량기업으로 만들고 싶은 마음에서 그는 회사를 '아메바'라고 불리는 작은 단위로 분할시켰다. 아메바의 특징은 필요한 모든 것을 외부 또는 다른 아메바에서부터 구매한다. 각 아메바는 리더의 경영을 공유하며, 각 구성원의 작업 시간마다 증가된 시간 가치의 효율을 평가한다. 여러 가지 작은 아메바들이 더 큰 아메바를 구성하고, 그것이 다시 보다 더 큰 아메바 그룹으로 형성된다. 교세라는 전 세계적으로 수천 개의 아메바로 구성된 거대한 아메바의 모습이다.

회사의 조직을 생물의 기본이며 특유의 유연성을 가진 아메바를 바탕으로 형성해 나가고 있는 이나모리의 목적이 모든 사원으로 하여금 열정을 갖도록 하는 것임을 주시해야 한다. 아메바 조직 내에서 각 개인은 리더 내지는 핵심 역할을 수행하게 된다. 다시 말해서, 열정을 가진 셀프 리더를 전 조직에 확산시키는 전략을 추구였던 것이다.

Bench Marking 셀프 리더를 어떻게 키우는가?

제록스 : LUTI 폭포형 학습 모형을 전개하며 경영진의 역할을 중시했다. 먼저 배우고 이용한 후, 다음 계층을 교육시켰다. 리더는 스스로 키워지는 것이 아니라 리더들이 키워야 하는 것이다.

교세라 : 아메바 경영을 통해서 열정적인 셀프 리더 의식을 강조했다. 올바른 태도와 열정을 가진 셀프 리더를 키워야 한다.

슈퍼 리더의 성공 패턴 3
파트너십 개념을 추구한다

가구업계의 1위 업체인 허먼 밀러의 한 기계공이 갑자기 죽었다. 젊은 사장은 그 기계공의 집을 찾아갔다. 사장과 어색한 대화를 몇 마디 주고받은 기계공의 부인이 갑자기 사장에게 시 몇 편을 낭송해도 좋으냐고 물었다. 허락을 받은 부인은 다른 방으로 가더니 책 한 권을 가지고 와서 아름다운 시를 골라서 한참을 읽어 내려갔다. 사장은 시들이 너무나 아름답다는 말과 함께 누가 지은 시냐고 물어봤다. 부인은 기계공으로 일한 자기 남편은 시인이라고 대답했다. 사장은 묘한 궁금증에 사로잡히게 되었다. '그 사람은 원래 시인인데 기계공 일을 한 것일까? 아니면 기계공인데 시를 쓴 것일까?' 그는 경영이 무엇을 의미하는지 깊게 생각하였다. 구성원의 재능과 기술의 다양성을 이해하는 것이 경영의 출발선임을 깨닫게 된 것이다. 구성원의 다양한 능력을 발견할 수 없는 리더는 위대한 유산을 준비할 수 없다고 그는 믿게 되었다고 한다.

리더와 플로어 간의 파트너십을 추구한다 : 돈 파이츠

"전혀 빈틈없이 기업을 운영하는 CEO들이 있습니다. 모든 사항을 독재적으로 처리하는 CEO들도 있지요. 그러나 210억 달러의 수익을 올리는 캐터필러와 같은 대규모의 기업을 운영할 때는 사람들에게 확신을 주는 것이 무엇보다도 중요합니다. 그들 또한 기업 목표의 한 부분이 되어야 하지요. 가장 낮은 직급에 있는 이들의 의견까지 받아들이려 한다는 것을 제대로 알려야 합니다." 대형 불도저 장비업체인 캐터필러Caterpillar의 CEO 돈 파이츠의 주장이다.[28] 사원들이 거래의 대상이 아니라 기업 목표의 한 부분으로 자리 잡을 정도로 리더와 플로어 간의 파트너십이 형성되어야 한다는 것을 강조하고 있다.

한국에서 리더와 플로어 간의 불신이 걷잡을 수 없을 정도로 커지고 있는 이유를 파트너십 결여에서 찾고 싶다. 플로어를 파트너로 인정하는 합리적인 리더가 나오고 리더를 나락으로 떨어지지 않도록 지원하는 현명한 플로어가 필요한 세상이다. 가족과 파트너에게는 상생相生이라는 표현이 불필요하다. 존재의 이유이기 때문이다. 희망찬 국가와 기업을 건설하기 위해서는 상생이라는 단어가 불필요한 파트너십이 리더와 플로어 간에 형성되어야만 한다. 슈퍼 리더는 플로어를 셀프 리더로 키우기로 작정한 사람이다. 리더로 키우려면 리더로서 대우를 해주어야 한다. 셀프 리더를 조직의 사명을 완수하는 데 필요한 진정한 파트너로 혹은 동반자로 인정하는 리더가 진정한 슈퍼 리더이다.

기러기 편대는 항상 V자를 이루고 긴 여행길을 나선다. 목적지를 향해서 끊임없이 날아가는 도중, 앞장서 가는 리더를 따라가는 기러기들이 박자를 맞추어 '콩, 콩' 하고 짖어 댄다고 한다. 우리가 지치지 않고 따라가고 있으니 걱정하지 말고 이끌어 달라는 그들만의 신호란다. 참으로 영리한 일이 아닌가. 앞만 보고 날아가는 리더 기러기에게는 시원한 청량제임에 틀림없다. 우리는 과연 무엇으로 리더를 격려하고 있는가? 기러기처럼 열심히 건설적으로 격려하는 셀프 리더가 되어야 한다. 당신 조직에서 성공한 슈퍼 리더가 탄생될 유일한 길이다.

도전하고 도전받는 환경을 만들어라 : 체이서 맨해튼

요즘은 '변화' 라는 단어가 단연 돋보이는 시대이다. 빠른 변신이 가능한 이 시대에는 변신할 수 있는 아이디어와 용기가 경쟁력이 되고 있는 셈이다. 젊은이들도 마음껏 자신의 역량을 펼쳐 볼 수 있는 자율이 보장되는 조직을 선호한다. 조직의 단순한 부속품이 아니라 자신의 변신에 기대를 거는 인격체로 대접받는 문화를 추구하기 때문이다.

"사람들이 적극적으로 서로 도전하고 도전받는 환경을 만드는 것이 리더십의 기본이라고 생각합니다. 이러한 일이 가능할 수 있는 환경을 만드는 것이 매우 중요합니다." 체이서 맨해튼의 CEO인 월터 시플리의 말이다. "직원이 약 6만 8천 명이나 되는 기업에서 나는 사업하는 것이 아닙니다. 내가 할 일은 전략을 짜고 동기를 부여하며 리더십을 발휘하는 거지요. 또한 각자의 능력을 뛰어넘어 마음껏 역량을 발휘할 수 있는 환경을 만들어 내는 것입니다. 직원들의 재능이 마음껏 발휘되는 환경을 만들게 되면 우리는 그들을 더 훌륭하게 만들 수 있으니까요. 즉 어떤 일을 성취시키기 위해서 각자의 능력 이상을 발휘하게 된다는 것입니다. 성공했다는 명성을 얻었지만 이것은 우리 직원들이 해낸 것입니다. 합병의 고통을 경험했기 때문에 오늘날 우리가 더욱 변화를 추구하며 받아들인다고 생각합니다."[28]

모든 구성원이 파트너로서 함께 명성을 만들어 가지만, 도전하고 도전 받는 조직 문화를 만들어서 변화에 성공했다는 체이서 맨해튼의 리더십. 시플리는 실제로 이것이 큰 조직의 리더가 될 수 있는 유일한 방법이라고 믿고 있다고 한다.

슈퍼 리더, 그는 파트너십 개념을 이해하고 실천하는 사람이다. 자신이 박식하다고 해서 아랫사람을 무시하는 건방진 모습을 보이는 리더가 아니다. "역시 많이 배운 사람이 달라!" 라는 소리를 들을 정도로 셀프 리더들을 존중할 줄 아는 사람이다.

Bench Marking	어떤 파트너십을 추구하는가?
	캐터필러 : 가장 낮은 직급에 있는 사람들의 의견까지 받아들일 정도로 신뢰를 중시하는 인력관리를 중시했다. 리더로 키우기 위해서는 리더로서 존중해 주어야 한다.
	체이서 맨해튼 : 적극적으로 도전받고 도전하는 경영 환경을 만들어서 변화에 능동적인 조직을 만들었다. 이메비 경영을 통해시 열정적인 셀프 리디 의식을 강조했다. 구성원을 파트너로 인정하되 경쟁력 있는 셀프 리더로 키워라.

슈퍼 리더의 7가지 실천과제

리더의 직무는 원맨쇼가 아니다. 혼자서 다 할 수 없다. 구성원들에게 비전을 제시하고 그들이 필요한 일을 할 수 있도록 당신의 비전을 전해 주어야 한다. "CEO가 되면 사업의 맥을 짚을 수 있는 감각이 있어야 합니다. 어떤 말은 듣고 어떤 말은 도움이 되지 않는다는 것을 알 정도로 현명해야 합니다. 이는 당신 스스로를 위해 관찰할 수 있는 눈과 귀를 가져야 한다는 뜻이며 궁극적으로는 당신의 사업을 위하는 것입니다. 당신 팀에 우선 좋은 사람들이 있어야 합니다. 그리고 그들을 잘 활용해야 합니다." D/FW 컨설팅의 사장 폴 슐로스버그의 충고이다.[69]

칭찬은 구성원들의 노력과 효율성에 대해서 리더가 지불해야 하는 빚이다. 더 많이 요구하면 할수록 더 많은 결과를 얻게 될 것이다. 이들의 성과를 인정해 주지 않으면, 그들은 당신이 얼마나 만족해 하는지 알 수 없게 된다. 때에 따라서는 기대 이상으로 칭찬해 주어야 한다. 마크 트웨인은 "나는 칭찬만 먹고도 두 달은 살 수 있다."고 말했다. 사람들이 각자 다른 욕구를 가지고 있다는 것을 인정하라. 비판은 아무나 할 수 있지만 칭찬은 전문가만이 할 수 있다는 말이 있다.

슈퍼 리더를 위한 7가지 실천과제

슈퍼 리더는 구성원들을 셀프 리더로 육성하기 위하여 끊임없이 학습하고 육성하여야 한다. 구성원들이 셀프 리더십을 갖게 되면 스스로에 대한 의욕이 강해지면서 매사에 주도적이 되는 효과를 얻게 된다. 셀프 리더를 키우기 위해서는 7가지 과제를 이행해야 한다.

과제 1 : 스스로 셀프 리더가 되어라

슈퍼 리더십의 첫 단계는 스스로 셀프 리더가 되는 것이다. 자신이 먼저 리더로서 서지 않고서 다른 사람을 리더로 키울 수는 없다. 여기서 리더는 꼭 커다란 조직의 대표를 의지하지 않는다. 조그만 행동에서부터 리더다운 면모를 갖추어야 한다.

과제 2 : 셀프 리더십의 역할 모델이 되어라

슈퍼 리더 스스로가 리더십을 보여준다면 구성원들은 자연적으로 자신의 역할 모델로 생각하고 받아들이게 된다. 역할 모델은 가장 기본적이고 효과적인 학습과정의 출발점이다.

과제 3 : 스스로 목표를 설정하도록 유도하라

구성원들이 스스로 자신의 목표를 세우고 추진할 수 있을 때까지는 끊임없이 격려하고 동기부여를 해주어야 한다.

과제 4 : 긍정적 사고유형을 창조하라

슈퍼 리더는 구성원들이 현재의 수준보다 더욱 능력을 발휘할 수 있다는 믿음을 심어주고 가이드해 주면서 긍정적인 사고유형으로 이끌 수 있다.

과제 5 : 보상과 건설적인 질책을 통하여 셀프 리더십을 개발하라

슈퍼 리더가 구성원들의 셀프 리더십을 발전시키기 위해 이용할 수 있는 방법은 명확한 동기부여 방식에 근거해야 한다. 칭찬과 질책을 할 때는 적절하게, 신속하게 그리고 적절한 양과 강도로 조절해서 해야 할 것이다.

과제 6 : 그룹 활동을 통해 셀프 리더십을 개발시켜라

구성원에게 자율성을 존중해 주고 스스로 그룹 활동에 적극 참여하도록 권유하여 자신의 역할에 대해 자신감을 갖도록 도와주어야 한다.

과제 7 : 셀프 리더로 대우하라

구성원을 리더로 인정해 주는 것이 중요하다. 항상 자신이 셀프 리더임을 인식하면서 일상생활을 할 수 있도록 분위기를 조성해 주어야 한다.

셀프 리더를 만들어라

초등학교 졸업이 학력의 전부인 다나카 전 일본 수상이 대
장성 장관으로 취임하게 되었다. 사람들은 그가 동경대학
수재들이 즐비한 엘리트 관료집단의 본산인 대장성에서 그리 오랫동안 버
티지 못할 거라고 생각했다. 대장성 직원들도 그를 장관으로 임명한 데 대해
노골적으로 불만을 품고 있던 터였다. 그런데 다나카는 채 1분도 안 되는 취
임사 한마디로 그 모든 우려와 불만을 해소해 버렸다.

"여러분은 천하가 알아주는 수재들이고 나는 초등학교밖에 못 나온 사람
입니다. 더구나 대장성 일에 대해서는 깜깜합니다. 따라서 대장성 일은 여러
분들이 하십시오. 나는 책임만 지겠습니다."

그 취임 인사 한마디로 다나카는 부하직원들의 마음을 휘어잡는 데 성공
했다. 대장성 직원 모두를 리더라고 인정해 주는 순간 그들의 마음은 활짝
열렸다.

기업은 곧 사람이다 : 호암 이병철 회장

국내 산업 발전을 선도하고 가장 먼저 현대적인 경영철학을 정립시킨 호
암 이병철 회장. 그의 경영철학은 '사업보국, 합리추구, 인재제일'로 표현

된다. 자원, 자본 및 노동력 등의 생산요소 중에서 특히 인적자원을 기업 성장의 요체로 보고 "기업은 곧 사람이다. 유능한 인재를 얼마나 확보하고 키워서 얼마만큼 효과적으로 활용하느냐에 따라 기업의 성패가 달려 있다."고 역설했다. 이병철 회장이 소중히 생각한 인재의 조건은 다음과 같다.

- 첫째, 문제의식을 가지고 끊임없이 아이디어를 창출해 새로운 것을 탐구함으로써 조직에 활력을 주는 사람
- 둘째, 격변하는 환경 속에서 기업을 이끌 수 있는 적극적이고 실천력이 강한 사람
- 셋째, 건전하고 합리적이며 빈틈없이 일을 처리할 뿐 아니라 팀워크를 중시하는 책임감이 있는 사람

이러한 3가지 조건은 바로 셀프 리더의 조건과 일치한다. 이병철 회장은 결국 자기 자신의 주인인 셀프 리더들을 뽑고 있었던 것이다.

이병철 회장은 평생 이러한 인재제일주의에 입각해 신입사원을 뽑을 때에도 성적과 인성의 비중을 50 대 50으로 정했다. 면접시험 때는 직접 참여해서 사원을 선발했다는 것은 유명한 일화로 남아 있다. 오로지 능력위주로 채용을 했으며 뽑은 사원들의 능력을 향상시키기 위해 끊임없는 교육을 실시했다.

또한 '의심 나는 사람은 쓰지 말고 쓰는 사람은 의심하지 말라'는 사상에 입각하여 신뢰경영을 중시했다. "뽑을 때 잘 뽑아 잘 기르는 것이 경영자의 책임이다. 경영자로서 내 인생의 80퍼센트는 인재양성에 소비했다."고 말할 정도로 사람을 키워서 경쟁력의 모체로 만드는 데 노력을 기울였다. 삼성전자나 삼성반도체 등에서 많은 강의를 하면서 느낀 점은 삼성의 경쟁력은

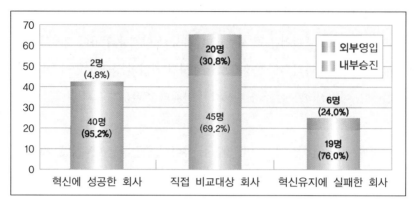

그림22. 초우량기업과 우량기업의 CEO 영입 방식

바로 그러한 교육과 학습하는 문화에서 비롯된다는 사실이었다. 이병철 회장은 일관되게 인재를 선발하고 인재를 교육시켜 한국의 전문경영인 시대를 예고했을 뿐 아니라 '인재의 삼성'이란 전통을 확립했다.[70]

짐 콜린스 연구팀의 〈초우량기업에 대한 연구조사〉에 의하면 혁신적으로 성공한 기업의 CEO는 95.2퍼센트가 내부에서 승진한 케이스라고 한다.[71] 동종업계의 직접 비교대상 기업들 30.8퍼센트가 외부에서 CEO를 영입한 것에 비하면 내부 승진이 단연 돋보인다.

초우량기업은 인적 구성원의 탁월성을 중시하는 회사들이다. 탁월한 구성원 속에서도 더욱 뛰어난 리더십을 발휘한 사람은 누구보다도 회사를 초우량기업으로 이끌 가능성이 높은 리더이다. 조직의 구성원이 강하면, 내부에서 리더를 찾아라. 만일 회사의 구성원이 약하면, 외부에서 영입하여 새로운 인력 확보에 초점을 맞추라는 것이 초우량기업으로 가는 큰 그림이다. 어찌되었든 간에, 경쟁력의 원천은 사람에 달려 있는 것이다.

스스로 배우는 조직이 되어라 : 갤럽 조사 결과

1997년, 갤럽은 아주 성공적으로 사업을 하고 있는 회사로부터 업무 현장의 강점이 무엇인지를 파악해 달라는 요청을 받았다. 그 회사의 직원은 약 37,000명이며 미국 전 지역 300개 정도의 사업장에 평균 100명 정도의 직원이 근무하고 있었다. 모든 사업장은 빌딩, 인테리어, 색상 등 섬세한 부분까지 동일한 방식으로 운영되고 있었다.

갤럽은 경쟁력의 핵심요소를 찾아내기 위해서 12개의 질문을 했는데, 무려 75퍼센트의 직원이 이 질문에 응답을 했다. 매출액, 이직률 등의 경영실적이 좋은 사업장과 부진한 사업장의 직원들이 어떤 차이점을 보이는가를 분석해 보았다. 해당 질문에 대해서 '매우 동의한다'고 응답한 직원들의 비율을 비교해 본 것이다(그림 23). 그 결과, 직원들의 응답은 확연한 차이를 드

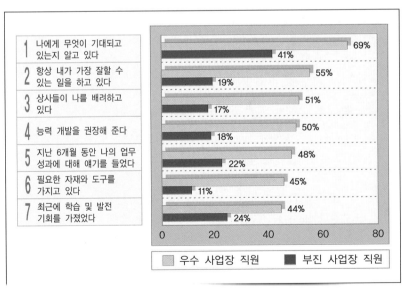

	우수 사업장 직원	부진 사업장 직원
1 나에게 무엇이 기대되고 있는지 알고 있다	69%	41%
2 항상 내가 가장 잘할 수 있는 일을 하고 있다	55%	19%
3 상사들이 나를 배려하고 있다	51%	17%
4 능력 개발을 권장해 준다	50%	18%
5 지난 6개월 동안 나의 업무 성과에 대해 얘기를 들었다	48%	22%
6 필요한 자재와 도구를 가지고 있다	45%	11%
7 최근에 학습 및 발전 기회를 가졌었다	44%	24%

●●● 그림 23. 리더십과 업무성과의 관계

러냈다. 우수한 사업장의 직원은 69퍼센트가 회사가 자신에게 무엇을 기대하는지 안다고 응답한 반면 부진한 사업장은 41퍼센트의 직원만이 응답을 했다. 자신이 가장 하고 싶어 하는 일을 한다는 것에 대해서도 36퍼센트의 차이를 보이고 있었다.[72]

이러한 결과는 똑같은 회사라고 하더라도 중간관리자 혹은 경영책임자의 리더십 역량에 따라서 많은 차이를 가지고 있음을 의미한다. 갤럽은 외부 벤치마킹도 중요하지만 내부 벤치마킹도 경쟁력 향상에 결정적으로 기여할 수 있다고 강조했다. 내부의 역량을 강화시킬 수 있는 올바른 리더를 키워야 할 필요성이 있는 것이다.

한 기자가 맥도널드의 레이 크록 사장에게 성공의 척도가 무엇이냐고 물었다. "많은 사람들이 성공의 척도를 얼마나 돈을 벌었느냐에 둡니다. 그러나 나는 얼마나 많은 사람들을 백만장자로 만들었느냐가 성공의 척도로 생각합니다." 결국 훌륭한 리더를 많이 만들어 낸 사람이 성공한 리더이다. 슈퍼 리더는 셀프 리더를 만드는 사람이다.

슈퍼 리더의 철학

인재양성으로 승부한다

• 성공 패턴 1

인력의 가치는 동등하지 않다. 사람의 능력이 다양하므로 자신이 추구하는 방향에 적합한 인재 등용을 중시한다. 지식으로 경쟁을 하는 것이 아니라 개별적인 능력과 전문성에 초점을 맞춘다.

• 성공 패턴 2

인재양성, 셀프 리더로 키운다. 모든 구성원들이 주인의식을 갖도록 조직 문화를 만들며 각자가 자기 자신의 주인이 될 것을 요구한다. 셀프 리더가 되는 데 필요한 교육을 과감하게 제공한다.

• 성공 패턴 3

파트너십 개념을 추구한다. 사원들이 거래의 대상이 아니라 기업 목표의 한 부분으로 자리 잡을 정도로 리더와 플로어 간의 파트너십이 형성되어야 한다는 것을 강조한다. 상생의 법칙을 거부하지 않는다.

• 벤치마킹 포커스

- 인력의 차등화 : 얼라이드 시그널의 래리 보시디
- 인재양성 교육 : 제록스의 LUTI 모델
- 셀프 리더 양성 : 교세라의 아메바 조직
- 파트너십 개념 : 캐터필러의 돈 파이츠, 체이서 맨해튼의 시플리

CHAPTER 8

남색 리더

장기적인 비전으로 선도하는
비전 리더_카리스마로 이끌어라

비전으로 경영하는 카리스마형 비전 리더십

비전 리더의 철학 – 리더와 구성원이 같은 방향으로 뛴다

비전 리더의 성공 패턴 1 – 주춧돌 개념으로 비전을 확장시킨다

비전 리더의 성공 패턴 2 – 비전 성취를 공유한다

비전 리더의 성공 패턴 3 – 비전의 계승자를 키운다

비전 리더의 6가지 실천과제

비전 리더의 목표 – 공통 언어를 만들어라

INDIGO

비전으로 경영하는
카리스마형 비전 리더십

어떤 부부가 디즈니에서 인턴사원을 하고 있는 아들의 초대로 디즈니월드를 방문했다. 함께 여유를 갖고 즐기던 아들이 잠깐 기다리라고 하더니 한 여성에게 다가갔다. 그리고는 온갖 수작을 부려 그녀를 웃기고서는 돌아와서 숨을 헐떡이며 설명을 늘어놓았다.

"저 여자 분이 아까부터 인상을 쓰고 다녔거든요. 만약 계속 얼굴을 찡그려 봐요. 그러면 다른 사람들도 얼굴을 찡그릴 것 아닙니까? 여기는 '지구상에서 가장 행복한 곳'을 표방하고 있는데 그렇게 되면 안 되지요."

아들의 프로 정신을 대견해 하면서도, 아버지가 한마디 거들었다.

"월트 디즈니가 죽은 지가 언젠데 아직도 그 사람이 말한 비전 타령이냐?"

"디즈니는 없지만, 그의 비전은 여기에 살아 있습니다. 그것이 바로 디즈니 테마동산이 세계 초일류로 운영되는 이유입니다."

이것이 바로 비전의 힘이다. 울상인 손님의 기분을 바꾸라는 디즈니 월드의 제도나 규약은 없다. 하지만 디즈니의 가장 말단에 속하는 인턴사원조차도 '지구상에서 가장 행복한 꿈의 동산을 만드는 데 동참하겠다'는 소박한 의식에 따라서 움직이고 있는 것이다. 남색을 카리스마형 비전 리더로 구분하였다. 카리스마 리더가 되기 위해서는 명확한 비전이 있어야 하기 때문이다. 비전 리더가 되는 데 필요한 성공 패턴을 찾아보자.

위대한 엄마가 되고 싶다 : 케네디의 어머니

케네디는 하버드를 졸업한 후 해군에 입대하여 중상을 입은 가운데서도 부하 세 명을 구조하여 귀환한 일화를 남겼다. 그 후 하원, 상원의원을 거쳐 1960년 공화당의 닉슨을 누르고 미국 사상 최연소 대통령으로 당선되었다. 대통령이 된 그는 '뉴 프론티어 정신'을 제창하고 흑인 인권을 확립하였으며 평화봉사단을 조직한 것은 물론, 해상 봉쇄를 통한 쿠바의 소련 미사일 철수 등의 업적을 남겼다.

케네디의 어머니인 로즈 피츠제럴드는 보스턴의 유력한 정치가 존 피츠제럴드의 딸이었다. 명문가에는 하루하루 행사가 많은 법이다. 로즈는 아이들이 그것을 잃어버리지 않도록 옷마다 핀으로 메모를 꽂아 주기도 했다. 특히 적극적인 사교와 참여의식을 강조하여 대인관계에서 적극적인 사람이 되도록 어려서부터 교육을 시켰다고 한다.

로즈는 아들들을 모두 정치가로 키웠는데 그것은 아버지의 희망이기도 했다. 하지만 로즈는 아이들에게 결코 강요하지 않았다. 언제나 조용하게 타이르듯 말하는 스타일이었다. 로즈의 교육 방식은 맏아이를 통해 동생들에게 교훈을 주는 것이었다. 대부분의 동생들은 형이나 누나가 하는 것을 그대로 따라 한다는 것에 착안한 것이다.

로즈는 아이들에게 신념과 책임감을 심어주기 위해 노력했다. 또 조직력을 키울 수 있도록 도와주었다. 지금까지도 케네디 집안의 가정교육이 세계의 많은 부모들에게 회자되고 있는 이유이다. 로즈가 자서전에 남긴 말은 아주 유명하다.

"나는 위대한 작품을 쓴 작가나 걸작을 남긴 화가보다는 위대한 아들과 딸을 둔 위대한 어머니로 알려지고 싶다."[73]

로즈가 말한 위대한 어머니는 그녀의 비전이었다. 자신의 비전을 실현시키기 위해서 자녀들의 미래에 대해서 꿈을 꾼 사람이다. 비전 리더는 열심히 꿈을 꾸는 사람이다.

카리스마는 만들어지는 것이다

카리스마란 원래 'Gift(신이 주신 재능)'를 의미하는 그리스 어에서 유래하였다. 미래의 사건을 예측하거나 또는 기적을 행하는 능력과 같이 신이 부여한 영적인 재능을 의미하고 있는 것이다. 리더십에서 카리스마가 관심의 대상이 되는 이유는 최근의 급격한 변화 속에서도 당당히 번영하고 있는 초우량기업들의 리더들이 대부분 강력한 카리스마를 발휘하고 있기 때문이다.

흔히 카리스마란 선천적으로 부여받은 능력이라고 믿고 있다. 하지만 카리스마 리더십의 연구 결과에 따르면, 카리스마란 구성원들이 '카리스마'라고 받아들이고 있는가, 그렇지 않은가에 의해서 판이하게 달라진다고 한다. 남들이 갖지 못한 천부적인 특성이 있기 때문이 아니라 리더가 가지고 있는 어떠한 특성이나 행위에 대해서 구성원들이 카리스마라고 인정하기 때문에 카리스마가 생긴다는 것이다.

카리스마가 있는 리더는 5가지 공통적인 특징이 있다.

① 명확한 미래의 비전을 갖고 있다

비전이란 미래에 달성하기를 원하는 이상적인 목표이며 미래에 다가올 현실이다. 현 상태에 만족하는 사람은 비전의 관점에서 카리스마를 가질 수 없다. 리더에게서 명확한 미래를 볼 수 있는 구성원만이 리더의 미래 청사진을 공유한다. 낯선 환경에 도전하는 리더에게서 사람들은 카리스마를 본다. 리더에게서 거부할 수 없는 비전과 미래를 느끼게 되는 것이다.

② 상황 판단이 정확하다

경쟁 환경을 정확히 평가하고 비전을 성취할 때, 사람들은 리더를 카리스마 리더로 받아들이게 된다. 신뢰할 수 있는 의사결정 능력이 있기 때문이다. 한 번 결정한 것을 자주 바꾸게 되면 점차 카리스마를 잃게 된다. 잭 웰치는 21년간 GE를 이끌면서 끊임없이 변화에 능동적으로 대응할 것을 요구했다. 그의 리더십에 강력한 카리스마가 생긴 것은 변화에 대한 웰치의 예측이 정확하게 맞았기 때문이다.

2002년, 《포천》은 GE를 미국인이 가장 존경하는 회사로 꼽았다. 존경받는 회사가 된 근거를 설명하는 분석 자료에는 40개의 페니(미화 1센트 동전)가 등장한다. 지난 40분기 동안 분기별 수익에 대한 전문가의 예측과 실제 실적이 페니 수준으로 차이가 났다는 것을 보여주기 위해서이다. 경영진의 정확한 판단력을 입증하는 자료이다.

③ 남의 흉내를 내지 않는다

카리스마 리더는 기존 관념에 얽매이지 않는 방법을 사용함으로써 현재의 질서를 초월한다. 독창적이고 차별화되는 요소들이 많다. 다른 리더가 한다고 해서 좋아서 하는 일은 카리스마를 만들어 내기 힘들다. 앞서가는 생각으로 남들이 하지 못한 일들에 과감히 도전해서 이루어 내야 한다. 기존의 방식을 탈피한 방법을 사용하여, 구성원으로 하여금 리더의 안목에 대해서 신뢰감을 갖도록 해야 한다.

④ 분명히 표현한다

자신이 제시한 비전의 성취에 자신감을 가지고 이를 단호히 그리고 분명히 표현한다. 미래의 비전을 가장 매력적이고 달성 가능한 대안으로 설명하며 자신감과 전문지식을 통하여 추종자들을 설득한다. 무엇을 기대하며 왜 그렇게 하는 것이 바람직한가를 분명히 말할 수 있어야 한다.

⑤ 개인적 파워가 강하다

카리스마 리더는 개인적 파워를 이용한다. 리더이기 때문에 리더 말을 들어야 한다거나 보상을 전제로 한 파워로는 카리스마 리더가 될 수 없다. 인생의 비전, 가치관 그리고 삶의 자세 등에 대해서 명확한 태도를 보여주고 전문적 파워나 준거적 파워로 구성원을 설득한다.

비전 리더의 철학

리더와 구성원이 같은 방향으로 뛴다

연봉제가 도입되면서 직장에 대한 시각이 크게 바뀌고 있다. 평생직장 개념 하에 형성되었던 '한 가족, 한 마음'의 공동체 의식이 점차 사라지고, 생존 개념과 경쟁 문화만이 부각되고 있다. 대부분의 사람들은 자신의 손익을 계산하기에 바빠졌고, 회사 또한 연봉제를 앞세워 경쟁을 가속화시키고 있다. 여기서 우리는 능력 본위의 사회를 정착시켜 세계를 선도하는 기업의 최고경영자들이 '비전 리더십'을 성공의 열쇠로 꼽고 있음을 주목해야 한다. 구성원에게 적합한 비전을 제시하지 못하고서는 지속적이고도 일관된 리더십을 발휘하는 것은 한계가 있다는 지적이다.

리더와 구성원이 같은 방향으로 뛰는 조직을 '동일 벡터' 조직이라고 부른다. 자율적으로 따라오게 하든 아니면 통제에 의해서 관리하든 그 접근 방식은 차이가 있을 수 있다. 하지만 리더는 근본적으로 자신이 희망하는 방향으로 구성원들이 따라오기를 기대하며 또한 그렇게 만들어야 한다.

1999년, 잭 웰치 회장이 한국을 방문했을 때 한 경영자가 그에게 물었다. "세계에서 가장 존경받는 기업의 가장 존경받는 경영자로 선정된 리더십 비결이 무엇입니까?" 웰치 회장의 답변이 이색적이었다. "딱 한 가지입니다.

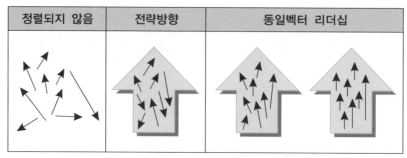

정렬되지 않음	전략방향	동일벡터 리더십

나는 내가 어디로 가는지 알고 있고 GE의 전 구성원은 내가 어디로 가는지를 알고 있습니다." 비전 있는 리더십과 리더의 비전을 공유하는 회사가 강한 회사인 것이다. 데밍 박사도 구성원이 자신을 위해서가 아니라 조직을 위해서 노력할 때, 최적화가 가능하다고 강조했다. 한 조직의 소속원이지만 그들이 과연 같은 방향으로 움직이느냐, 아니냐 하는 것은 많은 엄청난 차이를 가져오기 마련이다.

진실의 순간을 찾아라 : 스칸디나비아항공사의 얀 칼슨

스톡홀름의 그랜드호텔에 묵고 있던 루디 패터슨은 미국에서 비즈니스맨으로 활동중이었다. 어느 날 스칸디나비아항공편을 이용하여 코펜하겐으로 향하기 위해 알란타 공항에 도착하였다. 그러나 공항에 도착해 보니 항공권을 호텔에 두고 온 것을 알게 되었다. 예상치 못한 난처한 상황에 놓인 패터슨은 항공사 담당자에게 사정을 설명하였는데 뜻밖의 놀라운 대답을 듣는다. "걱정 마십시오, 패터슨 씨. 탑승하실 수 있도록 임시 항공권을 준비해드리겠습니다. 그랜드호텔의 방 번호와 코펜하겐의 연락처만 가르쳐 주시면 나머지 일은 저희가 처리하겠습니다."

패터슨이 공항 대합실에게 기다리는 동안 담당자는 호텔로 전화를 걸어 종업원을 통해 그의 방 책상 위에 놓인 항공권을 찾도록 했다. 그리고 회사의 자동차를 호텔로 보내 항공권을 가져오도록 조치했다. 이 모든 일련의 과정이 비행기가 이륙하기 전에 아주 순조롭게 종결지어졌다. 고객이 감동할 만한 사례이다.

1980년대 스칸디나비아항공사의 사장에 취임해서 밑바닥으로 추락하던 기업을 소생시킨 얀 칼슨. 그는 '진실의 순간MOT : Moment of Truth'으로 유명한 경영자이다. 칼슨은 이 개념을 소개하면서 종종 더러운 접시를 예로 든다. 항공기의 승객은 자신의 접시가 지저분한 것을 알게 된 순간, 자신이 타고 있는 비행기도 똑같은 정도로 불결하다고 느낀다는 것이다. "당신의 조직에서 접시에 해당하는 것은 무엇인가?" 그 더러운 접시를 찾아서 깨끗하게 준비해야 한다고 그는 강조한다. 외부인과 회사가 만나는 모든 접점에서 말이다.

칼슨은 고객을 만족시키는 'MOT(진실의 순간) 15초'에 항공사의 사활을 걸었다. 스칸디나비아항공사는 여객기 등의 유형자산보다 고객접점에서 가장 좋은 서비스를 제공하는 무형자산을 더욱 중요하게 여겼다. 실질적으로, 1986년 1,000만 명의 고객이 각각 5명의 스칸디나비아항공사 직원과 접촉했는데, 1회 응대시간이 평균 15초였다. 따라서 1회 15초로 1년간 5,000만 번의 '진실의 순간'이 스칸디나비아항공사의 성공을 좌우한 셈이다. 칼슨은 이 짧은 순간에 스칸디나비아항공사의 직원이 고객들에게 스칸디나비아항공사를 선택한 것이 최상의 선택이었다는 사실을 느끼도록 최선의 노력을 다해야 한다고 강조했다. 진실의 순간인 15초 동안 칼슨은 모든 책임과 권한을 전적으로 접점 직원에게 부여하였다. 고객만족에서 회사의 비전을 본 칼슨은 MOT 이론과 전격적인 권한 위임으로 동일 벡터 조직을 탄생시키는 데 성공한 것이다.

모든 비즈니스 리더는 직원들이 한 마음 한 뜻으로 고객지향적인 서비스를 제공하기를 희망할 것이다. 구체적인 실천 노하우를 찾아낸 칼슨의 리더십은 그러한 리더에게 좋은 벤치마킹 대상이다. 경영자의 역할에 대해 칼슨은 "모든 지식을 통합하고 중점업무의 우선순위를 설정하기 위하여 임명되어 있다."고 말했다. 평상시 일상 업무를 수행할 책무를 직원에게 이양할 수 있도록 기구와 조직을 만들어 두어야 한다는 것이다.

칼슨의 경영이론에 따르면 경영간부에게 자세한 전문적 지식은 그다지 필요치 않다. 그가 비록 세계 최고의 항공사 사장이라고 해도 비행기 조종을, 비행기 정비를 할 줄 아는 것은 아니다. "진정한 지도자는 성당을 설계하는 사람이며 그것을 다른 사람에게 건축하도록 자극하고 비전을 제시하는 사람이다."[74]

비전을 만들어서 다른 사람들로 하여금 추구하게 만드는 것이 리더십의 핵심이다. 칼슨은 비전을 추구할 수 있는 구체적인 청사진을 설계하고 제시하라고 강조한다.

비전 리더의 성공 패턴 1
주춧돌 개념으로 비전을 확장시킨다

마이크로소프트사는 소프트웨어 회사이다. 소프트웨어를 개발하는 것은 사용자들이 컴퓨터와 대화를 편리하게 하고 원하는 결과를 쉽게 얻을 수 있도록 하는 프로그램을 만드는 것이다. 그러므로 프로그래머는 사전에 사용자들의 논리적인 판단체계를 고려해서 '브레인 시뮬레이션 – 즉, 상황을 미리 머릿속으로 그려보는 것'을 빨리, 정확하게 그리고 아주 논리적으로 할 수 있어야 한다.

빌 게이츠는 오랫동안 밤을 새워 프로그램에 매달렸던 탁월한 프로그래머이다. 그리고 수년간 훈련시킨 브레인 시뮬레이션을 동원해서 '확실한 비전' 설정에 성공했다. 즉, 올바른 목표를 정하고 그것을 달성시킬 효과적인 방법을 찾아낸 것이다.

단계적으로 비전을 발전시킨다 : 빌 게이츠

빌 게이츠는 컴퓨터 분야라는 발전 가능성이 무한한 분야에서 초기에 BASIC이라는 프로그램 언어를 가지고 첫 주춧돌을 쌓았다. 불과 25년 전의 일이다. 하지만 그는 자신이 개발한 BASIC 프로그램이 아무리 뛰어난 프로그램이라 하더라도 모든 컴퓨터 사용자가 사용할 수는 없다고 판단했다. 가

**"나의 비전은 '컴퓨터와 인공위성을
이용한 정보화 시대'로 방향을 전환
하고 있다"**

마이크로소프트의 빌 게이츠 회장

능한 많은 사람들이 자신의 제품을 사용하게 만드는 것, 그것이 빌 게이츠의 다음 비전이었고, 그러한 비전은 IBM-PC 호환 기종의 운영시스템 언어인 MS-DOS를 개발하게 만들었다. DOS는 다시 Windows로 확장되어 텍스트에서 아이콘을 이용한 컴퓨터 사용을 확산시켰다. 그의 이러한 비전의 확산은 계속 이어져서 MS Office, Explore, 혹은 NT 등으로 발전되었다. 주춧돌 개념을 적극 활용해서 자신의 비전을 확산해 나간 결과 정보화 시대 최고의 비전 리더로 평가받게 된 것이다. 《타임》과의 인터뷰에서 빌 게이츠는 "나의 비전은 '컴퓨터와 인공위성을 이용한 정보화 시대'로 방향을 전환하고 있다."고 말했다.

　마이크로소프트사의 성공에서도 볼 수 있듯이 '모든 성공이 조그만 시작에서 비롯된다'는 것은 변함없는 진리이다. 주춧돌 개념으로 비전을 발전시키는 데 성공한 리더는 그러한 단계적인 성공을 여러 번 경험한 사람이다. 주춧돌 개념으로 비전을 확장하는 데는 다음과 같은 3가지 중요한 요소를 만족시켜야 한다.[75]

① **아주 탄탄한 주춧돌** : 첫 단추에 해당되는 주춧돌, 즉 초기의 전략적 관점이 아주 탁월해야 한다. 주춧돌이 탄탄하지 않고서는 탑을 높이 쌓아올릴 수 없다. 빌 게이츠는 컴퓨터 분야의 프로그램을 가지고 시작했다.

② **구성원이 공감할 수 있는 다음 비전 목표** : 이번 일을 달성하고 나면 그 다음 단계가 그려지는 상황이 되어야 구성원들이 희망을 갖게 된다. 빌 게이츠는 프로그램을 개발한 이후, 모든 컴퓨터 사용자들이 자사의 제품을 사용하게 만드는 것을 비전으로 세웠다.

③ **점진적으로 커져 가는 비전 확장 분야** : 계속해서 비전을 넓혀 갈 수 있으며 궁극적으로 영향력이 엄청난 분야에 도전할 수 있다는 청사진을 제시해야 한다. 제품과 서비스의 분야를 계속 확장시켜 사용자들의 생활 편의에 대한 욕구를 선점해 나감으로써, 마이크로소프트는 지속적으로 비전 확장에 성공하였다.

현재 자신의 비전을 돌아보라. 처음 시작된 주춧돌은 무엇이고 얼마나 점진적으로 확장되고 있는가를 그려 보라. 주춧돌을 시작으로 쌓아올린 자신의 단계적인 비전의 탑이 얼마나 일관된 방향으로 가고 있는가를 살펴보아야 한다. 비전의 착각에서 벗어날 필요가 있다. 일시적인 목표나 욕심이 비전일 수는 없다. 비전 리더에게는 비전과 단계적인 목표를 명확히 구분하는 능력이 요구된다.

Bench Marking · 비전을 어떻게 확장시킬 것인가?

마이크로소프트 : 빌 게이츠는 주춧돌 개념을 이용해서 비전을 단계적으로 확장시켜 나갔다. 탄탄한 주춧돌, 모두가 공감하는 다음 목표 그리고 잠재력이 많은 비전 확장 분야, 당신의 비전이 이들 3가지 요소를 만족시키는지 확인하라.

비전 성취를 공유한다

"잔잔한 바다에서는 훌륭한 뱃사공이 만들어지지 않는다."는 영국 속담이 있다. 폭풍 없이 명선장 없다는 얘기와 같다. 비전 성취는 역경 극복에 대한 강한 의지를 전제로 한다는 의미이다. 비전을 성취하는 과정에는 많은 사람들의 피와 땀이 요구된다. 비전 리더는 그들의 피와 땀에 대한 보상을 아까워하지 않는 사람이다.

보상 없이는 성과도 없다 : GE의 잭 웰치

"여기 자신보다 더 우수한 사람을 부리는 방법을 아는 인간이 누워 있다." 앤드루 카네기의 묘비에 적혀 있는 말이다. 19세기 가장 위대한 리더 중의 한 명으로 꼽히는 카네기. 그의 성공 비결은 우수한 사람을 효과적으로 활용한 것에 있었다.

장기간 비전 성취를 위해서는 자신보다 더 우수한 사람을 리드하는 노하우를 터득해야 한다. 구성원의 역량이 장기적인 경쟁력의 원천이기 때문이다. 하지만 더욱 중요한 것은 그들로 하여금 리더가 제시한 비전을 향해서 일사불란하게 도전하도록 만드는 일이다.

GE 경영진이 식스시그마를 도입하는 과정에서 보여준 가장 대담하고 두

드러진 의사결정 중의 하나는 임원의 보너스 중에서 40퍼센트를 식스시그마 운동 실적과 연결시킨 것이다. 그 '강력한' 인센티브는 GE의 모든 사람들에게 식스시그마의 중요성에 대해서 분명한 메시지를 전달했으며 높은 우선순위를 갖도록 했다. '보상 없이는 성과도 없다'고 강조하면서, 명확한 보상체계를 기반으로 모든 구성원으로 하여금 조직이 추구하는 '고품질 기업'을 달성하는 데 매진하도록 만들었다. 경영진은 그러한 보상체계의 객관화를 위해서 정확한 성과 측정과 전원 참여에 대한 체계적인 접근 방식을 중시했다.

리더가 분위기와 방향을 설정해야 한다는 것은 의심할 여지가 없다. 그것은 그들의 행동이 경영혁신 과정에 전반적인 영향을 갖고 있다는 것을 의미한다. 그러나 다른 구성원들의 도움이 없다면, 어떤 리더도 변화를 달성하거나 성공적인 혁신의 성과를 이룰 수 없다. 모든 구성원들이 참여하도록 만들기 위해서는 경영혁신을 통해 얻은 이익뿐만 아니라, 그 과정에서 직면한 어려움이나 도전에 대해서도 정직한 공유가 필요하다. 성공에 대해 잘 알리고, 주요 공헌자를 파악하는 것은 신뢰와 열정을 구축하는 데 필수적이다.

그러나 단지 성공만을 홍보하는 것은 성과를 '미화'한다는 인상을 줌으로써 오히려 리더의 신용을 해칠 수도 있다. 자신의 실수를 인정하라. 비록 성공은 못했지만, 비전 성취를 목표로 위험을 감수하고 노력하는 모습에 가치를 두었음을 보여 주어라.

그리고 다른 사람들이 위험을 감수하도록 격려하고, 그들의 성공뿐만 아니라 정직한 실패에게도 박수를 보내라. 비전 성취가 가져오는 결실 못지않게, 비전에 도전하는 과정에서 즐거움을 찾는 리더가 되어야 한다. 비전을 공유하고 단결된 모습으로 달려 나가는 동일 벡터 풍경에 감동하는 사람이

멋진 비전 리더이다.

성공은 공유할 때 유익하다 : 스타벅스 커피

요즘 미국의 백화점에 가면 어김없이 강한 커피 향을 풍기는 커피 전문점이 자리 잡고 있다. 바로 미국 최고의 커피 전문업체인 스타벅스이다. 향기만 맡고도 금방 알아차릴 수 있을 정도로 강한 브랜드 이미지를 갖고 있다. 미국 전 지역에 2,000개의 점포를 운영하고 있고, 아시아, 캐나다, 영국 등으로 계속 확장되고 있다. 스타벅스는 커피음료와 커피원료, 신선한 패스트리, 다른 식료품과 음료(머그, 커피메이트, 커피 분쇄기, 다용도박스 등)를 판매한다.

"우리 일의 핵심과 우리가 가진 경쟁(경쟁 이상의)상의 유리한 점은, 기업의 진로를 바꾸었던 1980년대 후반의 결정으로 거슬러 올라갑니다. 당시 우리는 파트타임 직원에게도 스톡옵션과 포괄적인 의료보험 형태의 형평성을 제고하기로 결정하였는데, 결국 매우 특이한 문화와 가치체계를 전개하게 된 거지요. 스타벅스에서의 이직률이 미국 내 소매점과 레스토랑에서의 평균보다 4~5배나 낮은 것은 결코 우연이 아닙니다."

슐츠 사장은 파트타임 직원에 이르기까지 회사의 성장 대가를 공유하는 전략으로 인적자원의 역할을 탄력적으로 만드는 데 성공했다. 스톡옵션으로 회사의 발전이 자신의 경제적인 혜택이 되도록 연계시켰으며, 탁월한 개인 의료보험을 제공하여 안정적으로 근무할 수 있도록 만들었다. 상상하기 힘들 정도로 비싼 미국의 의료보험료를 감안하면 이것은 대단히 획기적인 처우였다.

주주들을 설득하는 작업은 예상대로 힘들었다. 그런데 정작 회사는 이러한 보험의 비용이 새로운 사람을 고용하고 교육하는 데 드는 비용보다 오히려 저렴한 것으로 분석했다. 직원들의 업무 수행 능력이 월등히 좋아진 것은 당연한 결과였다. 또한 이직률이 매년 150~175퍼센트에 달하고 있었지만, 보험을 가진 후에는 매년 60퍼센트 이하로 저하되었다.

"성공은 공유할 때 가장 유익합니다. 고객의 마음을 사로잡고자 한다면 우리 직원들을 생기 있게 해야지요. 뒤에 방치해 두어서는 안 됩니다. 지난 10~15년 동안의 부산물 중 하나는 고위관리자와 일반 직원들 간에 신뢰의 분열이 있었다는 것입니다. 또한 고급 리더와 내부 동료들 사이에 신뢰의 분열이 일어나기도 하지요. 그렇기 때문에 말로만 할 게 아니라, 우리가 일하고 살아가는 환경에서 매일 행동의 변화를 가져야 합니다. 일단 신뢰가 깨지고 나면 사람의 마음을 사로잡을 수 있는 능력은 사라지게 되니까요. 그러한 가치와 문화를 기반으로 경영하기 때문에 우리는 이런 문제를 매우 심각하게 생각합니다. 사람들을 의욕적으로 만들고 마치 자기 일처럼 일하게 하는 능력은 그들이 실제로 그 일의 일부가 되었을 때만 달성될 수 있지요."

"성공은 공유할 때만이 유익하다." 동일 벡터 리더십을 추구해야 하는 비전 리더들에게 중요한 교훈으로 다가오는 말이다. 구성원들에게 더욱 열정과 애착을 갖게 만들 뿐만 아니라 오히려 인력관리 비용을 절감시킬 기회가 될 수도 있다. 즉 보상이 갖는 긍정적인 매력이다.

직원은 단기적인 인센티브에 집착한다

몇 년 전, 모 기업에서 직원을 대상으로 매주 토요일 3회에 걸쳐 순차적으로 강연을 하게 되었다. 강연장에 가니 약 150명 정도의 직원이 모여 있었다. 첫 번째 사진을 오버헤드 프로젝터에 올려놓고는 평소 즐겨 하는 방식대로 질문을 쓱 던졌다.

"여러분, 이 중에 몇 명이나 아시나요?"

"……."

"아하, 이 동네는 먼저 말하면 찍히는 분위기군요?"

"……."

잔잔한 미소로라도 응답해 주는 것이 보통인데 영 분위기가 아니었다. IMF를 겪으면서 직원들의 사기가 많이 저하되었다는 담당자의 설명이 있긴 했지만 '이거, 목쉬게 생겼군' 하는 생각이 스쳐 지나갔다.

일주일 후에 두 번째 강의를 하게 되었다. 두 번째 그룹도 지난번 그룹과 크게 다를 바가 없어서 고품질 전략보다는 위기 극복에 초점을 맞추어 다시 한 번 침 튀기며 외쳐 댔다.

마지막 강의는 설날을 바로 앞둔 시점이었다. 사람이 너무 많아서 갑자기 강의 장소를 식당으로 바꾸었다. 설상가상으로 오버헤드 프로젝터마저 고장이 나 강의자료를 보여주지 않고 마이크만 잡고 강의를 해야 했다.

강의 환경은 더 나빠졌지만, 그날은 분위기가 전혀 달랐다. 청중들의 눈빛이 반짝거리며 생기가 돌았다. 유쾌하게 훌쩍 90분을 소화하고 내심 '그러면 그렇지!' 하며 강의 효과에 쾌재를 불렀다. 돌아오는 길에 담당자에게 물어보았다.

"무슨 좋은 일 있었어요? 오늘 분위기가 아주 좋았어요."

"다 교수님 덕분입니다." 하는 소리를 듣겠지, 하는 얄팍한 기대감을 갖고 던진 질문이었다.

"좀 다르죠? 어제 계획에 없던 보너스를 갑자기 100퍼센트 주었거든요."

"……?"

비전이고 뭐고 간에 현실이 얼마나 중요한가를 보여준 짧은 경험담이다. 과연 이러한 단기적인 현실 위주의 분위기가 어디 이곳뿐이겠는가? 리더는 비전을 외치지만 직원들은 이 달의 봉급을 챙기고 올해의 승진을 따지는 데 급급할 뿐이다.

이러한 분위기를 장기적이고 미래지향적인 문화로 전환시키는 것이야말로 진정한 비전 리더가 해결해 주어야 할 과제이다.

Bench Marking 　　비전 성취를 어떻게 공유하는가?

GE : 경영혁신 활동에 대한 성과를 경영진의 인센티브에 반영시켰다. 조직이 추구하는 방향으로 조직에 기여하는 고급관리자를 보상하는 방식을 통해서 동일 벡터 리더십을 강조하고 있다.

스타벅스 : 스톡옵션과 보험 제도를 통해서 회사의 성장이 직원의 미래를 보장해 주는 공유방식을 도입했다 이직률을 낮춰 회사의 비전 성취에 동참하는 인력 확보에 초점을 맞추었다.

비전의 계승자를 키운다

비전은 꿈이 아니라 다가올 현실이다. "방향을 바꾸지 않
는다면, 자신이 향하는 곳에 도달할 수 있다."는 중국 속
담처럼 성취 의욕만 줄어들지 않으면 언젠가는 이룰 수 있다. 그래서 비전
리더의 초점은 과연 추구하는 비전이 얼마나 올바른 것인가에 있다. 후대에
그것이 올바른 비전이 아니었음을 평가받게 되면 방향이 선회될 것이 분명
하기 때문이다. 다음 세대까지 공감할 수 있는 비전을 수립하고, 그러한 비
전이 계승되도록 주춧돌 역할을 하는 것이 중요하다. 많은 비전 리더들이 비
판을 받는 이유는 당대에 모든 것을 마무리 짓겠다며 과욕을 부리기 때문이
다. 계승되는 비전이야말로 진정한 비전으로서의 가치가 있는 것이다.

계승자를 신뢰하라 : IBM의 토머스 왓슨

IBM의 창업자 토머스 왓슨 1세는 경영의 귀재이다. 마이크로소프트의 빌
게이츠도 젊은 시절에는(아직도 젊기는 하지만) 왓슨의 경영 리더십을 벤치
마킹했을 정도이다. 왓슨은 2세를 탁월한 경영자로 성장시키는 데도 성공했
던 사람으로 평가된다. 사실 왓슨 2세는 어린 시절부터 사업하는 것을 아주
부담스럽게 생각할 정도로 소극적인 성격이었다고 한다. 왓슨은 어린 자녀

의 리더십을 훈련시키기 위해서 임원회의에 대동해서 경영마인드를 심어주는 등 경영교육에도 부단한 노력을 기울였다.

왓슨 1세가 2세에게 경영권을 물려주던 당시에 있었던 일화이다. 평소 IBM은 독점금지에 대해서 정부로부터 심한 압력을 받아오다가 마침내 고발을 당하는 사태에 이르렀다. 왓슨 1세는 합의서에 서명하는 것을 결사반대하였다. 그러나 재판에 회부될 상황이 되자 2세는 어떻게 하던지 재판만은 피하기 위해서 아버지 몰래 검사와 판사들을 만나서 협의를 벌였다. 그러던 어느 날, 막 법원으로 가려는 2세는 아버지와 우연히 부딪히는 바람에 사실이 드러나고 말았다. 화가 머리끝까지 난 아버지가 "가서 그 사람들을 만나긴 하되 어떠한 결정도 하지 마라!"고 버럭 소리를 질렀다.

크게 무시를 당한 것에 극도로 화가 난 아들은 법원에 와서도 마음이 진정되지 않아 어떠한 말도 귀에 들어오지 않았다. 그때, 아버지의 비서가 들어와서는 조그만 쪽지 하나를 건네주었다. '이거 혹시 아버지가 심장마비로 돌아가셨다는 얘긴가?' 하고 걱정하면서 쪽지를 펴 보자, "100퍼센트 신뢰한다… 고맙다… 그리고 너를 칭찬하고 싶다. 사랑하는 아버지가……."라는 말이 적혀 있었다. 아들은 감격하여 그 자리에서 눈물을 흘렸다고 한다. 합의서에 서명을 했음은 물론이다. 그 이후, 아버지는 아들의 '예스맨Yes-Man'이 되어서 그를 항상 격려해 주었고 아들도 아버지에 못지않은 경영 능력을 발휘했다.

IBM의 역사상 가장 큰 변화를 손꼽으라면 천공카드에 의한 데이터 처리에서 프로그램을 내장한 계산기인 현재의 컴퓨터 시스템으로 사업 전환을 시도한 것이다. 이 사업은 주력 제품이 잘 팔리고 있을 때 엄청난 투자를 통해 기존의 제품과 호환성이 전혀 없는 신제품을 개발한 대모험이었다. 하지만 이런 변화를 시도하지 않았다면 오늘날과 같은 IBM의 명성은 얻지 못했을 것이다. 이 변화의 주역은 다름 아닌 토머스 왓슨 2세이다. 국제적인 비즈니스 기계를 만들려는 아버지의 비전을 아들이 이루어 낸 것이다. 아버지의 신뢰에 대한 아들의 보답이었다. 토머스 왓슨 1세는 비전을 계승할 수 있는 신뢰할 만한 후계자를 키우는 데 성공했다. 그리고 그의 비전은 차세대에서도 지속적으로 추진할 수 있는 원대한 것이었다.

100퍼센트 위임하라 : 교세라 이나모리

2001년 말, 에릭 니Eric Nee는 《포천》에 '교세라의 딜레마'라는 글을 기고했다.[67] 최근 여러 가지 경영 환경으로 보아서 교세라의 경영 방식이 변해야 함에도 불구하고 변하지 못하고 있다는 사실을 지적하고 있다. 야스오 니시구치가 이나모리의 뒤를 이어 CEO가 되었지만, 자신의 목소리를 내지 못하고 이나모리가 아직도 회사 운영 곳곳에 영향력을 미친다고 한다. 교세라의 대권은 계승되었지만, 회사의 경영은 이나모리의 경영철학을 벗어나지 못했다는 것이다.

이나모리는 교세라의 딜레마를 부정하며 아직도 "우리의 방향을 바꿀 필요가 없다."고 말했다. 자신의 경영 방식이 현재에도 경쟁력이 있으며 미래에도 통할 수 있음을 확신하고 있는 이나모리의 항변이다. 아이러니컬하게도, 전임 CEO의 비전과 경영 방식을 고스란히 전수시키려는 그의 그러한 사고방식 자체가 전문가들이 교세라의 미래에 대해 우려하는 이유가 되었다.

원대한 비전은 계승되어야 한다. 하지만 비전을 성취하는 접근 방식마저 계승될 필요는 없다. 어떻게 방향을 잡아서 한 단계 더 높은 비전 성취를 이룩할 것인가? 그것은 철저히 후계자의 몫이다. 후계자를 플로어로 만들어서는 절대로 안 된다.

창업에 성공한 경영자들은 자신의 성공신화에 대해 거의 절대적인 신뢰를 가지고 있다. 어려운 역경을 뚫고 기적 같은 성공을 이루어 내는 과정에서 자연적으로 생기는 부산물이다. 맨주먹으로 시작해서 엄청난 부를 창출하였으므로 '내가 아니면 불가능했을 것이다!' 라는 과도한 자긍심이 생기기 마련이다. 더욱이 자신이 키워 낸 사업에 대한 애착은 나이가 들어도 식을 줄 모른다. 이러한 모든 것들이 냉정한 가슴으로 사업을 승계시키는 데 장애요인으로 작용한다.

성공한 비전 리더라면 누구나 자신의 비전이 이어지기를 기대할 것이다. 하지만 분명한 사실은 비전은 리더에게서 리더에게로 전수된다는 사실이다. 새로운 리더를 뽑았으면 전권을 위임하고 그를 믿어야 한다. 그 어떤 사람도 자신의 비전을 지키는 영원한 리더로서 존재할 수는 없기 때문이다.

Bench Marking   **어떻게 비전 계승자를 키우는가?**

IBM : 철저한 리더 교육을 통해서 사업을 인수받을 수 있도록 역량을 키워 주었다. 그리고 결정적인 순간에 계승자에게 전폭적인 신뢰를 보여주어 자신감을 심어 주었다.

교세라 : 전임 회장이 은퇴 후에도 경영에 관여하고 있다. 후계자의 리더십 전개에 부담으로 작용하여 주위의 우려를 자아내고 있다. 후계자를 세웠으면 100퍼센트 위임해서 그를 진정한 리더로 인정해야 한다.

비전 리더의 6가지 실천과제

리더가 다른 사람들과 차별화되는 것은 바로 비전 때문이다. 비전은 마술과 같다. 모든 일이 이루어질 수 있는 미래의 가능성이며, 크고 대담한 생각들이다.

다우 케미컬의 CEO인 빌 스타브로폴로스는 다음과 같이 말한다. "닥쳐올 미래의 모습을 상상할 수 있어야 합니다. 그것은 당신이 일생동안 이행해야 할 과업의 중요한 구성요소이기 때문입니다. 작은 조직이건 큰 조직이건 간에 마찬가지입니다. 상상한 것을 명료하게 표현할 수 있어야 합니다. 혼자 힘으로 그 목표에 도달할 수는 없습니다. 여러분은 사람들에게 무엇인가를 지향할 수 있는 비전을 제시해 줄 수 있어야 합니다. 그 예로 다음 두 명의 벽돌 쌓는 직공의 이야기가 있습니다. 그들에게 무엇을 하느냐고 물었을 때, 한 사람은 벽을 쌓고 있다고 대답하고, 다른 사람은 큰 성당을 짓고 있다고 했다는 것입니다." 니체의 이야기를 비유한 빌의 이야기는 비전의 필요성을 대담하게 강조하고 있다.

비전 리더는 구성원에게 비전 의식을 강력히 요구하는 사람이다. "내가 말하는 '뉴 프런티어'는 약속의 묶음이 아니라 과제의 묶음입니다. 나는 그것을 미국 국민에게 제공할 작정이 아니라 그들에게 요청할 작정입니다."

케네디가 민주당 대통령 후보지명 수락연설에서 한 말이다. 새로운 비전에 대한 공감대를 형성하는 것이 핵심적인 실천 원리이다.

비전 리더를 위한 6가지 실천과제

과제 1 : 조직의 현 상태와 방향을 평가하라

구성원이 공감하는 비전을 설정하고 이를 근거로 리더십을 전개하기 위해서는 현재 조직의 상태와 방향을 정확하게 평가해야 한다.

과제 2 : 새로운 비전의 범위를 결정하라

어느 정도 범위에서 비전을 제시할 것인가를 결정해야 한다. 지나치게 원대한 비전은 추진 의욕을 저하시킬 가능성이 있으며, 반면 기대에 못 미치는 규모의 비전은 동일 벡터 리더십을 확보하는 데 한계가 있을 수 있다.

과제 3 : 미래의 조직 환경을 검토하라

비전은 다가올 미래의 현실이다. 미래의 환경 변화에 대해서 체계적으로 검토하는 것이 바람직하다. 비전과 더불어 구체적인 실천 계획이 준비되어야 하므로 미래의 조직 환경에 대한 정보가 필요하다.

과제 4 : 올바른 비전을 선택하라

환경 검토가 완료되면 올바른 비전을 선택하는 과제만이 남게 된다. 구성원들이 공감하면서도 적당한 기대를 가질 수 있는 비전 설정에 초점을 맞추어야 한다.

과제 5 : 비전 실현을 위한 실행 계획을 확립하라

장기적인 비전을 실행하는 과정에서 적용될 수 있는 구체적인 실행 계획을 개발해야 한다. 구성원들에게 구체적으로 어떻게 얼마나 움직여야 하는가에 대한 대안을 제시할 수 있어야 한다.

과제 6 : 비전을 여는 리더십을 확산시켜라

비전 계승과 더불어 비전이 완수되는 데 필요한 리더십을 확립하고 확산시켜 나가야 한다.

비전 리더의 목표
공통의 언어를 만들어라

칼 왈렌다는 전설적인 공중줄타기 곡예사이다. 줄 아래에 보호망을 설치하지 않고 항상 생명을 담보로 줄을 탄 것으로도 유명하다. 1978년, "줄에 서 있을 때만이 사는 것이다. 나머지는 모두 기다리는 것이다."라는 말을 남겼다. 줄 타는 것, 그 자체만이 자신의 삶이었음을 고백한 말이다. 그러던 그가 푸에르토리코의 샌 후안 도심지에서 곡예를 하다가 떨어져 목숨을 잃었다. 위험했던 곡예였지만 그의 실패는 믿기 어려운 것이었으므로 많은 사람들의 아쉬움을 자아냈다.

그러나 뜻밖에도 동료 곡예사인 그의 부인은 그 사고를 예견하고 있었다. "그 곡예에 도전하기 위해서 준비하는 3개월 동안, 칼은 이상하게도 떨어지는 것을 생각하고 있었습니다. 그가 그렇게 생각하는 것은 처음 보았습니다. 줄 위에서 걷는 것을 걱정하기보다는 '떨어지지 않는 것'에 모든 에너지를 쏟는 것으로 비쳐졌습니다." 왈렌다의 부인은 곡예 실패는 이미 운명적으로 그가 그렇게 생각하는 순간 결정되었다고 회고했다.

'걷기 위해서가 아니라 떨어지지 않는 것에 몰두'하여 결국 실패하고만 칼 왈렌다. 오늘날 기업을 경영하는 CEO들도 줄 아래에 보호망을 설치하지 않고 곡예를 하는 곡예사와 같다. 실패는 엄청난 대가를 요구하며 순간의 방심과 태만을 허용하지 않는다. 삶의 비전이 흔들리는 순간, 어느새 절망이 다가오고 있었다는 것은 경영자들에게도 귀중한 교훈이 아닐 수 없다. 경영 비전이 흔들리는 그 순간, 위기는 다가오는 것이다. 비전 리더의 푯대가 흔들려서는 안 된다. 그 푯대는 조직의 비전이며 모든 구성원이 가슴에 두고 있는 '공통의 언어'이기도 하다.

흔들림 없는 비전으로 이끌어라

"꼬리를 잡고 소를 몰 수는 없다."는 비유가 있다. 리더는 앞장을 서야지 뒤에서 조정해서는 안 된다는 의미이다. 앞장을 서야 하는 리더가 어쩔 수 없이 입어야 하는 것이 바로 비전이라는 옷이다. 리더는 조직 구성원들의 집중력을 끌어내는 데 구심점이 되는 유용한 도구이다. 오로지 금전적인 보상만을 바라는 구성원들로 자신의 조직을 채우지 않기 위해서 리더가 반드시 갖추어야 할 필수 요소이기도 하다.

허먼 밀러Herman Miller의 CEO인 막스 드프리는 "리더의 첫 번째 책임은 현실을 정확히 정의하는 것이다. 리더의 마지막 책임은 고맙다고 말하는 것이다. 그 두 가지 사이에서 리더의 역할은 섬기는 것이다."라는 말을 했다. 현실을 정확히 정의하여 조직에게 희망을 줄 수 있는 비전을 제시하고 섬기는 자세로 구성원들이 비전 달성을 위해 매진하도록 지원해야 한다는 것이다. 그렇게 중요한 비전이건만 자신의 비전에 확신을 갖지 못하는 리더들도 있다. 시시각각 다가오는 도전과 장애물에 의해서 자신의 비전이 흔들리기 때문이다.

IMF와 더불어 혹독한 경제 침체에 빠져 있는 영국의 운영을 책임지게 된 대처 수상, 그녀는 수상이 된 후에 국민들을 상대로 연설문을 준비하는 과정에서 끊임없이 울었다. 그리고 무너진 영국의 자존심과 고통받고 있는 국민들을 생각하며 한 가지 확고한 비전에 대한 신념을 갖게 되었다. 작고 효율적인 정부로 영국을 번영시키겠다! 그녀는 이 비전을 달성하기 위해서 시장경제의 경쟁 원리를 채택하여 국영기업을 자율 경쟁에 맡겨 두고 예산을 대폭 삭감해 버렸다. 이러한 극약처방의 단기적인 결과는 예상했던 대로 참담했다. 실업률이 극도로 높아지고 금리도 올라가 나라 사정이 엉망이 되었다. 경제학자 수백 명이 서명을 통해서 국가 운영 정책을 원위치시킬 것을 건의하기도 했다. 수상으로서 그녀의 인기는 영국 역사상 최하위인 25퍼센트로 떨어졌다. 측근들도 방향 선회를 권유할 정도로 그녀는 외로운 처지에 놓이게 되었다.

그러나 그녀의 의지에는 추호의 흔들림이 없었다. 오히려 "내가 은퇴를 한다면 구멍가게를 차리고 싶습니다. 남자들에게 용기를 파는 구멍가게를 말이죠."라는 말을 하며 자신의 비전을 추구하는 데 용기를 갖고 동참하지 못하는 리더들에게 일침을 가했다. 언론과 수많은 사람들이 반대하고 그녀를 설득했지만, 그녀는 결코 물러서지 않았다. 눈앞에 벌어지는 폭동사태들을 강경 대응으로 맞서면서도 자신의 국가 번영에 대한 비전을 포기하지 않았다.

그 어려운 상황에서도 대처의 비전은 왜 흔들리지 않았을까? 그녀의 그러한 추진력과 명확한 영국의 미래에 대한 비전은 아마 흔들리는 비전을 가진 리더십의 결과를 지켜보았기 때문에 가능했을 것이다. 교육부 장관시절, 대처는 히스 수상이 작은 정부를 추구하는 개혁에 도전했지만 중도 포기하고 방향을 선회해서 사태를 오히려 악화시킨 것을 지켜보았다. 또다시 후퇴를 한다면 영국의 개혁을 포기하는 것은 물론, '근본을 바꾸어 미래에 도전한다'는 그녀의 비전 또한 설 곳을 잃게 된다는 것을 잘 알고 있었던 것이다. "사는 이유를 아는 사람은 어떠한 삶의 어려움도 참아 낼 수 있다."는 니체의 말처럼 그녀는 비전 고수에 모든 것을 걸었다. 그리고 강인한 리더의 이미지로 국가 경영에 마침내 성공했다.

변함없이 자신의 비전을 전개하는 리더에게는 철학이 필요하다. 자신에게는 신념을 주고 구성원들에게 새로운 가치관을 추구하게 하는 힘의 근원이다. 비전 리더는 비전을 조직에 필요한 '공통의 언어'로 만드는 데 승부를 걸어야 한다. 비전을 추구하는 순간만이 기업을 경영하는 것이고 발전시킬 수 있다는 신념만이 그 비전을 지켜 줄 것이다.

비전 리더의 철학

동일 벡터 리더십이 경쟁력이다

• 성공 패턴 1

주춧돌 개념으로 비전을 확장시킨다. '모든 성공이 조그만 시작에서 비롯된다'는 진리에 근거하여 주춧돌 개념으로 비전을 확장시킨다. 그러한 과정에서 구성원들의 신뢰를 확보하여 동일 벡터 리더십을 형성해 나간다.

• 성공 패턴 2

비전 성취를 공유한다. 비전 리더는 비전 성취를 과감하게 공유한다. 모든 결실을 구성원에게 나누어주고 자신은 새로운 비전을 향해 전진한다.

• 성공 패턴 3

비전의 계승자를 키운다. 성공한 비전 리더는 자신이 그 비전을 향한 여행을 마무리 짓지 않는다. 계승자를 키워서 더 높은 비전을 향해서 도전하도록 계승자를 키우며 그에게 마술의 지팡이를 전수하는 사람이다.

• 벤치마킹 포커스

– 동일 벡터 리더십 : GE의 잭 웰치, SAS의 얀 칼슨
– 단계적인 비전 확장 : 마이크로소프트의 빌 게이츠
– 비전 공유 : 스타벅스의 하워드 슐츠
– 후계자 양성 : IBM의 토머스 왓슨 1세

CHAPTER 9

보라색 리더

약점을 강점으로 바꾸는 변혁적 리더_뉴웨이브로 이끌어라

약점을 강점으로 바꾸는 변혁적 리더십

변혁적 리더의 철학 – 나의 약점이 바로 나의 강점이다

변혁적 리더의 성공 패턴 1 – 약점에서 가치를 창조한다

변혁적 리더의 성공 패턴 2 – 신기술에 먼저 도전한다

변혁적 리더의 성공 패턴 3 – 실패를 두려워하지 않는다

변혁적 리더의 8가지 실천과제

변혁적 리더의 목표 – 처음의 정신을 유지하라

VIOLET

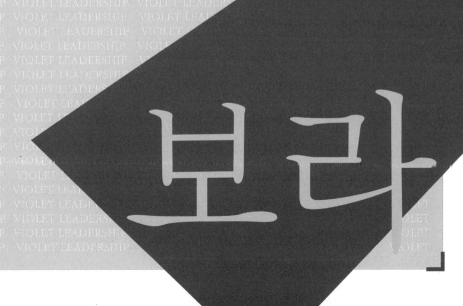

보라

약점을 강점으로 바꾸는 변혁적 리더십

스토아학파의 철학자인 제논은 "사람은 운명에 순종해야 한다."고 주장한 운명론자였다. 상인이 되어 배를 탔다가 태풍을 만나 모든 재산을 일시에 잃고 철학자가 되었던 자신의 배경과도 무관하지 않다. 그런 제논의 집에 운명론에 거부감이 컸던 똑똑한 노예가 한 명 있었다고 한다. 그는 제논의 돈을 고의적으로 훔쳤다. 물론 곧 잡혀서 제논에게 처벌을 받게 되었다. 제논이 매질을 가하라고 명령을 하자, 그 노예는 항변을 했다. "주인님, 제가 도둑질을 한 것이 아니라 저의 운명이 한 것입니다. 그러니 제가 아니라 저의 운명을 매질하여 주십시오." '당신의 그 잘난 운명론을 좀 봅시다' 하는 식으로 논리적인 도전장을 던진 것이다. 제논은 당황했지만 곧 상황을 가늠하고는 매질을 강행하도록 명령을 했다. "나를 너무 원망하지 마라. 내가 시킨 것이 아니라 나의 운명이 너를 치라고 시키는구나."[76]

운명론을 받아들이고 살기에는 노예는 참으로 억울한 신분이다. 성정이 급하고 사나운 사람은 참으로 견디기 힘든 정신적 혹은 육체적 굴레일 것이다. 세상에는 이렇게 주어진 환경 탓을 하면서 꾀를 피우거나 자신의 합리화에 몰두해 있는 사람들이 의외로 많다. 그들의 사고방식과 가치관을 바꾸고 싶을 정도로 상황이 극단적인 경우도 쉽게 볼 수 있다. 이러한 상황에 적합한 리더십이 바로 보라색의 변혁적 리더십이다.

가치로 사람을 바꾸는 변혁적 리더십

변혁적 리더십은 원래 1978년에 번스라는 사람에 의해서 처음 제시되었다.[41] 기존 리더십을 거래형 리더십으로 단정하고 새로운 이론을 제안했던 것이다. 거래형 리더십에서 리더의 역할은 구성원들에게 리더가 원하는 결과가 무엇인지를 주지시키고, 결과를 달성하면(혹은 달성하지 못하면) 어떠한 보상이 있는지를 명확하게 보여주는 것이었다. 즉, 리더가 원하는 결과와 구성원들이 원하는 보상이 서로 거래되는 관계였다. 하지만 변혁적 리더십에서는 리더의 역할과 리더십 발휘의 과정이 전혀 다르게 나타난다. 변혁적 리더들은 자신이 가지고 있는 카리스마적인 특성과 구성원 개개인에 대한 개별적 관심 그리고 구성원에 대한 끊임없는 지적 자극과 격려를 통해서 구성원들의 의식과 가치관, 태도의 혁신을 추구한다. 그리고 거래적 리더들이 하는 것과 같이 개인적인 이해관계와 감정에 의존하는 것이 아니라, 분명히 지향하고 있는 가치로서 설득한다.

변혁적 리더십을 가진 리더들은 구성원에게 장기적 비전을 제시하고 그 비전을 달성하기 위해서 함께 매진할 것을 호소한다. 이러한 비전을 달성하기 위해서 가치관과 태도를 변화시키려고 여러 가지 노력을 한다. 특히 변혁적 리더는 비전을 설정할 뿐만 아니라, 성취할 수 있다는 자신감을 고취시키고, 구성원으로 하여금 조직과 자신의 발전에 전념하도록 만들어 준다. 진화론의 대가인 다윈은 "경쟁력이 있는 생물은 머리가 좋은 생물이 아니라 변화에 잘 대응할 수 있는 생물이다."라고 말했다. 그의 표현을 빌리자면 변혁적 리더가 되는 것은 경쟁력이 높은 사람이 되는 것이다.

2002년 4월, 《포천》은 월마트를 세계에서 매출액이 1위라고 발표하였다. 굴뚝 하나 없이 서비스 사업만 추구하고 있는 월마트가 세계에서 가장 큰 규모의 회사가 된 것이다. 월마트의 창업자인 샘 월튼은 그야말로 아칸소의 촌놈(?)이었고 스스로를 지극히 평범한 한 인간으로 평가했다. 구멍가게로 시작한 월마트의 상점이 아홉 개가 되었을 때, 자신은 더 이상 체인점을 늘릴 만한 능력이 없는 사람이라고 고백했던 소박한 사람이다. 월마트를 대기업으로 성장시킨 후에도, 허름한 청바지를 입고 픽업트럭을 몰고 매장을 직접 방문하여 직원들을 격려하곤 했다. 그러나 그는 수천 개의 체인점을 거느리는 '큰 비즈니스 리더'로 쓰임을 받았다. 세계 최고의 부호로 꼽혔으면서도 서민적인 생활 방식을 유지했던 '존경받는 보통사람' 이었다는 사실이 더욱 그를 돋보이게 만든다.

월튼의 성공 요인은 서민적인 감각을 무시하지 않고 오히려 그것을 경쟁력으로 활용한 것이다. 즉, 졸부들이 하루 빨리 떨쳐 버리고 싶어 하는 서민의식을 그는 위대한 성공 요소로 전환시켰다.

기회는 볼 수 있는 사람에게만 찾아온다 : 10억 원짜리 돌

캘리포니아 말리브 해안은 세계적인 부자들과 유명 연예인들의 저택과 별장이 즐비한 유명 휴양지다. 어느 해, 며칠간 폭풍이 몰아친 뒤 해안도로변에 거대한 바윗덩어리가 하나 불쑥 모습을 드러냈다. 위험하다고 생각한 주민들이 관할 행정부처에 민원을 제출했다. 물론 바위를 치워 달라는 요청이었다. 문제의 바위가 워낙 커서 많은 경비를 들여 여러 날 만에 겨우 바위를 치웠다. 그런데 진짜 문제는 그때 발생했다. 언덕에 단단히 뿌리박고 있던 바위를 빼 버리니 온 산이 허물어져 내렸던 것이다. 걷잡을 수 없이 쏟아져 내리는 흙더미에 놀란 행정당국은 부랴부랴 대공사를 벌여야 했다. 사태를 수습한 후 공사비용을 정산해 보니 놀랍게도 꼭 백만 달러가 소요된 것이 아닌가. 그때부터 이 바위는 "백만 불짜리 말리브 암괴The 1-Million-Dollar Malive Rock"라고 불렸고, 공사 현장이 전국에 TV로 생중계될 정도로 유명한 바위가 되었다.

그 방송을 본 호주의 한 젊은 조각가가 '저 바윗덩어리를 이용해 걸작품을 만들어야지' 라는 결심을 했다. 그는 공사 현장에 달려가 그 바윗덩어리를 백 달러에 팔라고 했고, 당국의 동의를 얻었다. 하지만 그 암괴를 고속도로에서 밖으로 끌어내는 데만도 3만 2천 달러가 소요된다는 사실을 알게 되었다. 머리 좋은 그 청년은 대형 쇼핑센터를 찾아가 입주 점포 주인들을 설득했다. "쇼핑센터의 주차장 한 쪽에서 그 바윗덩어리를 가지고 조각 작업을 하겠습니다. 일단 그 소문이 퍼지면, 틀림없이 전국에서 구경꾼들이 몰려들어 쇼핑센터는 저절로 잘될 테니 바위를 운송하는 비용은 당신들이 부담하십시오."

바위는 쇼핑센터 주차장으로 옮겨졌고, 그가 작업을 하는 몇 주 동안 과연 구경꾼들이 몰려들어 쇼핑센터는 유례없는 호황을 누렸다. 조각 장면 또한 TV를 통해서 전국에 방송되었고 결국 훌륭한 걸작품이 탄생했다. 그 조각 작품은 억센 야성의 상징, 양심과 뚝심, 미국의 힘과 정의의 상징인 존 웨인의 모습과 너무나 흡사했다. 당시 병마와 싸우면서 입원중이던 말년의 존 웨인이 친히 그 광장을 방문했다. 죽음을 앞둔 노년의 명배우는 자신의 모습과 흡사한 그 작품을 보고 매우 흡족해 했다.

한 창의적인 사업가가 그 조각가를 찾아왔다. 그 작품을 백만 달러에 사겠다는 제안이었다. 조각품을 싣고 미국 전역을 순회하며 관람객들로부터 돈을 벌 계획이라는 것이었다. 그 바위는 5년 동안 미국의 구석구석을 돌았고, 사업가는 조각가에게 지불한 백만 달러를 훨씬 상회하는 큰돈을 벌었다.

이 이야기는 노자의 리더십을 설명한 『*The Tao of Leadership*』에 나오는 일화이다.[77] 말리브 해안 주민들에게는 곧 굴러 내려 집과 도로를 덮칠 듯이 위협적으로 보였던 바위, 캘리포니아 주 정부에게 막대한 재정적 부담을 안겨 준 골칫덩어리, 절대로 움직이지 않을 듯이 버티던 고집불통의 괴물. 그러나 젊은 조각가는 그 돌에서 미국의 상징인 존 웨인의 모습을 보았고 그 것을 훌륭한 예술품, 불멸의 작품으로 승화시켰다. 또한 창의적인 사업가는 거기서 새로운 사업의 기회를 보았고 짭짤한 흥행으로 큰돈을 챙겼다. 그 작품은 현재 폴 게티 박물관에 전시되어 있다. 모든 대상은 바라보는 사람의 눈에 의해 다르게 해석될 수 있다. 변혁적 리더는 모든 문제에서 반전의 기회를 찾아내는 사람들이다.

내가 빚진 리더 : 아이젠하워 장군

제1차 세계대전 당시 아이젠하워는 의기소침해 있었다. 다른 동기들은 전투에 참여하여 승승장구하고 있는데 자신은 지극히 단조로운 생활을 하고 있었기 때문이다. 전쟁이 끝난 후, 그는 평소 존경하는 폭스 코너 장군 밑에서 근무하게 해달라고 신청했다. 자신을 변화시킬 수 있는 변혁적 리더를 찾아 나선 것이다. 처음에는 거절되었다가 갑자기 아이젠하워의 아들이 죽는 바람에 허락을 받았다.

"코너 장군과의 생활은 군사 문제와 인생에 관한 교육이었습니다. 인간과 인간의 행동에 관한 지식을 체득한 사람이 내 인생에 변화를 주었습니다. 이제까지 만난 위대하고 훌륭한 사람 가운데 그분이야말로 무엇으로도 갚지 못할 빚을 지고 있는 단 한 사람의 은인입니다." 아이젠하워가 코너 장군을 칭송한 얘기이다.

플로어는 자신의 삶의 변화에 깊숙이 관여한 리더와의 만남을 잊지 못한다. 그래서 변혁적 리더가 이끄는 조직은 존중과 감동의 향기가 피어나기 마련이다.

얼마 전, 필자가 다녔던 초등학교를 방문하여 교장, 교감 선생님과 함께 식사를 하였다. 크지 않은 시골 학교지만, 어릴 적부터 자부심을 심어 준 학교여서 늘 애정이 간다. 필자가 방문하기 며칠 전에 교감 선생님을 찾아왔었던 어떤 청년이 화제에 올랐다. 그 학생은 다른 학교에서 교감 선생님에게 배웠는데 최근에 사법고시에 합격을 하여 인사차 왔었다고 한다.

"난 그 애가 그리 머리가 좋다고 생각하지는 않았어요. 6학년 때, 강원도 산골에서 전학을 왔는데 무척 성실했어요. 시키면 무엇이든지 열심히 하는 거예요. 그래서 슬며시 지원을 하여 반장에 뽑히게 만들었지요. 왜, 시골에서야 선생님이 은근히 밀면 반장이 되는 데 유리하잖아요? 그 애가 지금도 그 일을 너무 고마워하는 겁니다."

고시에 합격한 후, 부지런히 달려와 인사를 한 것을 보면 아마 그 사건이 그 학생에게는 상당히 중요한 전환점이 되었던 모양이다. 자신의 인생의 진로를 바꾼 사건은 평생 동안 감사함으로 가슴속에 남아 있게 된다.

변혁적 리더의 철학
나의 약점이 바로 나의 강점이다

미국 중부에 J&H라는 한국인이 경영하는 청소대행업체가 있다. 몇 년 전 미국을 방문했을 때, 그 회사 황 사장의 성공 노하우를 듣게 되었다. "제가 처음 이 사업을 시작할 때는 영어를 못한다는 것이 아주 큰 약점이었습니다. 그런데 지금 생각해 보면 그 약점 때문에 제가 성공한 것 같습니다. 영어를 잘 했으면 아마 성공하지 못했을지도 모르겠습니다." 자신의 약점이 초반의 성공 노하우였다는 점을 특히 강조를 하였다.

황 사장이 처음 그 사업에 진출했을 때는 주로 큰 업체에게서 하청을 받아 일을 하게 되었다고 한다. 영어가 짧다 보니 계약하는 과정이 가장 곤혹스러웠다. 여러 가지 까다로운 조건들이 있었지만 'No'라고 얘기하면 반드시 그 이유를 설명해야만 되더란다. 그래서 할 수 없이 웬만하면 시원하게 'Yes'로 대응을 했다. 그러다 보니 업계에서 점차 'Yes Man', 즉 문제 해결사로 인정을 받게 되었다고 한다. 그러한 자세가 모든 직원에게 전달되어 고객에까지 이어졌고 그것이 회사의 경쟁 우위 요소가 되었다는 얘기이다.

자신의 약점을 성공요소로 전환시켜라 : 앤드류 그로브

《타임》이 1997년 '올해의 인물'로 선정한 앤드류 그로브. 30년 동안 모든 주요 부서를 거친 그는 인텔의 전문경영인에 취임했다. 그 후, 10년 동안 인텔의 CEO로 일하면서 오늘날 인텔을 만드는 데 결정적인 기여를 했다. 헝가리에서 미국으로 건너와 영어도 서툰 상황에서 거둔 대단히 성공적인 결과였다.

그로브는 원래 엔지니어 성향의 경영자이다. 사실에 근거한 의사결정을 선호하고 불확실한 것에 대한 두려움을 떨치지 못하는 사람이다. 20세에 이민을 와서 뉴욕시립대학교에서 화학공학을 전공하고 버클리대학에서 박사학위를 취득한 그로서는 배포가 두둑한 경영인의 자질을 갖출 여유가 없었을 것이다. 그래서 그는 경쟁에 대한 두려움을 과도하게 느끼고 사업 성격을 근본적으로 변화시키는 '전략적 변곡점'에서는 엄청난 스트레스를 받아야 했다.

그러한 성격을 쉽게 바꿀 수 없다고 생각한 그는 예방철학을 철저히 하는 경영모토에 초점을 맞추었다. 이제 인텔 내에는 "늘 경계를 늦추지 말라."는 금언이 가득하다. 경계심을 강조하고 리더들의 주목을 끌지 못하는 분야에 시간을 더 많이 투자하는 문화를 정착시킨 것이다. 경영자로서 약점으로 비쳐질 수 있는 자신의 꼼꼼한 성격을 변화가 극심한 현대 경영 환경에서 예방지상주의 경영자 이미지로 전환시키는 데 활용했다.

한국 최초의 맹인 박사인 강영우 박사는 '자랑스런 재외동포 모국방문단'의 일원으로 초청될 정도로 미국에서 성공한 대표적인 한국인이다. "여러분, 저는 분명히 성공했다고 생각합니다. 제 자신만이 성공한 것이 아니라 자녀들도 훌륭하게 성장하고 있으므로 자신 있게 그렇게 말할 수 있습니다. 사람들이 저를 칭찬할 때는 '장애인임에도 불구하고 성공했다'고 말하곤

합니다. 그러나 그것은 틀린 말입니다. 저는 장애를 극복하고 성공한 것이 아니라 장애인이기 때문에 성공한 것입니다. 이러한 신체적인 약점이 아니었으면 제 능력으로 부시 같은 전직 미국 대통령과 어깨를 나란히 하고 활동할 수 있겠습니까?" 그가 강연의 말미에 강조하는 이 메시지는 약점이 많은 사람에게 큰 용기를 준다. 자신의 약점을 극복하고 성공한 것이 아니라 그 약점을 발판으로 성공하게 된다는 얘기이다.

성공하는 리더는 약점을 강점으로 전환시키는 능력이 있는 사람들이다. 그렇게 할 수 있는 도전정신, 결단 그리고 용기가 그들의 리더십을 지켜 주고 돋보이게 만들고 있다.

변화에 용기 있게 도전하라

변화를 일으키는 힘은 과거에 대한 기억과 미래에 대한 희망이다. 악착같이 살던 어떤 기업인이 암 선고를 받고 시한부 인생을 살게 되었다. 몇 개월 후, 오진으로 판명되어 다시 태어나는 기쁨을 누리게 되었다. 그 분이 골프장에 갔는데, 갑자기 신발을 벗고 싶어졌다고 한다. 맨발로 푸른 잔디밭에 올라서서 하늘을 쳐다보는데 눈물이 났다. 감격의 눈물이다. "아! 이것이 바로 천국이구나!" 하는 느낌이 진하게 가슴으로 다가왔다고 한다.

돈 때문에 굶주렸던 기억이 있는 사람은 돈을 헛되이 쓰지 못한다. 애인과 헤어지고 머리를 자르거나 군대를 가는 사람들의 행태도 과거 기억에 대한 반작용으로 나온 것으로 해석할 수 있다. 어떤 술주정뱅이는 아들이 공부를 잘해서 명문대 의대를 들어가자, 술을 완전히 끊었다고 한다. 아들에게 짐이 되기 싫었던 것도 있을 테고 아들 때문에 희망을 보게 된 것이다. 꿈은 역시 사람을 바꾸게 만드는 모양이다.

변화를 이 책에서 사용한 무지개 컬러로 분류하면 흥미로운 결과가 나타난다. 〈그림 25〉에 나타나 있듯이, 가슴으로 깨달은 감동으로 인해서 변하는 사람이 있다. 주황색처럼 튀기 위해서 변화를 시도하는 사람도 많다. 옐로카드 경고를 먹어야 변하는 사람과 성실하게 열심히 살다 보니 자신도 모르게 변한 사람도 있다. 건강 때문에 아예 술, 담배를 끊듯이 냉정한 지식으로 변하는 사람, 비전으로 변하는 사람 그리고 다른 사람의 강요에 의해서 할 수 없이 변하는 사람도 있다. 변화하는 모습과 그 원인은 다양하지만 변화는 궁극적으로 기억과 희망을 전제로 탄생된다. '아름다운 변화'를 찾는다는 것은 뼈를 깎는 시련을 희망으로 바꾼 사람의 얘기나, 건강한 비전의식을 체질화하여 한 단계 승화된 삶의 모습을 찾는 것이다. 기억으로 변하든, 아니면 희망으로 변하든, 그들에게는 공통점이 한 가지 있다. 그것은 바로 변신에 도전하는 용기이다.

모든 사람은 두려움을 가지고 있다. 어려움에 직면했을 때, 대부분의 사람들은 이를 회피하거나 뒤로 물러선다. 그래서 고난을 무릅쓰고 행동하는 사

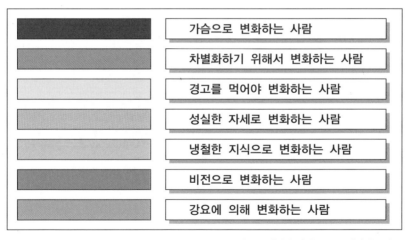

	가슴으로 변화하는 사람
	차별화하기 위해서 변화하는 사람
	경고를 먹어야 변화하는 사람
	성실한 자세로 변화하는 사람
	냉철한 지식으로 변화하는 사람
	비전으로 변화하는 사람
	강요에 의해 변화하는 사람

●●● 그림 25. 무지개 컬러로 보는 변화의 모습

람이 리더가 된다. 리더는 의심과 불확실성을 무릅쓰고 비록 성공의 보장이 없다고 할지라도 결정을 내리고 행동을 취하는 용기를 지니고 있다. 손실이나 실패의 가능성에도 불구하고 신념을 가지고 사업을 착수하고 진척시키는 능력이 리더십의 특징이다. 리더십은 두려움이 적다거나 두려움에 아랑곳하지 않는 것이 아니다. 리더십은 두려움을 지배하는 것이다.

성공의 최대 걸림돌은 실패와 비판에 대한 두려움이다. 위대한 승리에는 많은 실패와 비판이 함께 자리한다. 실패로부터 배우는 교훈과 비판을 물리칠 수 있는 능력이 궁극적으로 성공을 이룬다.

IBM의 창업자인 토머스 왓슨은 "좀더 빠르게 성공하려면 실패율을 두 배로 올려야 한다. 성공은 실패의 다른 한편에 놓여 있다."라고 말한 적이 있다. 조직의 리더는 어떤 두려움이나 위협 앞에서도 이를 맞상대할 임무를 맡은 사람이다. 자신을 변화시키거나 조직원을 변화시키는 데 대담하게 나갈 수 있는 사람이 변혁적 리더이다.

변혁적 리더의 성공 패턴 1
약점에서 가치를 창조한다

사람은 누구든지 약점이 있기 마련이다. 이 점에서는 어떠한 리더도 예외일 수 없다. 닉슨 대통령은 백악관 만찬 때 비용을 절약한다며 싼 캘리포니아 산 포도주로 방문객들을 대접했다고 한다. 그러나 정작 자신은 똑같은 병 속에 비싼 프랑스 포도주를 넣어 마셨다고 한다. 백악관 요리사의 회고록에 지적된 내용이니 믿어도 좋을 듯하다. '닉슨 같은 사람이 겨우 그 정도인가?' 하는 생각이 들 정도로 한심한 얘기지만 뭐 그렇다고 그리 심각하게 생각할 일도 아니다. 어차피 인간은 누구나 그런 엉뚱하고도 보이지 않는 약점이 있기 때문이다. 그럼 도대체 탁월한 리더는 자신의 약점에 어떻게 대응하는 것일까?

약점을 극복하려는 자세가 경쟁력 : 히데요시의 전략

도요토미 히데요시는 150센티미터의 단신에 농부의 아들로 태어난 사람이다. 원숭이를 닮아서 조롱을 많이 당했으며 '원숭이'라는 별명을 갖고 유년시절을 보냈다. 체격이 작다 보니 무술도 변변치 못했다. 무사들이 우대받던 시절, 무사가 될 수 있는 배경과 자질을 갖고 태어나지 못한 것은 치명적인 약점이었다. 히데요시 자신은 "나는 사람을 칼로 베는 것을 싫어한다."고 말했지만 그는 '사람을 벨 수 없는 인간'으로 치부되기 일쑤였다. 그러한 그가 천하를 거머쥔 것이다.

히데요시는 자신의 약점을 두 가지로 압축시켰다. 뛰어난 무사가 되기에는 틀렸다는 것과 주위에 사람이 귀하다는 점이었다. 집안에 대대로 내려 온 무사들이 없으므로 가신들을 확보하기가 어려웠던 것이다. 그는 이러한 자신의 약점에 대해 한 발자국 앞서 주도적으로 대응해 나갔다. '칼'을 '돈'으로 바꾸었고 '돈'을 활용해서 가능한 사람을 잃지 않는 전쟁을 하겠다는 전략을 세웠다. 칼에 약점이 있는 그는 경제를 주무르는 안목을 터득하여 상대방을 무너뜨리기 시작했다.

히데요시는 생애 최고의 전투로 돗토리성의 '말려 죽인 싸움'을 꼽았다고 한다. 돗토리성을 공격하기로 계획을 세운 그는 누구의 눈에도 보이지 않는 전투를 시작했다. 비밀리에 돗토리성 인근 지역에 물건을 사는 상선을 파견하여 곡물을 무차별로 사들였다. 가격을 현지 시세의 두 배로 쳐주자 주민들이 너나없이 온갖 곡식들을 내다 팔았다. 급기야 돗토리성 내부의 무사들까지 합세하여 곡물을 팔 지경에 이르렀다. 곡류를 싹쓸이했다고 판단한 히데요시는 비로소 그 지역에 군대를 투입시켰다. 전쟁을 시작한 것이다.

돗토리성을 포함한 인근 지역을 크게 에워싼 후 공격은 하지 않고 아무도 빠져나가지 못하도록 경비를 세웠다. 시간이 지나자, 먹을 것이 부족한 인근 주민들이 모두 성 안으로 몰려 들어갔다. 굶주린 사람으로 가득한 성 안은 얼마 안 되어 곧 인육을 먹는 생지옥으로 돌변했다고 한다. 좀 잔인하긴 하지만 히데요시가 경제 개념을 전쟁에 써먹은 대표적인 사례이다. 그는 '경제 개념'을 터득하여 자신의 약점을 뛰어넘을 수 있는 새로운 개념을 찾아내는 데 성공했던 것이다.[50]

상대방의 약점을 공격하지 말고 상대방의 허점을 공격하라는 말이 있다.

상대방도 자신의 약점은 잘 알고 있어 나름대로 대비책을 준비해 놓기 마련이다. 그러나 상대방이 방심하는 허점은 능력 고저와 상관없이 무너뜨릴 수 있는 급소가 된다는 것이다. 탁월한 리더는 자신의 약점이 리더십에 부담이 되도록 방치하지 않는다. 오히려 프로액티브proactive한 사고방식으로 자신의 약점에서 또 다른 강점을 찾는 데 초점을 맞춘다.

위기를 기회로 전화하라 : 제록스의 변신

제록스는 미국에서 문서 복사를 얘기할 때에 'X'라는 단어가 복사 대용으로 사용될 정도로 상징성을 갖는 기업이다. 메모를 쓸 때에 '3X' 하고 적어주면 3번 복사하라는 뜻이며 'Xerox it' 하면 '복사를 하라'는 의미로 통용되는 정도이다. 1970년대까지 제록스가 누린 시장점유율을 보면 그 이유를 알 수 있다. 1960년대에 100퍼센트의 시장점유율을 가지고 있었으며 16년 동안 시장점유율은 불과 20퍼센트밖에 떨어지지 않았다. 문서 처리가 기

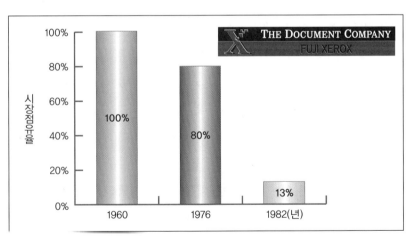

●●● 그림 26. Xerox의 위기 : 품질이 원인이다

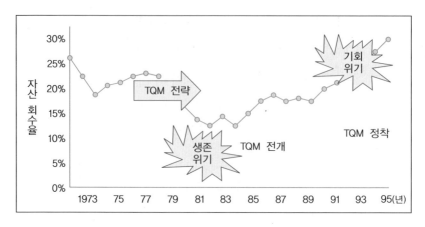

계화되는 시점에서 제록스는 장기간 독점체제를 구축하고 있었던 것이다. 그러한 제록스도 시련의 시간이 다가왔다. 1982년, 시장점유율이 13퍼센트로 완전히 퇴출 위기에 몰렸던 것이다. 불과 6년 만에 시장점유율이 67퍼센트나 곤두박질을 친 셈이다(그림 27). 그렇게 시장을 잠식당하고도 도산하지 않은 것이 오히려 신기할 정도였다.

제록스가 이렇게 엄청난 시련을 겪게 된 배경에는 일본 기업의 거센 도전이 있었다. 품질경쟁력을 앞세운 일본 도전의 선봉장은 리코RECO였다. '복사하다' 라는 의미는 'Xerox' 가 아니라 'Recopy' 라고 주장하며 복사기 시장의 판도를 바꾸어 놓았다. 제록스는 그러한 리코의 도전에 한동안 속수무책으로 당하고 있어야만 했다.

위기를 돌파하기 위해서 선택한 제록스의 경영혁신 전략은 품질경영 TQM이었다. 제록스가 품질경영을 도입하게 된 배경이 이러한 생존 위기에서 비롯되었다는 것이 우리가 주목할 점이다. 위기의 시대였던 1980년대에 품질경영 전략을 도입하고 성공적으로 정착시켜서, 1990년대 이후에는 오히려 그러한 위기를 전화위복의 계기로 삼았기 때문이다.

품질경영을 도입하는 과정에서도 제록스는 기존의 개념을 복사하지 않고 새로운 경쟁 패러다임을 창출하는 데 몰두하였다. '프로세스 벤치마킹', '내부 벤치마킹', '베스트 프랙티스' 등 수많은 경영혁신 개념들이 제록스의 도전에서 탄생되어 다른 기업으로 전파되었다. 생존 위기가 제록스에게 귀중한 교훈을 가르쳐 주었다. 바로 끊임없이 자신의 약점을 찾아내어 강점으로 전환시키는 노력이 필요하다는 사실이다. 현재 제록스는 '학습하는 조직문화'를 만드는 데 초점을 맞추고 있다. 배우고 변신하는 문화가 경쟁력임을 터득한 결과이다.

Bench Marking 약점에서 어떤 가치를 찾아냈는가?

히데요시 : 무사가 되기에 한계가 있는 자신의 신체적인 약점을 깨끗하게 인정했다. 대신 '경제 개념'을 터득하여 자신의 약점을 뛰어넘을 수 있는 대안을 찾아내는 데 성공했다.

제록스 : 도산 위기를 경영혁신으로 벗어났다. 기존의 개념을 복사하지 않고 벤치마킹과 같은 새로운 경쟁력을 찾아내는 데 선도적인 역할을 했다.

신기술에 먼저 도전한다

6의 약수는 1, 2와 3이다. 공교롭게도 이들 약수를 더하면 다시 6이라는 숫자가 나온다. 28은 1, 2, 4, 7, 14로 나눌 수 있으며 이들의 합은 28이 된다. '모든 약수의 합이 원래의 수가 된다' 는 것을 신기하게 생각한 고대 그리스인들은 이러한 수를 '완전수' 로 명명했다. 기원전에 이미 4개의 완전수 6, 28, 496, 8128을 발견했으나, 다섯 번째의 완전수인 33550336을 찾는 데에는 무려 1,400년이 걸렸다. 그러나 컴퓨터가 등장하면서 짧은 시간 내에 책 한 권 분량의 완전수를 찾는 것이 가능해졌다. 기술의 발달이 가져온 엄청난 결과이다. 변화를 중시하는 변혁적 리더는 기술 발달의 효과를 능동적으로 활용해야 한다.

약점을 커버할 수 있는 신기술을 찾아라

필자의 유학시절 이야기를 한 토막 소개한다. 유학에 필요한 것을 미리 알아보니 크게 3가지라는 연락이 왔다. 영어, 결혼 그리고 타자가 필요하다는 선배의 권고였다. 영어는 그렇다손 치더라도, 결혼과 타자는 웬 말인가? 설명인즉, 미국 중부는 워낙 썰렁한 곳이니 결혼을 하고 오면 마음도 안정되고 공부에도 도움이 된다는 것이었다. 일견 이해는 갔지만 너무 젊은 탓에 결혼은 생각지도 못했고 영어 준비도 충분히 할 상황이 못 되었다. 그래도 한 가지는 준비해야 된다는 생각에 여자상업고등학교 학생들 틈바구니에서 하루에 1시간씩 타자를 배우고 갔다. 그나마 쉽지 않아서 친구들이 '배운 놈이 더 못 친다' 며 형편없는 타자 실력을 놀리곤 했다.

준비야 어찌되었든 미국에 도착하고 보니, 왜 타자를 배우라고 했는지 이해가 갔다. 타자를 쳐서 제출해야 되는 보고서가 수시로 나왔던 것이다. 결혼을 한 유학생들은 대부분 아내들이 타자수 역할을 한다. 늦도록 보고서를 손으로 작성하면, 아내들이 밤새도록 타자를 치는 것이다. 마치 그것이라도 해야지 따라온 보람이 있다는 듯이 말이다. 보고서를 작성한 경험도 없고 영어 실력도 형편없던 나로서는 그리 순조로운 출발을 예상하기 힘들었다.

첫 보고서가 과제로 나와서 우선 손으로 보고서를 몇 페이지 작성해 나갔다. 그리고 타자를 쳐보았는데 오타가 많아서 수정작업에 더 많은 시간을 써야 했다. 더욱이 보고서를 치다 보면 내용을 좀 고치고 싶거나 혹은 더 좋은 영어 표현이 떠올라서 도대체 보고서를 끝까지 작성할 수가 없었다. 그래서 결국 손으로 보고서를 쓰지 않고 타자로 직접 작성하게 되었다.

간신히 첫 작품(?)을 만들어서 복사를 하고 있는데, 옆에서 복사를 하던 낯모르는 여학생이 잠시 내 보고서를 보더니 "실례가 안 되면 한 가지 가르쳐 주어도 되겠느냐?"고 물어 왔다. 무엇이냐고 물었더니, "주어 'i'는 대문자 'I'로 표기해야 한다."고 지적했다. 나도 그 정도야 알지만, 막상 보고서를 보니 여기저기 소문자가 눈에 들어왔다. 정말 형편없는 보고서였던 것이다. 그러나 그것을 고칠 시간이 없어서 그냥 제출하기에 이르렀다.

일주일 후, 보고서를 돌려받은 나는 참담한 심정이 되고 말았다. 내 보고서의 점수가 '-2점'이었다. 교수님이 보고서 내용에 대한 채점을 하면서 오타가 나올 때마다 감점을 하고 보니, 보고서를 제출하지 않았으면 0점인데 괜히 내서 2점을 손해를 보게 된 것이다. 어디 가서 얘기도 못할 창피한 일이었다.

사태의 심각성을 깨달은 나는 그때부터 보고서를 작성하는 방법에 대해 연구하기 시작했고 남보다 앞서서 IBM 3084 주컴퓨터에 있는 문서편집기를 찾아내어 사용하기에 이르렀다. 컴퓨터 문서편집 기능 덕분에 보고서의 문제를 완전히 탈피한 나는 한동안 나만의 노하우로 사용하였다.

그러다가 문득 '속 좁은 생각'이라는 마음이 들어서 한국 유학생들과 학과 학생들을 모아 놓고 그 문서편집기로 매뉴얼을 만들어 사용법에 대해 강의를 해주었다. 하지만 그것을 당장 사용하는 유학생들은 거의 없었다. 그들은 보고서에 대한 쓰라린 경험들이 없었기 때문이다.

그러나 나에게는 커다란 행운이 찾아왔다. 학과에서 나를 '컴퓨터 컨설턴트'로 채용한 것이다. 컴퓨터를 이용한 보고서 작성을 권장하기 위한 조치의 일환이었다. 고통스런 유학 생활이 즐거움과 여유로 바뀌는 순간이었다. 내가 일찍 학위를 마치게 된 최고 공로자는 바로 컴퓨터였다. 초라한 보고서 작성 실력을 보강하기 위해서 남보다 앞선 새로운 도구 활용이 가져다 준 행운이었다.

세상을 보는 통찰력이 자산 : 손정의 사장

소프트뱅크의 손정의 사장이 주장하는 미래에 대한 견해를 살펴보자. 손정의 사장은 요즘 인터넷 주식이 엄청나게 올라가면서 하루아침에 엄청난 투자 이익을 챙겼다. 손 사장은 정보화 단계는 남보다 먼저 일찍 시작하는 것이 중요하다고 말한다. 자기 자신도 "세상을 보는 통찰력이 자산이다."는 얘기를 하면서 남이 주도하는 변화에 이끌리지 말고 내가 그 변화를 주도한

**변화에 이끌리지 말고
오히려 그것을 주도하라!**

소프트뱅크의 손정의 사장

다는 입장에서 정보화 시대를 준비하라고 강조했다.

남보다 먼저 발상전환이 되면 그것은 남보다 앞서가는 경쟁력이고 남보다 늦게 발상전환이 되면 남 좋은 일만 하게 마련이다. 그 사람이 먼저 했기 때문에 뒤따라가면 발상전환한 사람만 부각시키는 꼴이다. 남보다 먼저 생각하는 것이 경쟁력이라는 손정의 사장의 사고방식은 분명히 의미가 있다.

약점이 있는 사람은 변화에 대한 강한 동기부여를 갖고 있는 사람이다. 약점을 커버할 수 있는 방법을 발견하기만 하면 과감하게 시도할 준비가 되어 있다. 손정의 사장은 그러한 사람에게 정보화 단계를 미리 예측하여 대비하라고 강조한다.

비단, 이것은 정보화에 국한된 문제는 아닐 것이다. 자신이 속한 분야에서 남들이 시도하지 않은 신기술 동향을 민감하게 살피고 과감하게 활용해야 한다. 아무리 노력해도 약점 그 자체가 직접적으로 강점이 되는 기적은 여간해서 오지 않는다. 약점을 극복할 수 있는 대안을 찾는 데 부지런해야 한다.

Bench Marking

신기술에 먼저 도전하는 접근방식은 무엇인가?

손정의 : 변화에 이끌리지 않고 오히려 변화를 주도하는 자세가 필요하다. 변혁적 리더는 세상을 보는 통찰력을 자산으로 삼아야 한다.

필자 : 약점을 극복할 수 있는 대안을 찾는 과정에서 신기술을 먼저 활용하는 방안을 부지런히 찾아라.

변혁적 리더의 성공 패턴 3
실패를 두려워하지 않는다

"주어진 인생을 그 자체로 받아들여야 합니다. 자신 앞에 놓인 장애물이 자신을 비껴가기를 바라기보다는 그것을 뛰어넘는 방법을 배워야 합니다." 시스코의 존 챔버스John Chambers 회장은 어린 시절에 학습에 커다란 장애가 되는 난독증(글자를 읽거나 쓰는 데 어려움이 있는 증상)을 가지고 있었다고 한다. 자신은 고등학교나 졸업할 수 있을지 의심스러웠다. 부모님들은 기대를 버리지 않았지만, 난독증 때문에 학업을 포기한 경우를 많이 보아 온 챔버스에게는 심각한 문제로 다가왔다. 챔버스는 한 훌륭한 선생님 덕분으로 결국 난독증을 고치게 되어 역경을 극복하였다. 챔버스는 자신의 이야기를 특별한 이유 없이 방황하는 젊은이들에게 들려주곤 한다.

긍정적인 사고를 가져라 : 엘리너 루스벨트

미국 루스벨트 대통령은 말년에 관절염을 앓아 '휠체어 인생'이 되고 말았다. 하루는 휠체어에 앉아 있던 그가 아내 엘리너에게 농담을 던졌다.

"불구인 나를 아직도 사랑하오?"

"내가 당신의 다리만 사랑했나요?"

"……."

엘리너 루스벨트의 재치 있는 응답은 긍정적인 사고를 묘사한 에피소드로 유명하다. 그녀는 미국의 역대 퍼스트레이디들 중에서 가장 호감 가는 여성으로 손꼽힌다. 엘리너는 항상 '매우 맑음'이라고 쓰여 있는 듯한 밝은 표정으로 주위 사람들을 즐겁게 해주었다. 그러나 엘리너가 열 살 때 고아가 되었다는 것을 아는 사람은 거의 없다. 그녀는 끼니를 잇기 위해 노동에 시달려야 했으며 돈을 '땀과 눈물의 종이조각'이라고 부를 정도로 혹독한 소녀시절을 보냈다. 하지만 엘리너는 남들이 갖지 못한 재산이 있었다. 그것은 긍정적인 인생관이었다. 엘리너는 어떤 절망적 상황에서도 비관적인 언어를 사용하지 않았다고 한다. 자녀 중 한 아이가 사망했을 때에도, "아직 내가 사랑할 수 있는 아이가 다섯이나 있는 걸……." 하고 말했다.

지구상의 모든 나라가 사회주의로 변하고 지구의 종말이 온다고 예언한 조지 오웰, 그는 『1984년』으로 세계인들의 이목을 집중시킨 천재적인 소설가다. 핵무기와 대륙간탄도미사일의 개발을 예언했을 정도로 미래를 보는 안목 또한 탁월했다. 그러나 안타깝게도 오웰의 상상력은 부정적인 비관론과 무신론에 근거를 두고 있었다. 그는 지구가 제3차 세계대전으로 망할 것이라는 공포감에 휩싸여 있었다. 전쟁 가능성이 적은 스코틀랜드의 작은 섬을 택해서 외로운 삶을 살았을 정도였다. 그 섬에서 불안과 고독에 몸을 떨며 집필한 책이 바로 『1984년』이라는 불세출의 걸작이다. 하지만 그의 정신과 육체는 비관론과 우울증으로 피폐해 졌으며, 결국 47세에 폐결핵으로 요절했다.

엘리너와 오웰, 두 명 모두 탁월한 역량을 가졌던 사람들이다. 또한 세상에 커다란 영향을 미쳤다는 공통점이 있다. 그러나 한 사람은 '평안'함으로 밝은 인생을 살았고, 다른 한 사람은 '불안' 속에서 좌절했다. 희망과 절망은 인생의 좌표를 바꾸는 심리적인 경계선이다. 평안함을 누릴 수 있는 인생의 행로를 찾는 자가 바로 성공한 사람일 것이다.

'아테네의 천덕꾸러기' 인 소크라테스는 인간의 사고방식을 송두리째 바꿔 놓은 정신세계의 위대한 리더이다. 24세기가 지난 오늘날까지도, 가장 지혜로운 사람으로 숭상되는 소크라테스의 리더십 접근 방식은 무엇이었을까? '소크라테스 방법론' 이라고 불리는 그의 접근 방식은 바로 "네, 네." 하고 긍정적인 반응을 보이는 것이었다. 자기와 의견을 달리하는 사람들이 동의할 수밖에 없는 질문들을 했다. 그리고는 한 가지씩 천천히 상대방의 동의를 구해 나갔다. 불과 몇 분 전만 해도 기를 쓰고 반대했을 사람도 자신도 모르는 사이에 "네." 하고 답변하도록 만들었다. 상대방의 긍정적인 부분을 찾는 데 모든 초점을 맞추었던 리더였던 셈이다.

영국 속담에 "꿀벌은 물을 마셔서 꿀을 만들고, 뱀은 물을 마셔서 독을 만든다." 는 말이 있다. 당신은 누구인가? 희망이라는 꿀을 만들고 있는가, 아니면 절망이라는 독을 만들고 있는가? 긍정적인 사고로 평안과 희망을 만드는 사람이 변혁적 리더이다.

자신의 모든 것을 던져라 : 벤 호건

벤 호건은 US오픈에서 4회, 마스터즈와 PGA선수권에서 두 차례 정상에 올랐고 영국오픈 챔피언에도 오른 미국의 전설적인 골퍼이다. 그는 승용차를 몰다가 버스와 충돌해서 산산조각이 날 정도의 중상을 입고도 1년 만에 주치의의 만류도 뿌리치고, US오픈에 출전하여 극적으로 챔피언에 오르는 인간 승리의 주인공이기도 하다. 흰 모자와 흔들리지 않는 집중력으로 유명한 그는 무려 63번이나 우승을 했는데, 이 기록을 능가하는 골퍼는 샘 스니드(81회 우승)와 잭 니클라우스(70회 우승)뿐이다.

호건의 생애 중 가장 화려했던 시기는 1953년이다. 마스터즈 대회에서 스니드와 대결해 5타 차로 이겼고, US오픈에서는 다시 6타 차로 스니드를 꺾고 우승했다. 이어 영국오픈까지 석권하여 PGA선수권대회만 빼고는 그랜드슬램을 독식하였다. 그린을 공략할 때, 핀을 보고 볼을 치기보다는 철저하게 자신과의 싸움에 몰두하는 스타일인 호건은 어떠한 상황에서도 흔들리지 않는 냉철한 승부사였다.

텍사스 더블린에서 대장장이의 아들로 태어난 호건은 9살 때 아버지가 눈앞에서 권총으로 자살하는 것을 보면서 큰 충격을 받았다. 그 뒤 생계를 잇기 위해 컨트리클럽에서 잔심부름과 캐디 노릇을 하면서 골프를 배웠다. 15살 때, 포트워스 캐디 선수권대회에 출전했지만 바이런 넬슨에게 패했다. 당시 우승한 넬슨도 샘 스니드와 함께 한 시대를 풍미한 걸출한 프로골퍼였다. 그러나 이날의 패배는 그를 하루도 쉬지 않는 연습벌레로 만들었다. 훗날 호건은 "하루 연습을 하지 않으면 내가 알고, 이틀을 쉬면 캐디가 알고, 사흘을 쉬면 갤러리가 안다."는 명언을 남겼다.[78]

혼신의 힘을 다해 노력하지 않으면 오래가지 못한다는 교훈을 가슴속에 담고 골퍼의 인생을 살았던 것이다. 호건의 메시지는 변화를 이루는 데 얼마만큼의 노력이 필요한지를 생각하게 만든다.

Bench Marking   실패를 두려워하지 않는 방법은 무엇인가?

존 챔버스 : 주어진 인생을 그 자체로 받아들이고 뛰어넘는 방법을 찾는 데 도전했다.

엘리너 루스벨트 : '항상 맑음'이라는 긍정적인 사고로 주위를 밝게 만들었다.

벤 호건 : 혼신의 힘을 다해서 노력했다.

변혁적 리더의 8가지 실천과제

변혁적 리더는 변화를 조성함과 아울러 조직이 쉽게 외부적인 문제나 기회에 적응할 수 있도록 도와주어야 한다. 아마 조직의 구성원의 가치관을 올바르게 정립시키는 것이 모든 것을 우선할 것이다.

변혁 과정에 필요한 리더의 역할을 8단계로 나누어 제시한다. 각 단계마다 성공적인 개혁 작업의 완수를 위하여 중요한 것들임을 인식하여야 한다. 누구나 대대적인 변혁을 시도할 때에는 이러한 단계 이론을 성공을 위한 강력한 토대를 제공하는 길잡이로 삼을 수 있다.

특히 명심할 것은 변혁적 변화는 일반적으로 조직의 특정 분야뿐만 아니라 모든 분야에서 동시에 깊은 변화들을 가져오는 것을 뜻한다는 점이다. "상황을 바람직한 방향으로 변화시키려면, 우리 모두가 하고 싶지 않은 일들을 해야만 한다." 케네디 대통령의 말이다. 편한 길을 택하면 변화는 결코 올 수 없다.

변혁적 리더를 위한 8가지 실천과제

과제 1 : 변혁의 시급성에 대한 의식 전환을 강조하라

우선 변혁이 급박한 문제라는 인식을 공유해야 한다. 외부적 및 내부적 상황 변화를 조심스럽게 살펴야 하고, 위기나 문제점을 인식하고 그 심각성을 극적으로 알릴 수 있는 방안을 모색해야 한다.

과제 2 : 조직의 일체감을 형성하라

변혁 과정을 선도할 충분한 힘을 가질 수 있도록 일체감을 형성하고 협동정신을 개발해야 한다. 변혁에 성공하기 위해서는 조직적인 변화의 필요성과 가능성에 대한 공감대를 형성하는 것이 필요하기 때문이다.

과제 3 : 비전과 전략을 구체적으로 개발하라

리더는 변혁해야 할 방향을 제시하는 강력한 비전을 구체화시켜 제시하고 또 비전을 성취할 수 있는 전략을 개발할 책임이 있다. 성취하고 싶은 미래상을 그림처럼 생생하게 제시할 때에야 비로소 변혁에 대한 동기를 만들어 낼 수 있다.

과제 4 : 비전과 전략을 전파하라

일단 세워진 비전과 전략을 가능한 수단을 동원하여 널리 전달하여야 한다. 이 단계에서는 구성원들에게 필요한 새로운 행동양식에 대한 모델이 제시되어야 한다. 비전과 전략을 전파하는 데 모든 노력을 아끼지 말라. 왜냐하면 변혁은 구성원 다수가 개인적 희생을 감수하고서라도 기꺼이 개혁 작업에 동참하겠다는 의식이 없이는 불가능하기 때문이다.

과제 5 : 스스로의 변혁을 격려하라

전 조직에 걸쳐 구성원들로 하여금 새로운 비전 위에 업무를 수행할 수 있도록 폭 넓게 재량권을 주어야 한다. 아울러 자신의 능력 범위 내에서 무엇이든지 시도해볼 수 있도록 새로운 아이디어나 모험적인 행동을 격려하고 포상하여야 한다.

과제 6 : 단기적인 성과를 찾아라

대규모의 혁신은 시간이 걸리기 때문에 자칫 그 힘을 잃기 쉽다. 그러므로 리더는 우선 변혁에서 비롯된 단기적 성과가 나오도록 사전에 계획하여야 한다. 가시적 성과가 단기간 내에 나타날 때, 구성원들은 변혁에 대한 확신과 함께 더욱 강한 일체감을 갖게 된다.

과제 7 : 새로운 인력과 아이디어를 중시하라

단기적 성과를 기반으로 형성된 신뢰를 바탕으로, 보다 큰 문제의 변혁에 도전할 수 있다. 이때 리더는 기존의 시스템과 정책들을 바꾸고 새로운 비전을 추진해 나갈 수 있는 구성원들을 새로이 발굴하는 작업을 수행한다.

과제 8 : 변혁의 결과를 정착시켜라

조직 내의 문화에 변혁이 확고하게 정착되는 단계이다. 즉 종전의 습관, 가치, 전통 및 마음 상태 대신에 새로운 가치와 신뢰가 자리를 잡아 구성원들이 더 이상 변혁을 새로운 것이 아니라 정상적이고 조직에 필수적인 것으로 받아들이게 된다.

변혁적 리더의 목표
처음의 정신을 유지하라

일본 기업인 '하나마나 소시지'는 1980년대 중반 매출 부진으로 곤경에 처하게 되어 궁여지책으로 대대적인 가격세일을 펼쳤지만 상황은 호전될 기미가 보이지 않았다. 속이 타던 사장이 하루는 공장을 돌아보다가 부러진 소시지를 재가공하는 공정을 목격하게 되었다. "그것 말이야, 그냥 팔지. 가격도 많이 내렸는데⋯⋯." 하고 부러진 것들도 그냥 포장해서 팔도록 지시했다.

며칠이 지나자, 의외로 부러진 제품에 대한 반응이 좋게 나타났다. '싼 이유가 부러진 것 때문이라면, 먹는 데는 문제가 없다'고 생각한 소비심리가 작용해서 불티나게 팔리기 시작한 것이다. 우연한 발상으로 회생의 기회를 맞이한 사장은 "다 부러뜨려라!" 하고 외쳤다고 한다. 부러진 불량품(?)을 양산하여 위기를 돌파한 하나마나 소시지는 발상의 전환이 가져올 수 있는 효과를 잘 설명해 주는 표본이 되었다.

여초如初, 언제나 처음처럼 : 도쿄 프린스 호텔

세이부西武의 창시자인 스스미 야스지로는 정치권으로부터 도쿄올림픽 준비의 일환으로 호텔을 건설해서 운영할 것을 요청받았다. 호텔 건설은 그렇다손 치더라도 호텔사업은 처음이므로 운영관리에 대해서는 난감한 입장에 놓이게 되었다. 더군다나 세이부의 호텔 건설에 대한 소문이 퍼지자, 자칭 프로라고 하는 사람들이 대거 몰려들어, "호텔사업은 보기보다는 쉽지 않다. 내게 맡겨만 주면 꼭……." 하면서 자기들의 화려한 경력을 내세워 열을 올렸다.

그러나 면담을 하면 할수록 스스미에게는 '순수한 아마추어로 해야겠다'는 의식이 확고해졌다고 한다. 대동소이한 프로들의 발상에 식상함을 느꼈기 때문이다. '서비스산업은 독자적인 색깔을 내야 성공한다. 그러기 위해서는 아마추어가 제격이다' 라는 결심을 굳히고 인력확보에 착수하였다. 호텔 종업원은 모두 철도, 골프장, 스키장 등에서 일했던 계열사의 사원들로 구성하였는데 그들이 만들어 낸 호텔이 바로 그 유명한 '도쿄 프린스 호텔'이다.

요즘 급변하는 환경 변화로 인해서 새로운 구성원을 이끌게 된 리더들이 많다고 한다. 그 중에는 본인이 기대했던 업무와는 전혀 무관한 일을 담당하게 된 사람들도 있을 수 있다. 수년간 해 오던 일을 놓고, 새로운 출발선에선 사람들을 이끌고 갈 리더들에게 "사업의 내용은 달라도 인간 본연의 '소박함', '솔직함', '최선을 다하는 초발심' 을 중시한다."는 스스미 사장의 리더십은 좋은 교훈이 된다.

어떠한 환경에 접하게 되든지 조직의 노하우와 기업 활동에서 축적된 경험은 모두 유용한 가치가 있다. 문제는 '아마추어 시절의 순수성을 어떻게 이끌어 내느냐?' 에 달려 있다. 아마추어 정신을 포기한 아마추어, 경력만을 믿는 프로들, 이들 모두 우리가 경계해야 할 변화의 장애물들이다. 여초如初, '언제나 처음처럼' 이라는 뜻이다. 처음에 약점을 극복하려고 가졌던 진지하고 겸허한 마음가짐을 마지막 순간까지 유지하라. 바로 그 마음가짐이 당신을 변혁적 리더로 만들어 준다.

기적을 꿈꾸지 말라

프랑크 캔솔리니는 시카고 주에서 철학자이자 목사로 활약했던 사람이다. 그는 대학생 시절부터 미국의 교육제도가 문제가 있다고 느꼈다. 결국 그는 자신의 생각을 실현시키기 위해서는 기존의 제도에 얽매이지 않는 학교를 설립해야겠다고 결심했다. 그러나 그 일은 100만 달러라는 엄청난 돈을 필요로 하는 기적 같은 일이었다. '어떻게 이 자금을 조달해야 할까?' 오랜 기간 꿈의 실현을 가슴에 품어 왔지만 상황은 조금도 진전되지 않았다. 따지고 보면 자신이 반드시 해야 할 일도 아니었다. 하지만 도전하고 싶은 마음은 식을 줄을 몰랐다.

2년 정도를 고민하던 그는 어느 날 갑자기 일주일 이내에 자신의 목표를 달성해야겠다고 결심했다. 막상 결정을 하고 나니 "어째서 오랫동안 이 결단을 하지 않았지?" 하는 메시지가 들려오는 것 같았다.

그는 한 신문사에 전화를 걸어서 내일 아침 강연을 하겠다고 신청을 했다. 그의 강연 제목은 "만일 내가 100만 달러를 가지고 있다면 무엇을 할까?" 하는 것이었다. 2년을 고민해 온 주제이므로 강연 준비는 어렵지 않았다. 다음 날 아침, 캔솔리니 목사는 이 연설이 돈을 제공할 수 있는 사람들의 마음을 움직이게 해 달라고 기도했다. "제 마음은 확신에 차 있었습니다. 너무 흥분한 나머지 그만 강연 원고를 갖고 가는 것을 잊었습니다." 그러나 원고를 빠트리고 간 것이 오히려 전화위복이 되어 자신의 이상을 진실되게 전달하는 계기가 되었다.

강연이 끝나자, 청중 가운데 있던 한 신사가 캔솔리니 목사를 찾아왔다. "목사님, 연설이 아주 감동적이었습니다. 만일 지금 당장 100만 달러가 생긴다면 방금 말한 것을 실행에 옮길 수 있겠습니까? 제가 그 100만 달러를 드리고 싶습니다. 참, 저의 이름은 필립 아머입니다."

이 이야기는 나폴레온 힐이 쓴 『생각대로 될 수 있다』에 소개되어 있는 일리노이즈 공과대학의 탄생 배경이다. 아머 직업대학으로 시작하여 지금은 명문대학으로 자리를 잡고 있다.[79]

사람들은 모두 자신에게도 한 번쯤 기적이 일어났으면 하는 엉뚱한 기대를 한다. 실제로 그러한 기적에 대한 가능성을 열어 놓기 위해서 주택복권을 사기도 하고 아파트를 경품으로 준다는 백화점 앞에서 새벽부터 장사진을 치는 억척 같은 사람들도 심심찮게 보게 된다.

리더들도 이러한 기적 같은 성과에 대한 미련을 갖기는 마찬가지이다. 만드는 제품마다 시장점유율이 1위를 차지하여 전 종목을 석권하는 장면을 상상한다. 낙도의 조그만 학교에서 농구팀을 키워서 전국대회를 제패하는 기적을 누리고 싶다. 100퍼센트에 가까운 지지율을 얻겠다는 야망을 가진 정치가가 있을 수도 있다.

다만, 한 가지 확실한 것은 기적을 실현시키는 사람은 그러한 기적에 대해 신념을 갖고 도전하는 사람이라는 사실이다. 돌아보면 열악한 환경에서 기적과 같은 업적을 이루어 낸 리더들이 많다. 그들 성공의 공통점은 모두 한결같다. 즉, '용기를 갖고 도전했다' 는 것이다.

우리는 상상할 수 없을 만큼 강하다

리더는 어쩌면 매일 기적을 경험하는 사람인지도 모르겠다. 그만큼 오늘날의 경쟁 환경은 치열하다. 핵심은 '기적을 이루려고 온몸을 던지는 리더야말로 변혁적 리더로 추종자들에 비쳐진다' 는 점이다.

넬슨 만델라는 취임 연설에서 인간의 밝은 부분이 얼마나 위대한가를 역설했다. "우리가 가장 두려워하는 것은 우리가 상상할 수 없을 만큼 강하다는 것입니다. 우리를 가장 놀라게 하는 것은 우리의 어둠이 아니라 빛입니다. 우리는 이렇게 자문해 봅니다. 현명하고, 멋있고, 재능 있고, 전설적인 사람이 되려고 하는 나는 누구인가? (중략) 우리는 우리 안에 있는 신의 영광을 표현하기 위해서 태어났습니다. 그것은 일부 사람들에게만 있는 것이 아니라 모든 사람에게 있습니다." 개개인의 무한한 가능성을 강조한 명연설이 아닐 수 없다.

훌륭한 리더는 자신 속에 내재되어 있는 놀라운 능력을 찾아내는 데 성공한 사람이다. 높은 성취를 목표로 했든지, 아니면 열심히 하다 보니 그러한 결과를 달성하게 되었든지 모르지만 어쨌든 멋진 목표를 달성하는 데 성공한 사람들이다. 그러나 위대한 리더는 기적과 같은 일에 신념을 갖고 도전했던 사람들이다. 그리고 그들은 구성원 개개인에게서 기적을 이루어 내는 데 필요한 놀라운 능력을 찾아내곤 했다.

변혁적 리더의 철학

나의 약점이 곧 나의 강점이다

• 성공 패턴 1

약점에서 가치를 창조한다. 자신의 약점이나 조직의 취약점에서 새로운 가치를 창조하는 능동적인 자세를 보여준다. 약점 자체를 전환시키기도 하고 약점을 극복하기 위해 대안을 찾는 과정에서 경쟁력을 창출한다.

• 성공 패턴 2

신기술에 먼저 도전한다. 약점을 보완하기 위해서 항상 새로운 정보와 기술에 초점을 맞추고 있으며 전향적인 자세로 역경 극복에 도전한다.

• 성공 패턴 3

실패를 두려워하지 않는다. 용기와 열정으로 새로운 변화에 도전한다. 긍정적인 사고방식을 갖고 구성원에게 희망을 주는 끈기도 보여준다.

• 벤치마킹 포커스

　– 관점의 전환 : 인텔의 앤드류 그로브

　– 역경 극복을 통한 경쟁력 창출 : 제록스의 스티브 컨스

　– 신기술에 대한 안목 : 소프트뱅크의 손정의

　– 긍정적인 사고방식 : 엘리너 루스벨트

　– 노력하는 자세 : 벤 호건

PART III

컬러 리더십이
　　당신의 미래를 좌우한다

color
leadership

10. 결과를 바꾸려면 과정을 바꿔라
11. 당신의 리더십 컬러를 지켜라

"당신은 리더십을 위해 무엇을 바꾸고 있는가?"

결과를 바꾸기를 희망한다면 과정과 방법을 바꾸는 데 도전해야 하는 것이다.
당신은 이 순간, 자신의 리더십 결과를 바꾸기 위해서
어떤 리더십 과정을 바꾸는 데 도전하고 있는가?

당신의 리더십 컬러로 리더십 과정을 바꾸는 데 도전하라.

CHAPTER 10

결과를 바꾸려면
과정을 바꿔라

결과를 바꾸려면 과정을 바꿔라

리더십의 핵심은 영향력이다

꿀벌보다는 게릴라가 되어라

현대 경영은 리더십으로 한다

경영품질을 생각하는 사람이 리더가 되어야 한다

LEADERSHIP ORANGE LEADERSHIP YELLOW LEADERSHIP GREEN LEADERSHIP BLUE
DERSHIP INDIGO LEADERSHIP VIOLET LEADERSHIP RED LEADERSHIP ORANGE
DERSHIP YELLOW LEADERSHIP GREEN LEADERSHIP BLUE LEADERSHIP INDIGO
DERSHIP VIOLET LEADERSHIP RED LEADERSHIP ORANGE LEADERSHIP YELLOW
DERSHIP GREEN LEADERSHIP BLUE LEADERSHIP INDIGO LEADERSHIP VIOLET
DERSHIP RED LEADERSHIP ORANGE LEADERSHIP YELLOW LEADERSHIP GREEN
DERSHIP BLUE LEADERSHIP INDIGO LEADERSHIP VIOLET LEADERSHIP RED
DERSHIP ORANGE LEADERSHIP YELLOW LEADERSHIP GREEN LEADERSHIP BLUE
DERSHIP INDIGO LEADERSHIP VIOLET LEADERSHIP RED LEADERSHIP ORANGE
DERSHIP YELLOW LEADERSHIP GREEN LEADERSHIP BLUE LEADERSHIP INDIGO
DERSHIP VIOLET LEADERSHIP RED LEADERSHIP ORANGE LEADERSHIP YELLOW
DERSHIP GREEN LEADERSHIP BLUE LEADERSHIP INDIGO LEADERSHIP VIOLET
DERSHIP RED LEADERSHIP ORANGE LEADERSHIP YELLOW LEADERSHIP GREEN
DERSHIP BLUE LEADERSHIP INDIGO LEADERSHIP VIOLET LEADERSHIP RED
DERSHIP ORANGE LEADERSHIP YELLOW LEADERSHIP GREEN LEADERSHIP BLUE
DERSHIP INDIGO LEADERSHIP VIOLET LEADERSHIP RED LEADERSHIP ORANGE
DERSHIP YELLOW LEADERSHIP GREEN LEADERSHIP BLUE LEADERSHIP INDIGO
DERSHIP VIOLET LEADERSHIP GREEN LEADERSHIP BLUE LEADERSHIP INDIGO

COLOR leadership

DERSHIP BLUE LEADERSHIP INDIGO LEADERSHIP VIOLET LEADERSHIP RED
DERSHIP ORANGE LEADERSHIP YELLOW LEADERSHIP GREEN LEADERSHIP BLUE
DERSHIP INDIGO LEADERSHIP VIOLET LEADERSHIP RED LEADERSHIP ORANGE
DERSHIP YELLOW LEADERSHIP GREEN LEADERSHIP BLUE LEADERSHIP INDIGO
DERSHIP VIOLET LEADERSHIP RED LEADERSHIP ORANGE LEADERSHIP YELLOW
DERSHIP GREEN LEADERSHIP BLUE LEADERSHIP INDIGO LEADERSHIP
DERSHIP RED LEADERSHIP ORANGE LEADERSHIP YELLOW LEADERSHIP
DERSHIP BLUE LEADERSHIP INDIGO LEADERSHIP VIOLET
DERSHIP ORANGE LEADERSHIP YELLOW LEADERSHIP GREE
DERSHIP INDIGO LEADERSHIP VIOLET LEADERSHIP RE
DERSHIP YELLOW LEADERSHIP GREEN LEADERSHIP
DERSHIP VIOLET LEADERSHIP RED LEADERSHIP
DERSHIP GREEN LEADERSHIP BLUE LEADE
DERSHIP RED LEADERSHIP ORANGE LEA
DERSHIP BLUE LEADERSHIP INDIG
DERSHIP ORANGE LEADERSHIP
DERSHIP INDIGO LEADERSHI
DERSHIP YELLOW LEAD
DERSHIP VIOLET LEA
DERSHIP GREEN
DERSHIP RED
DERSHIP BLUE
UERSHIP ORANGE
DERSHIP INDIGO LEA
DERSHIP YELLOW LEAD
DERSHIP VIOLET LEADERSHIP
DERSHIP GREEN LEADERSHIP
DERSHIP RED LEADERSHIP ORA
DERSHIP BLUE LEADERSHIP IND

결과를 바꾸려면 과정을 바꿔라

러시아의 유명한 추상화가 칸딘스키도 그림이 제대로 그려지지 않아서 커다란 고민에 빠졌던 시절이 있었다. 그는 자신은 그림에 소질이 없다고 비관하며 그림도 제대로 그리지 않고 방황하게 되었다.

그러던 어느 날, 화실로 돌아온 칸딘스키는 벽에 걸려 있는 그림을 보고 깜짝 놀랐다. 거기에는 훌륭한 명작이 있었기 때문이다. 그림에 가까이 다가선 그는 다시 한 번 놀라지 않을 수 없었다. 그것은 누군가가 자신의 그림을 거꾸로 걸어 놓은 것이었다. 그림을 망쳤다며 미완성으로 내버려둔 그림을 거꾸로 보자 명작으로 둔갑한 것이었다. 하마터면 태워 버릴 뻔했던 미완성의 그림이 불후의 명작으로 살아나는 순간이었다. 그 순간, 칸딘스키에게 커다란 깨달음이 왔다. 자신에게 숨어 있는 놀라운 잠재력을 깨닫고 진정한 주인의식을 깨닫는 순간이기도 했다.[80]

누구든지 자신의 능력에 회의감을 갖는 시기가 한두 번은 찾아온다. 한 순간의 잘못된 판단과 의사결정으로 인해서 그간 정성껏 가꾸어온 일들이 위기에 처한다. 손을 대면 댈수록 일이 묘하게 꼬이기만 하여서 자신의 능력에 깊은 좌절감이 느껴진다. 문득 제자리에 돌아온 자신을 바라보면서 '도대체 어쩌다가 예까지 왔는가?' 하는 야속한 마음이 생긴다. '난 할 수 있어! 정말 다시 잘해 낼 수 있단 말이야!' 하고 다짐도 하지만 알 수 없는 상실감이 자신을 괴롭힌다.

칸딘스키, 그는 그러한 좌절의 순간에 자신의 숨겨진 능력을 찾아내는 데 성공했다. 마음을 비우고 제자리로 돌아온 그에게 내려진 축복의 선물이다.

아인슈타인의 상대성 원리는 $E=mc^2$이라는 공식으로 표현된다. m은 질량이고 c는 빛의 속도로서 무려 10을 10번 곱한 큰 숫자이다. 게다가 거듭제곱을 하였으므로 거의 무한대에 가까운 숫자가 된다. 이 공식은 아무리 작은 질량도 0을 20개 붙여야 할 정도의 엄청난 에너지로 변환될 수 있다는 가능성을 과학적으로 입증시킨 것이다.

즉, 1이라는 작은 질량이 100,000,000,000,000,000,000 만큼의 엄청난 에너지로 커질 수 있다는 것을 의미한다. 과학자들은 우라늄을 원자폭탄으로 바꾸는 데 성공하여 이 공식이 사실임을 보여주었다. 그렇다. 방법만 찾아낸다면 모든 물질은 얼마든지 대단한 에너지로 바뀔 수 있다.

아인슈타인의 상대성 원리는 인간의 능력에도 마찬가지로 적용될 수 있다. 우리 모두에게는 잠재력이 있다. 유효한 방법만 찾아낸다면 그 잠재력은 엄청난 파워와 능력으로 바뀔 수 있다. 그래서 그는 정신병자Insanity를 '똑같은 방법을 반복하면서 다른 결과가 나오기를 기대하는 사람'이라고 정의했다.

성공한 리더는 자신의 잠재력을 놀라운 능력으로 바꾸는 자신만의 방법을 깨달은 사람이다. 아울러 자신의 잠재력뿐만 아니라, 구성원들의 잠재력도 발굴하여 커다란 결실로 이어지도록 만드는 데 성공한 사람이다.

실패, 좌절 그리고 자신이 철저하게 낮아지는 순간, 바로 그 순간이야말

"정신병자란 똑같은 방법을 반복
하면서 다른 결과가 나오기를
기대하는 사람이다"

A. 아인슈타인

로 환경에 의해 가려져 있던 진정한 자신을 볼 수 있는 시기이다. 다시 말해
자신의 잠재력을 무한의 능력으로 바꾸는 방법을 찾아낼 수 있는 절호의
기회인 셈이다. 결과를 바꾸기를 희망한다면 과정과 방법을 바꾸는 데 도
전해야 한다. 당신은 이 순간, 자신의 리더십 결과를 바꾸기 위해서 어떤 과
정에 도전하고 있는가?

리더십의 핵심은 영향력이다

 어느 날, 왕이 유명한 화가를 불러서 물었다.

"이 세상에서 그리기가 가장 어려운 그림은 무엇인가?"

화가가 서슴없이 대답했다.

"개나 말 같은 짐승을 그리기가 가장 어렵습니다."

"그렇다면 이 세상에서 그리기가 가장 쉬운 그림은 무엇인가?"

이번에도 화가는 주저하지 않고 대답했다.

"그거야 물론 도깨비 그림이지요."

개나 말은 자주 보는 짐승이니 그리기가 쉽고, 반대로 도깨비는 볼 수 없는 것이어서 어려울 것으로 생각되는데 화가는 거꾸로 대답을 한 것이다. 왕이 의아해 하며, 그 이유를 물었다.

"개나 말은 사람들이 늘 보는 짐승이기 때문에 그 생김새를 잘 알고 있습니다. 그렇기 때문에 제가 조금만 이상하게 그려도 사람들이 금방 지적을 해냅니다. 하지만 도깨비는 사람들이 본 적이 없기 때문에 그 생김새를 잘 모릅니다. 제가 아무리 이상하게 그린다 해도 도깨비가 어떻게 생겼는지 모르니까 그냥 그대로 받아들입니다." [81]

리더십을 설명하는 것은 마치 개와 말을 그리는 것과 같다. 개인적인 체험과 성공사례에 대한 귀동냥을 통해서 리더십에 대한 기대감이 이미 정립되어 있기 때문이다. 리더십에 대해 모두들 한마디씩 거들거나 비판의 목소리를 높이는 것도 그러한 연유에서 비롯된다. 그래서 리더십이라는 주제는 쉬워 보이면서도 까다롭다. "리더십은 집단의 행동을 하나의 공동목표를 향해 이끌어 나가려는 개인의 행동이다." 헴필과 쿤Hemphill & Coons이 얘기한 리더십의 의미이다. 조직의 관점에서 보면, 리더십이란 목표달성을 위해 리더가 구성원들을 자발적으로 움직이게 하는 영향력 행사의 과정이다. 하지만 구성원 간의 영향력 행사가 일방적인 것만은 아니다. 주로 리더가 구성원들에게 영향을 주는 것이 일반적이지만, 구성원들도 리더에게 영향력을 행사할 수가 있다. 구성원들이 리더에게 얼마나 협조적인가에 따라서 리더십은 크게 영향을 받게 된다.

리더십과 관련해서 자주 등장하는 용어가 '영향력'이다. 영향력이란 한 사람이 다른 사람이나 조직에게 어떤 행위를 하도록 하는 파워를 의미한다. 영향력과 비슷한 단어로는 권력과 권한이 있다. 권력은 '영향력을 행사하는 데 필요한 잠재력'이고, '영향력을 행사할 수 있는 권리'를 권한이라고 할 수 있다.

영화 〈진주만〉을 보면, 미국이 일본에 의한 진주만 기습을 당한 뒤에 보복공격을 논의하는 회의 장면이 나온다. 대통령인 루스벨트가 주관하는 긴급 대책회의였다. 루스벨트는 어떠한 방법을 동원해서라도 일본 본토를 공격해서 자존심을 회복하는 것이 급선무라고 주장한다. 하지만 참석한 대다수의 각료와 장성들은 현실적으로 불가능하다며 루스벨트의 주장에 반대한다. 그때, 루스벨트는 휠체어에서 혼자 일어나려는 시도를 한다. 다른 사람의 부축을 거절하고 가까스로 일어난 그는 단호한 어조로 이렇게 명령한다. "내 앞에서 다시는 불가능하다고 얘기하지 마시오!" 결국 미국은 도쿄를

"진정한 리더는 땀과 피로
범벅이 된 얼굴로 현장에서
살아남은 사람이다"

미국의 26대 대통령, 루스벨트

공격하는 방법을 찾아냈으며, 그 공격은 전쟁의 흐름을 바꾸는 결정적인 계기가 되었다. 루스벨트는 절대 절명의 순간에 자신의 권한으로 명령하지 않았다. 그 긴급한 순간에도 자신의 영향력으로 리드하였던 것이다.

"진정한 리더는 땀과 피로 범벅이 된 얼굴로 현장에서 살아남은 사람이다. 끊임없이 노력하고 실수하고 아쉽게도 수없이 실패하고…, 위대한 열정을 가지고 가치 있는 일에 자기를 바치는 사람이다." 루스벨트가 한 말이다. 진정한 리더는 권력이나 권한으로 통솔하는 쉬운 길을 택하지 않는다. 궁극적인 가치를 위해서 조직에게 적합한 영향력을 찾는 데 열정을 바친다.

리더는 파워를 행사하는 과정에서 끊임없이 변하는 사람이다. 어떨 때는 자신의 위치를 팔기도 하고 보상을 약속하기도 한다. 채찍과 당근으로 비유되는 동기부여 개념도 바로 영향력과 직접적으로 연계되어 설명된다. 리더는 파워가 있어야 한다. 그래야 구성원에게 영향력을 갖고 통솔할 수가 있는 것이다. 파워가 없는 리더는 리더십을 발휘할 수 없다. 그럼 리더가 영향력을 행사하기 위해서 활용할 수 있는 파워에는 어떤 것이 있는가?

① 나는 리더다(합법적 파워)

가장 대표적인 리더의 파워는 리더라는 지위에서 나오는 파워이다. 이것을 합법적 파워라고 한다. 상명하복의 개념은 철저하게 합법적 파워에 기인한 것으로서 리더라는 이유만으로 많은 것을 책임지고 또한 그에 걸맞은 권한을 갖게 된다. 합법적 파워는 리더가 갖는 힘을 인정하는 사회적인 통념에 의해서 결정된다. "요즘 젊은 아이들은 위아래를 모른다."고 한탄을 하는 것은 바로 합법적 파워가 사회적으로 줄어들고 있음을 탄식하는 것과 같다.

② 인센티브를 주겠다(보상적 파워)

우수한 활동에 대해서 보상과 포상으로 동기부여를 강화하고 있으면 보상적 파워가 사용되고 있는 것이다. 승진과 인센티브를 구성원의 업무실적과 연계시키는 것이 바로 같은 맥락에서 취해지는 조치이다. 이 파워는 구성원이 원하는 보상을 해줄 수 있는 능력과 자원을 가지고 있을 때에만 가능하다. 직장에 붙어 있게 하는 것만 해도 고마운 시절을 생각해 보면 요즘의 세태는 참으로 많이 달라졌다. 보상적 파워는 꼭 물질적 보상에만 해당되는 것은 아니다. 간단한 칭찬 한마디, 휴가, 희망 부서로의 전환 배치 등도 모두 보상적 파워에 해당한다.

③ 너 알겠어? 나 똑똑한 사람이야(전문적 파워)

부하 직원이 업무 처리에 끙끙대던 일을 직접 처리해서 도움을 주게 되면 괜스레 자랑스러워진다. 포지션이 아니라 능력으로서 리더의 역할을 했다는 자긍심 때문이다. 이렇게 관련 분야에서 전문성을 가지고 구성원들에게 파워를 갖게 되는 것을 전문적 파워라고 부른다. 과거에 비해서 점점 더 스타 출신의 운동선수들이 감독이나 코치로 명성을 날리는 것은 그만큼 전문적 파워가 더욱 영향력을 갖는 시대가 되었음을 의미한다. 국내 모 회장이 세계적인 프로 골퍼인 아놀드 파머를 초대해서 함께 골프를 쳤다고 한다. 18 홀을 마칠 때까지 특별한 얘기가 없어서 물어보았다.

"파머 선생, 내 골프에 대해서 어떻게 생각하십니까?"

그러자 아놀드 파머는 "회장님, 고개 들지 말고 치십시오."하고 지적했다고 한다. 고개 들지 말고 골프를 치라는 얘기는 3류 코치에게서도 듣는 얘기이다. 그러나 그날 아놀드 파머의 지적은 무게가 다르게 가슴에 다가왔다고 한다. 대단한 전문적 파워가 전제된 코멘트였기 때문이다.

④ 당신 말 안 들으면 알아서 해!(강제적 파워)

불이익을 주겠다며 무엇을 시키는 경우는 바로 강제적 파워를 행사하는 것이다. 요즘 많은 공기업들이 책임경영을 추구해서 경영 계약을 체결하는 것도 그 배경에는 강제적 파워의 성격이 깔려 있다. 즉, 경영성과가 저조하면 옷 벗을 각오를 하라는 것과 마찬가지이다. 강제적 파워는 구성원에게 선택의 여지가 없는 경우에 효력을 크게 발휘하게 된다. 자칫하면 우수한 인력을 조직에서 이탈시키는 역효과를 가져오기 쉬운 파워이다.

⑤ 존경스러운 분이다(준거적 파워)

리더를 자신의 멘토로 생각할 정도로 존경하게 되면 리더는 대단한 파워를 갖게 된다. 옛날 중국에서 내려오는 이야기이다. 군대에 간 아들이 휴가를 위해서 잠시 집에 돌아왔다고 한다. 아들이 어머니에게 '전쟁터에서 동상이 걸려 발에 고름이 생겼는데, 자신이 모시는 장수(중국 춘추전국시대의 병법가인 오기吳起, 『오자』라는 병법에 관한 책을 남겼다)가 발의 고름을 입으로 빨아내어 고치게 되었다' 고 자랑을 하였다. 아들의 이야기를 들은 어머니는 저녁에 한숨을 쉬며 시름에 잠겼다고 한다. '우리 아들이 그 장수를 위해서라면 목숨도 바치겠구나' 하는 마음이 들어서였다. 솔선수범하는 태도로 리더십을 발휘해야 준거적 파워가 형성된다. 리더 자신도 상당한 노력과 절제가 필요하므로 어려운 파워임에 틀림없다. 하지만 리더에게 가장 이상적인 파워Reference Power가 바로 준거적 파워이다.

⑥ 인맥이 좋은 리더(커넥션 파워)

아직도 많은 조직에서는 '출세를 위해서는 줄을 잘 서야 한다' 는 표현을 쓰며 인맥의 중요성을 강조한다. 케서린 리어돈이 쓴 『이너 서클 : 조직 내 파워 게임의 법칙』도 바로 커넥션 파워에 대한 책이다. 인간관계가 어느 민족보다 강한 한국에서는 인맥의 범위가 곧 파워로 연계되어 해석된다.

'쌍기억' 으로 시작하는 한 글자로 리더십 성공요소를 짚어 보라는 우스개 소리가 있다. 꿈(비전), 깡(용기), 꼴(인물), 끼(자질), 꾀(지혜), 끈(인맥), 끝(아름다운 퇴장) 등이 등장한다. 이 중에서 한국에서 가장 효과적인 것이 '끈' 이라고 한다. 웃고 넘기기에는 뼈 있는 말이다.

인맥만 좋으면 리더십에 대한 검증 없이도 하루아침에 중요한 포지션을 차지하게 되는 한국의 풍토를 비판한 풍자이다. 어쨌든 인맥에 의해서 힘이 생기는 것을 바로 커넥션 파워라 부른다. 커넥션 파워 혹은 연결적 파워는 영향력 있는 사람이나 중요한 인물과의 연결 즉, 연줄을 가지고 있다는 사실에 기반을 둔 파워이다.

리더의 파워가 미치는 영향력은 상대적이다. 리더가 파워를 행사하는 접근 방식이 구성원의 기대와 어떻게 형평을 이루느냐에 따라서 다양한 결과가 나타날 수 있다. 보상적 파워가 필요한 상황에서는 아무리 합법적 파워를 강조해도 소용이 없다. 또한 같은 보상적 파워라도 기대 수준과 비교하여 어느 정도 수준이냐에 따라 영향력의 차이가 크다.

일본의 가노 박사가 제시한 고객만족 모델을 리더십 영향력에 맞추어 용어를 수정한다면, 〈그림 28〉과 같은 리더십 영향력 모델이 나올 수 있다. 기본 파워, 대응 파워, 그리고 매력 파워로 기능적인 요소를 구분하고 이들이 영향력에 미치는 수준을 나타낸 것이다. 기본 파워는 모든 구성원들이 당연하다고 기대하는 것으로서 오히려 기대에 못 미치면 크게 실망을 줄 수 있다. 도덕적으로 깨끗하지 못한 종교지도자는 준거적 파워를 크게 상실하게 되는 것이 한 예이다.

대응 파워는 실행 수준이 선형적인 관계를 가지고 리더십 영향력에 기여

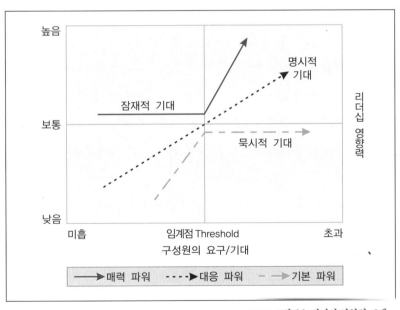

●●● 그림 28. 리더십 영향력 모델

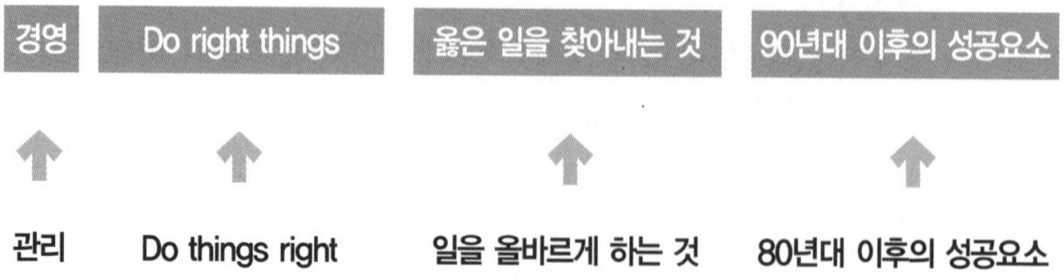

경영	Do right things	옳은 일을 찾아내는 것	90년대 이후의 성공요소
⬆	⬆	⬆	⬆
관리	Do things right	일을 올바르게 하는 것	80년대 이후의 성공요소

●●● 그림 29. 경영과 관리는 무엇이 다른가?

하는 경우이다. 대표적인 예가 기업의 임금 인상률과 같은 것들이다. 높고 낮음에 따라 구성원의 만족도도 비례해서 영향을 받는다. 매력 파워는 구성원의 잠재적인 기대를 건드리는 것으로서 리더십에 감동하게 만들 수 있는 요소들이다. 《타임》은 2001년 '올해의 인물'로 루돌프 줄리아니 뉴욕 시장을 선정했다. 9·11 테러 극복 과정에서 그가 보여준 강인한 위기관리 능력을 높게 평가한 것이다. 줄리아니 시장은 맨해튼의 한 호텔에서 늦은 아침을 먹다가 연락을 받고 즉시 현장에 달려갔다. 그리고 추가 테러에 대한 두려움을 잠재우고 화산재 같은 먼지를 뒤집어 쓴 채 '초인적인 냉정'을 유지하면서 구조 작업을 진두지휘했다고 한다. 만일 테러가 없었다면, 그의 위기관리 능력은 잠잘 수밖에 없었을 것이다. 그가 보여준 리더십은 많은 사람들로 하여금 그에게 충성하는 계기가 되었다.

구성원의 리더에 대한 기대는 끊임없이 변화하기 마련이다. 기대 수준 또한 지속적으로 높아지는 것도 사실이다. 그래서 리더가 적절한 파워를 유지하는 것이 어렵다. 당신은 어떤 파워로 리더십을 발휘하고 있는가?

꿀벌보다는 게릴라가 되어라

황당과 당황은 같은 글자로 이루어져 있지만 전혀 다른 의미를 갖는다. 요즘 젊은이들은 재미있는 표현으로 황당과 당황의 차이점을 비교한다. 자동차 뒤에 앉아서 볼일을 보는데 그 차가 갑자기 앞으로 가면 '황당' 하다고 한다. 같은 상황에서 자동차가 뒤로 후진을 하면 '당황' 이 된다는 것이다. 다소 유머러스한 비유이긴 하지만, 두 단어의 커다란 차이점을 느끼게 만들어 준다.

한 가지 영어 단어가 국내에서 두 가지 용어로 번역되어 크고 작은 혼돈을 가져오는 것이 있다. 바로 'MANAGEMENT' 라는 단어이다. '경영' 으로 번역되기도 하고 '관리' 로 쓰이기도 한다.

그러나 경영과 관리는 전혀 다른 의미를 갖는다. 경영자는 올바른 일을 찾아서 하는 사람이고 관리자는 주어진 일을 올바르게 하는 사람이다. 경영자는 능동적인 자세가 필요하고 관리자는 수동적인 자세가 필요함을 의미한다.

세계적인 일류기업으로 발돋움하는 데 성공한 삼성에서 팀장을 하는 친구가 언젠가 이런 말을 했다.

"삼성에는 A급, B급 그리고 C급 직원이 있다. C급 직원은 시키는 일을 제대로 하는 사람이다. B급 직원은 시키는 일은 의당 제대로 하고 시키지 않은 일에 도전하여 사고를 치는 사람이다. A급 직원은 시키지 않는 일에 도전해서 제대로 해내는 사람이다."

시키는 일도 제대로 못하는 사람은 삼성에 없다고 한다. 삼성이 리스크를 걸고 능동적인 자세로 새로운 일에 도전하는 직원이 더 바람직하다고 판단하는 것에 주목해야 한다. 즉, 경영 마인드를 관리 마인드보다 중시하는 조직문화를 선호하고 있음을 엿보게 된다.

경영자와 관리자는 가는 길이 다르다. 시키는 일을 제대로 하는 데에 급급한 사람은 관리자의 길을 걷고 있는 사람이다. 스스로 길을 찾기보다는 주어진 일을 올바르게 처리하는 데에 초점을 맞춘다. 반면, 새로운 일에 도전하여 시행착오를 겪는 것은 경영자의 길을 걷는 것이며 리더의 입장에 선 사람이다. 자기 스스로를 경영하는 사람이다.

누구나 리더이며 자신의 영향력은 경력이 쌓일수록 커지기 마련이다. 신입사원도 시간이 지나면, 새로운 길을 찾고 중요한 의사결정을 하는 리더의 위치에 서게 된다. 스스로 새로운 일을 창출하는 데 소극적인 관리자 성향의 사람은 조직에 커다란 악영향을 미칠 수 있다. 중요한 순간에 잘못된 판단을 하여 조직을 엉뚱한 방향으로 인도할 수 있기 때문이다. '주어진 일을 올바르게 하는' 관리 마인드도 중요하지만 '옳은 일을 찾아내는' 경영 마인드가 성공 비결이다.

잭 웰치가 1960년에 GE에 입사했을 때, 그는 '네모난 구멍 속에 끼워진 동그란 말뚝' 같은 어색함을 느꼈다. 회사로부터 자기 자신이 아닌 다른 사람이 되기를 요구하는 무수한 압력에 시달렸다.[82]

그러나 20년 후인 1980년, 웰치는 45세에 최연소로 CEO에 올랐다. 건실한 기업으로 평가받고 있었던 GE를 넘겨받은 잭 웰치는 안락한 스위트룸에 머

물러 있을 계획은 전혀 없었다. 평범한 항해는 그의 항해도에 들어 있지 않았다. 조용하고 만족스러운 진보는 웰치의 계획이 아니었다. 그는 주어진 것이나 열심히 지키는 꿀벌이 되는 것을 포기했다.

웰치는 경쟁력이 약한 사업부는 과감하게 퇴출시켰고 수백 가지의 새로운 비즈니스가 채택되었다. 1984년, 《포천》은 웰치를 가리켜 "미국에서 가장 강인한 사장"이라고 말했다. 경쟁력에 대한 웰치의 요구에 정면으로 맞서는 직원들을 상대로 그렇게 어렵다는 다운사이징을 실현시켰다.

웰치의 리더십은 결국 가볍고 탄력 있는 GE를 만들어, 1980년대 후반과 1990년대의 치열한 경쟁 환경을 선점해 나가는 데 성공했다. 그가 21년간 CEO를 하면서 GE를 세계에서 가장 강한 회사로 만들고 자신 또한 신화적인 경영자로 자리매김하게 된 이면에는 혁명에 대한 '게릴라 정신'이 있었기 때문이다.

잭 웰치가 처음부터 GE에 어울리는 사람이었다면 GE로 하여금 세계 최고의 경쟁력을 갖추도록 이끌 수 있었을까? 잭 웰치의 자질과 그의 도전 정신을 높게 평가한 웰치의 선임 CEO였던 레지널드 존슨 회장의 탁월한 안목이 가져온 결실이다.

GE의 역사를 연구한 리처드 패스케일은 『위기에 선 경영』에서 "GE의 천재성은 전임자가 겪었던 곤경에 맞서 싸울 수 있는 CEO를 연속적으로 선택한 데 있었다."라고 결론지었다.[83] 곤경에 도전할 수 있는 리더가 GE가 찾는 사람이었다.

한국은 쓸데없는 일을 만들어서 골치 아프게 하는 사람보다는 시키는 일을 성실하게 잘 처리하는 사람이 유리한 경우가 많다. 대부분 그런 사람들이 조직 사회에서는 상당히 성공적으로 승진하는 경우가 많다. 수동적인 사람보다 능동적인 사람이 대접받는 환경을 조성해야 한다.

『꿀벌과 게릴라』의 저자 게리 해멀도 진정한 혁명을 위해서는 게릴라가 되라고 주문한다.[83] 점진적인 개선을 추구하는 꿀벌의 개념으로는 경쟁에서 우위에 설 수 없다는 것이다. 창의적인 아이디어와 전략에 초점을 맞춘 게릴라식 접근방식이 승부의 관건이라고 강조한다. 관리 마인드가 아니라 경영 마인드가 경쟁력의 핵심이다.

현대 경영은 리더십으로 한다

포드자동차의 CEO인 앨렉스 트로트만Alex Trotman은 잉글랜드에서 태어나 스코틀랜드에서 공부했다. 외국인 경영자로서 보기 드물게 미국의 상징적인 자동차 회사인 포드의 최고경영자가 된 사람이다.

"기업을 경영하는 데 필요한 기본 수식은 배우기 쉽습니다. 책에도 나와 있으니 말입니다. 교육을 잘 받고 기꺼이 배우려는 자세라면 회계도 배울 수 있습니다. 재무평가를 터득하는 일도 쉽지요. 하지만 어떻게 부하직원을 격려하고 직원들이 직면하게 되는 온갖 어려운 일을 헤쳐 나가도록 할 수 있을까요? 오직 리더십으로 할 수 있습니다. 정말 힘든 일이긴 하지만 말입니다."

기업경영에 대한 트로트만의 노하우이다. 간단히 말하면, '리더십으로 경영한다'는 경영철학이다.

"우선 직원을 잘 알아야 한다고 생각합니다. 앞에 나서서 열심히 일하는 직원에게 믿음을 주고 믿지 못할 사람은 일찌감치 해고해야 하죠. 성공하려면 기업에 기여하지 못할 사람은 과감히 해고시켜야 합니다. 그러므로 우선 팀을 구성해야 합니다. 그렇게 힘든 일은 아닐 것입니다. 마음이 잘 맞

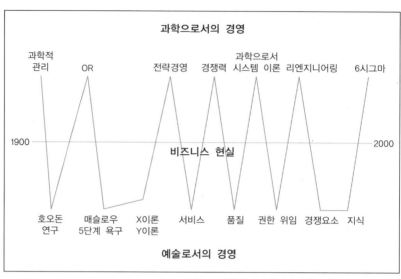

과학으로서의 경영

| 과학적 관리 | OR | | 전략경영 | 경쟁력 | 과학으로서 시스템 이론 | 리엔지니어링 | 6시그마 |

1900 　　　　　　　　　**비즈니스 현실**　　　　　　　　 2000

호오돈 연구　 매슬로우 5단계 욕구　 X이론 Y이론　 서비스　 품질　 권한 위임　 경쟁요소　 지식

예술로서의 경영

●●● 그림 30. 경영의 과학적 접근방식과 예술적 접근방식

는 사람들을 모으는 일부터 시작해서 최대한 역량을 발휘하고 서로 믿도록 하는 거지요. 그 다음에는 굉장한 전략을 세우고 완벽한 조화를 얘기하느라 시간을 낭비하지 말아야 합니다. 악기들이 서로 조화를 이루지 않는다면 연주할 수 없으니까요. 이 일을 가장 먼저 해야 합니다."

리더십 환경이 무엇보다도 중요하기 때문에 리더십을 발휘할 수 있는 팀을 구성하는 데 역점을 두고 있다.

트로트만은 포드에서 리더십을 발휘한 최고의 직원 24명을 뽑아서 4~5개월 동안 강도 높은 훈련을 시킨다고 한다. 이들은 포드자동차 내의 각종 프로젝트에서 좋은 결과를 얻은 해결사들이다. 보상정책, 자산활용정책, 고객만족 등 포드가 당면한 어떠한 현안도 그들의 사정거리에서 벗어날 수 없다.

여섯 그룹으로 나누어지는 이들에게 과제가 전달된다. "해답을 알 수 없는 풀기 힘든 과제를 드리겠습니다. 4~5개월 후에 결과를 보도록 하지요. 그러면 이들은 그 과제에 매달립니다. 원래 자기가 하던 일도 하면서 말이지요." 트로트만이 해결사 팀을 이끄는 독특한 방식이다.[28] 자신의 업무를 하면서도, 문제해결 능력과 리더십을 키우는 훈련을 하는 것이다. 경영은 결국 리더십에 달려 있다.

경영에 리더십이 더욱 중요하게 부각되는 이유를 조금 다른 각도에서 살펴볼 필요가 있다. 과거 산업화 수준이 낮았던 시기에는 의사결정이 상대적으로 쉬웠다. 기본적인 의식주를 해결하는 것이 목적이었던 시기의 리더는 방향을 제시하고 공감대를 만들어 내는 것이 상대적으로 용이했다. 따라서 관리형 리더십만으로도 얼마든지 훌륭한 업적을 쌓을 수 있었으며 통솔력 그 자체가 리더십의 관건이었다.

하지만 현재의 경쟁 환경은 사활을 결정하는 의사결정이 연속적으로 발생된다. 선택의 폭도 다양하여 끊임없이 새로운 아이디어를 찾아내고 선택을 해 나가야 하는 실정이다. 방향을 설정하는 사람으로서의 리더의 역할이 조직의 성공에 더욱 결정적인 영향력을 미치게 된 것이다.

경영은 '과연 예술인가 아니면 과학인가?' 하는 관점에서 조명되기도 한다. 과학적 관리, OR(오퍼레이션스 리서치), 전략경영, 시스템 이론, 리엔지니어링, 식스시그마 등 많은 경영 개선 및 혁신 개념들이 제시되면서 경영은 과학적 접근 방식이 필요하다는 시각이 있다. 실질적으로 이러한 개념들을 리더십의 수단으로 활용하여 조직의 경쟁력을 높이는 데 성공한 리더들도 많이 있다.

이에 반해서 동기부여에 관련된 호오도온의 연구, 매슬로의 인간욕구 5단계, 맥그리거의 X이론과 Y이론, 서비스, 품질, 고객만족, 권한 위임, 경쟁력 등 핵심 키워드를 추구하는 접근방식을 통해서 자신의 조직에 어울리는 접

근방식을 찾아가는 예술형 경영방식도 존재한다.[84]

과학적 접근방식이 시스템적인 분석능력을 선호하는 반면 예술적 접근방식은 창의적인 조직 문화를 중시한다. 조직이 작고 경쟁 환경이 단순한 경우에는 동기부여와 창의적인 아이디어로 가능하겠지만, 규모가 방대해지고 환경이 복잡할수록 정형화되고 시스템적인 접근방식이 필요하기 마련이다.

대니얼 골맨Daniel Goleman은 《하버드 비즈니스 리뷰》에서 "리더십은 결코 과학이 될 수 없다. 하지만 리더십에 대한 연구가 가속화되면서 효과적인 리더십 유형과 접근방식에 대해서 많은 해답을 찾아낼 수 있을 것이다."라고 말했다.[7]

학습하는 리더는 과학적으로 입증된 효과적인 리더십에 근거하여 보다 확신을 갖고 경영할 수 있다. 그렇더라도 창의적이고 예술적인 리더십 측면도 영원히 사라지지 않을 것이다. 결국 경영은 과학과 예술의 합작품일 수밖에 없다.

그러면 과연 어떠한 비율로 예술과 과학을 섞어야만 경쟁우위를 확보할 수 있는가? 이 대답 또한 리더의 숙제로 남게 된다. 현대 경영은 결국 리더십에 달려 있는 것이다.

경영품질을 생각하는 사람이
리더가 되어야 한다

"TQM(품질경영)은 내 자신이 정부에서 무엇을 해야 하는가에 대한 모델이 되어 왔다." 빌 클린턴이 1997년, 말콤 볼드리지 시상식에서 한 말이다.

말콤 볼드리지 모델은 품질경영을 기반으로 하여 경영의 질을 측정하고 향상시키는 경영수단으로 활용되고 있다. 1987년도에 제정되어 모토로라, 제록스, AT&T, 코닝, 리츠 칼튼 등이 이 상을 수상하였으며, 현재는 월드클래스 경쟁력을 측정하는 글로벌 표준으로 인정받고 있다.

말콤 볼드리지 모델은 7가지 범주로 구성되어 있는데, 첫 번째 범주가 바로 리더십이다. 올바른 리더십이 경영의 질에 가장 우선되는 항목임을 강조하고 있다.

클린턴 대통령은 1986년 알칸소 주지사 시절에 미국에서는 최초로 행정부에 TQM을 도입했던 사람이다.[85] 1994년 대선에 TQM의 원리를 이용했다는 얘기가 있을 정도로 깊은 신뢰를 갖고 있다.

국가를 경영하는 최고통수권자가 경영의 질을 향상시키는 경영혁신 모델을 이해하고 적용하였던 것이다. 클린턴은 국가 통치를 경영의 개념으로 볼 수 있었던 리더였다.

"품질경영은 내 자신이 정부에서 무엇을
해야 하는가에 대한 모델이 되어 왔다"

– MB상 시상식에서(1997년)

미국의 제42대 대통령, 빌 클린턴

　요즘 새로운 대통령은 'CEO 대통령'이 되어야 한다는 소리가 심심찮게 들린다. 바로 경영자로서의 리더십을 겸비한 사람을 찾아야 한다는 목소리로 해석될 수 있다. 자신의 리더십 역할을 경영자의 관점에서 이해하고 전개할 수 있는 능력의 소유자를 찾아야 한다. 다시 말해서 경영의 질을 생각할 수 있는 리더가 바로 CEO형 리더이다.

　미국은 특별한 일이 아니면 대통령이 말콤 볼드리지 시상식에 참석한다. 지난 15년간, 대통령이 시상식에 13번 참석하여 경영품질Management Quality의 중요성을 직접 부각시켰다.

　한국도 현재 말콤 볼드리지 모델을 벤치마킹한 국가품질상을 제정하여 대통령 포상으로 운영하고 있다. 보통 수천 명의 기업인들이 시상식에 참석할 정도로 중요한 행사이며 경영혁신의 구심점 역할을 하고 있다.

　그러나 안타깝게도 한국의 대통령은 이 행사에 고작 2번 참석하였으며 최근 6년 동안은 한 번도 참석하지 않았다. 2000년도에는 대통령을 참석시키

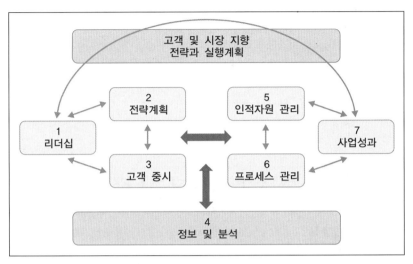

●●● 그림 31. 미국의 말콤 볼드리지(MB) 경영 품질상 모델

기 위해서 두 번이나 대회일정을 변경하였지만 결국 불발로 끝나고 말았다. 웃어 넘기기에는 참으로 안타까운 현실이다. 경영품질을 중시하는 사회를 만드는 데 모두가 관심을 가져야 할 절박한 시점이다.

CHAPTER 11

당신의 리더십 컬러를 지켜라

리더의 짐은 무거울수록 좋다

리더십의 금자초패를 달성하라

위대한 리더는 누구인가?

자신의 강점으로 리드하라

컬러 리더십의 영향력을 간파하라

교육이 아니라 훈련이 필요하다

The buck stops here!

COLOR leadership

리더의 짐은 무거울수록 좋다

존 맥마스터는 미국 고등학교 농구계의 슈퍼스타였다. 고등학교 3년 동안 모든 경기에 주전선수로 출전할 정도로 탁월한 기량을 보여주었으며 마지막 시즌에는 리그 최우수선수로 뽑혔다. 존에게는 남들과 다른 독특한 점이 한 가지 있었다. 바로 모든 경기에 어머니를 초대한다는 것이다. 홈 경기든 원정 경기든 가리지 않았다. 아무리 먼 곳이어도 상관이 없었고 어떤 궂은 날씨에도 어머니를 초대하는 것을 잊지 않았다. 그래서 존의 어머니는 항상 관중석에 앉아 아들의 승리를 기원하며 열렬히 응원했다. 그러나 놀랍게도 존의 어머니는 앞을 전혀 보지 못하는 시각장애인이다. 어머니는 아들을 볼 수 없지만, 아들은 어머니를 볼 수 있었기에 존은 항상 놀라운 투혼을 발휘할 수 있었다. '어머니를 실망시킬 수 없다'는 의지가 그를 뛰어난 선수로 만든 것이다.

정보 공유의 범위가 넓어지면서 상대적인 비교가 쉬워졌다. 나 보다 좋은 환경을 가진 사람을 헤아리자면 한도 끝도 없는 세상이 되었다. 그래서 리더는 어렵다. 끊임없이 이상적인 상황과 비교하면서 보다 나은 환경을 조성해 달라고 외치는 사람들을 이끌고 간다는 것이 여간 부담스러운 일이 아니다. 리더라는 위치를 훌훌 털어 버리고 싶은 허탈감이 엄습해 오기도 한다.

농부로서 모범적인 삶을 살며 50권이 넘는 훌륭한 책을 저술해 '아름다운 사회'를 만드는 데 기여했던 스코트 니어링 박사는 "인생은 그 자신의 길을 따라가면서 거기에서 통행료를 내는 것이다." 라고 했다.[86] 니어링 박사는 통행료를 내는 데 인색하지 말라고 강조한다. 통행료를 많이 내는 사람이 아름다운 길을 걷는 사람이기 때문이다. 농구선수 존은 신체적인 약점이 있는 어머니를 감사함으로 받아들였다. 니어링 박사의 표현을 빌리자면, 존은 통행료를 기쁘게 내고 있는 스스로의 주인이며 리더임에 틀림없다.

필자가 성장했던 시골에 뇌성마비로 다리를 저는 장애인이 한 명 있다. 지적 수준이나 언어표현 능력이 낮아서 아이들에게 '바보'라는 놀림을 당하면서 살아야만 했다. 성인으로 성장해서는 청각장애자와 결혼을 하여 딸을 한 명 두고 있다. 운동회 날, 그 딸이 달리기 경주를 하면서 트랙의 중간 지점에 놓여 있는 종이쪽지를 집어 들었다. 공교롭게도 거기에는 '아버지와 함께 달려라!'는 글자가 쓰여 있었다. 아이는 아버지를 찾았다. 그리고 망설이는 아버지의 손을 잡고 운동장 한복판을 달렸다. 다리가 불편한 아버지 탓에 힘들게 경주를 마칠 수밖에 없었다. 하지만 운동장에 모여 있던 사람들은 모두 응원의 박수를 치며 눈시울을 붉혔다. 그 아이의 모습이 너무 대견했기 때문이다.

우리는 모두 선택받은 길을 걷고 있다. 넓고 좋은 길을 걷게 된 사람도 있으며 좁고 거칠며 게다가 장애물도 많은 길을 걷는 사람도 있다. 우리들 자신의 인생 여정이다. 결국 주어진 그 길을 '아름다운 길로 바꿀 수 있는 사람'도 우리들 자신이다. 그 길의 가치는 우리가 내는 통행료에 비례할 것이다.

문화방송의 초대 사장을 거쳐서 문화공보부 장관을 지낸 이환의 사장은 삼십대에 전라북도 도지사를 지낸 사람이다. 경향신문 기자 시절, 그는 온양에 있는 온천장 복도에서 박정희 대통령과 부딪히게 되었다. 이환의 기자는 안부를 묻는 대통령에게 짧게 인사를 하며 말했다.

"각하, 짐을 좀 주십시오."

평소 날카로운 필체가 돋보였던 이환의 기자를 마음에 두고 있었던 박정희 대통령은 미국 순방을 마친 후, 다시 이환의 기자를 만나게 되었다.

"자네, 언젠가 짐을 달라고 했는데……. 어떤 짐을 달라는 말인가?"

대통령은 이 기자의 말을 잊지 않고 있었던 것이다.

"아무거나 좋습니다. 하여간 무거운 짐을 주십시오."

무거운 짐을 지겠다고 말한 이환의 기자, 그 순간부터 그는 리더들이 걷는 특별한 인생의 여정으로 들어서게 되었다. 무거운 짐을 지겠다는 주도적인 자세가 그로 하여금 리더의 반열에 오르게 한 것이다.

위대한 리더는 통행료를 많이 내기로 작정한 사람이다. "인생의 짐은 무거울수록 좋다."는 도쿠가와 이에야스의 말을 기꺼이 받아들인다. 짐이 많을수록 많은 사람들이 자신에게 거는 기대가 그만큼 크다는 것을 알기 때문이다. 리더의 짐도 무거울수록 좋다. 많은 짐을 지고 통행료가 많은 길을 선택하는 사람, 그가 진정 리더의 자격이 있는 사람이다

리더십의 금자초패를 달성하라

중국의 거상 호설암은 가난하고 비천한 출신이었다. 하지만 탁월한 사업가 기질과 안목으로 대륙적인 금융망을 건설하는 데 성공했다. 뿐만 아니라 '호경여당' 이라는 약국 체인을 만들어서 자신의 이름을 알리는 데 성공한 인물이다.[87]

호설암은 항상 '사람이 세상을 살면서 명예를 먼저 추구해야 할 것인가, 아니면 이익을 먼저 추구해야 할 것인가' 하는 문제를 생각했다고 한다. 하루는 그가 친구와 이 문제에 대해 이야기를 나누었다. 친구가 말했다.

"나는 다른 것은 몰라도 장사에 있어서는 반드시 명예를 추구해야 한다고 생각하네. 그렇지 않으면 어찌 '금자초패金字初牌' 라 부를 수 있겠는가?"

친구의 말에 크게 공감한 호설암은 '금자초패' 의 진정한 의미를 받아들여 '명성을 떨치는 것이 가장 중요한 장사의 도리' 라고 확신하게 되었다. 호설암은 이렇게 말했다.

"그의 말은 매우 일리 있는 말이었다. '금자초패' 를 이루게 되면 자연히 장사도 크게 번창하여 결국 이익이 따라오기 때문이다. 결국 명예와 이익은 동전의 양면이 아닐까? 장사는 한 번 실패해도 다시 시작할 수 있지만 사람을 잘못 대하면 두 번 다시 돌이킬 수 없을 뿐만 아니라, 수십 년 동안 쌓은 명성도 한순간에 물거품이 되고 만다. 그러므로 관리든 상인이든 간에 대인 관계를 무엇보다 중요하게 여겨야 한다."

명예를 지켜야 궁극적인 성공을 성취할 수 있음을 강조한 말이다. 실제로 호설암은 호경여당을 개업하면서 '금자초패'와 관련된 중요한 방침을 세운다. '나 자신의 확고부동한 브랜드를 만들어야 한다'는 것이었다. "손님들을 기만하지 않고 진실함으로 명성을 쌓는다."는 경영 이념을 가지고 그는 호경여당의 두 가지 원칙을 세웠다.

첫째, 판매한 약은 뛰어난 약효를 지녀야 한다. 호설암은 이 원칙을 지키기 위해서 고객들에게 직접 약재를 고르게 하거나 제조과정을 확인하는 기회를 제공하였다. 스스로 모든 직원에게 약의 처방, 재료 선택 그리고 제조과정의 정밀성을 강조했다. 또한 그러한 목표를 달성할 수 있는 뛰어난 능력을 소유한 점원들을 채용했다.

둘째, 모든 점원은 진실되고 넉넉한 마음을 지녀야 한다. 마음가짐이 약의 품질을 높이는 데 최선을 다하도록 만들며 약방도 좋은 평판을 얻게 되기 때문이다. 진실과 성심으로 고객을 대하면 고객들의 신뢰를 얻을 수 있고 좋은 이미지를 성취할 수 있다고 그는 믿었다.

금자초패, '사업이 번성하여 세상에 널리 알려지는 이름'을 일컫는다. 처음에 만들었던 간판의 글씨를 금색으로 다시 새길 정도로 성공했다는 말이다. "내 사업이 성공했습니다!" 하고 모든 사람에서 공표하는 것과 같다. 자신의 상호에 대한 자부심과 평생 이 상호를 지키겠다는 각오를 보여준다. '금자초패'를 이루면 번성할 수 있다. 하지만 그러한 '금자초패'를 달성하려면 먼저 자신의 명예를 지키려는 결단이 필요하다.

존경받는 리더는 무엇보다도 명예를 중요하게 여긴다. 그들은 공짜로 얻어지는 명예는 없으며 적당히 이룰 수 있는 것도 없음을 안다. 중요한 의사결정 시점에 이르렀을 때, 리더의 행동은 상징성을 갖기 마련이다. 자신의 안위나 이익에 집착하는 사람이라는 평판을 갖고 있는 리더는 소신대로 의사결정을 단행하기 어렵다. 설사 마음을 비우고 소신껏 결정을 한다고 해도 뭔가 다른 의도가 있다는 의심의 눈초리에서 벗어나기 어렵다.

명예를 추구하고 자신의 철학이 뚜렷한 리더는 이러한 결정적인 순간에 오히려 돋보인다. 신뢰가 형성되어 있기 때문이다. 이미지와 명예를 지키느라고 마음고생을 한 소신이 보상받는 순간이다. 소신 있는 결정으로 위기의 순간에 정도를 지키면 그의 리더십 이미지는 구성원에 의해서 금색으로 찬란하게 도금이 된다. 그야말로 자신의 리더십이 '금자초패'를 이루는 순간인 셈이다.

존 가드너John Gardner는 『On Leadership』에서 유명한 군대 장성들의 리더십 스타일을 함축적으로 표현했다. 조지 마샬 장군은 '겸손하고 신중하면서 뛰어난 판단력을 가지고 있고, 신뢰감을 고취시키는 능력을 갖춘 장군' 맥아더 장군은 '뛰어난 전략가이자 안목이 넓은 경영자이며 모든 행동에서 빛을 냈던 사람', 드와이트 아이젠하워 장군은 '탁월한 경영자이자 단결력을 이끌어 내는 사람', 조지 패튼 장군은 '과감하고도 강력한 야전사령관' 그리고 버너드 몽고메리 장군을 '천부적이고도 개성이 강한 리더'로 묘사했다. 모두 엄격한 통제를 요구하는 군 조직을 이끌지만 그들의 리더십 스타일은 참으로 다양하기 그지없다. 군대 리더십이 이럴진대, 일반 조직의 리더들의 모습은 얼마나 다양하겠는가?

성공을 거둔 수많은 기업의 CEO들을 대상으로 사례연구를 실시한 워런 베니스Warren Bennis와 버트 내너스Burt Nanus는 『Leaders : The Strategies for Taking Charge』에서 다음과 같이 리더십의 다양성을 강조했다.[88]

"성공한 기업의 회장들을 살펴보면 뚜렷한 패턴이란 없는 것처럼 보인다. 그들 가운데는 오른쪽 뇌를 주로 사용하는 사람도 있고, 왼쪽을 주로 사용하는 사람도 있다. 또 키가 큰 사람도 있고 작은 사람도 있으며, 뚱뚱한 사람도 있고 마른 사람도 있다. 발음이 분명한 사람이 있는가 하면 말을 더듬는 사람도 있다. 대범한 사람도 있고 수줍어하는 사람도 있다. 또한 성공한 사람답게 잘 차려입은 사람도 있고 마치 실패한 사람처럼 남루한 꼴을 한 사람도 있으며, 남과 함께 어울리기 좋아하는 사람도 있고 독선적인 사람도 있다. 그들에게는 기업체의 수만큼이나 많은 다양성이 있고, 그들의 경영관리 스타일 또한 많은 차이점이 있다."

이처럼 리더십 스타일은 다양하다. 문제는 어떤 리더십 스타일인가, 하는 점이 중요한 것이 아니라 성공한 리더로 이름을 떨칠 수 있는가, 하는 점이다. 그러기 위해선 자신의 기질과 성품에 어울리는 리더십 이미지를 만들어야 한다. 그리고 그러한 리더십을 더욱 돋보이게 만들 수 있는 성공 패턴을 찾아야 한다. 자신의 리더십이 '금자초패'를 이루는 순간을 바라보아야 하는 것이다.

우리는 그 동안 다른 사람의 리더십 배우기에 심혈을 기울여 왔다. 덕분에 유명한 정치인, 종교인, 경영인의 리더십은 거의 모두 이런저런 방식으로 소개되어졌다. 오히려 너무 많은 리더십 개념과 모델들이 공유되다 보니 무엇이 바람직한 리더십이고 무엇이 바람직하지 못한 리더십인지 혼란스러울 지경이다.

리더십 교육은 벤치마킹이 핵심이다. 모방을 추구하는 것이 아니라 기껏해야 성공한 리더들의 모습을 교훈으로 생각하라는 벤치마킹 수준을 벗어나지 않는다. 반면, 리더십 훈련은 체질화가 핵심이다. 평범한 원칙을 자신의 것으로 소화하여 실행에 옮기는 능력과 의지가 리더십 수준을 결정한다.

이제는 리더십 훈련이 필요한 시기이다. 지식으로서가 아니라 행동하는 리더십이 절실하게 필요한 시기이다. 또한 자신만의 리더십 이미지를 생각해 봐야 할 시기이다. 문제의식을 갖고 끊임없이 발전하려는 자세는 바람직하지만, 지나치게 자신의 리더십에 자신감을 잃는 것은 방향감각을 잃는 것과 같다.

토머스 제퍼슨은 "자신의 강점을 신뢰하라 그러나 자랑하지는 말라. 남의 강점을 존중하라 그러나 두려워하지는 말라."고 말했다. 자신의 강점을 신뢰해야 한다. 자기 수양을 통해 어떤 모습으로 다른 사람들의 이익을 위해 봉사하게 되며, 자아보다 중요한 목표와 의무에 헌신하게 되는지를 쌓아 나가야 한다. 이런 모습이야말로 자신의 리더십 이미지를 정립하고 존중받는 리더십으로 발전시키는 힘이 될 것이다.

위대한 리더는 누구인가?

구성원의 동기부여보다는 사업을 적극적으로 전파시키는 리더십, 인정스런 따뜻함보다는 차라리 냉철한 솔직함을 선호하는 리더십, 여러 가지의 초점을 제시하기보다는 한 가지에 집중적으로 초점을 맞출 수 있는 능력의 소유자, 애매모호한 것을 회피하기보다는 오히려 그런 모호함 속에서 경쟁우위를 선점하는 리더. 최근《포천》이 소개한 인터넷 시대의 e-CEO가 갖추어야 할 새로운 리더십 자질이다. 기존 CEO의 리더십과는 전혀 다른 느낌을 주는 리더십 요소들이 관심의 대상이 되고 있다.

리더십에 대한 시대적인 요구 조건이 그만큼 빠르게 변하고 있음을 의미한다. 피터 드러커는 "리더십 성품, 리더십 유형, 리더십 자질은 더 이상 존재하지 않는다."고 주장했다. 마치 제품과 서비스의 개발이 소비자 중심의 맞춤형으로 전환되고 있듯이 조직이 요구하는 리더십도 특정의 유형으로 대응하는 것은 이제 불가능하게 될 것이라는 예측이다. 그러나 그의 주장에도 불구하고 급속도로 형성되는 새로운 경쟁 환경을 경험하면서 우리는 본능적으로 신선한 리더십에 대한 기대를 저버릴 수가 없다. 슈퍼 리더십 Super Leadership 혹은 공동 리더십 Co-Leadership 과 같은 새로운 개념이 수면 위로 부상하는 이유도 그러한 기대 때문이다.

"과연 미래를 선도할 위대한 리더십은 무엇인가?" 많은 경영인들이 궁금해 하는 질문이다. 포드자동차의 헨리 포드, IBM의 토머스 왓슨, GE의 잭 웰치, 마이크로소프트의 빌 게이츠, 현대의 정주영……. 지난 세기 동안에 우리는 많은 탁월한 CEO의 등장을 목격했다. 한 사람의 파워가 얼마나 큰 경제적인 가치를 창출할 수 있는가를 보여준 대표적인 리더들이다. CEO들은 자신의 성공 노하우를 전파하여 CEO의 이미지로 기업 브랜드 가치를 높이는 전략에 도전했던 시기이기도 하다. 하지만 다른 CEO들에게는 이들과 비슷한 역할을 해야 한다는 커다란 부담이 작용해 많은 경영인들을 치열한 경쟁의 장으로 몰입시키기도 했다. 지난 20세기가 '기업가의 시대'로 꼽히는 배경에는 그러한 경쟁 환경이 배경이 되기도 했다.

《포천》은 20세기 최고사업가로 포드를 선정했다. '자동차의 대중화'라는 창의적이고 현실적인 비전으로 자동차 산업을 20세기 선도산업으로 정착시킨 것을 높게 평가한 것이다. 포드보다 더욱 뛰어난 전략형 리더십의 소유자로 평가받는 GM의 슬로온도 왠지 포드의 아성에는 못 미치는 느낌이다. CEO로서의 리더십보다 포드가 자동차 산업에 바쳤던 비전이 상징적으로 더 큰 가치를 인정받았다는 생각이다.

"값싸고 대량으로 생산할 수 있는 차에 미래를 걸어야 한다."는 것은 근본적으로 포드의 생각이었으며 또 그 혼자만의 아이디어였다. 그는 이러한 아이디어에 대해서 확고한 신념을 갖고 있었지만 그것을 뒷받침할 만한 세부적인 아이디어는 없었다. 그런 이유로 임원회의를 하면 아무도 그의 비전에 동의하지 않았다. 어떤 모양의 차를 어떻게 만든다는 구체적인 아이디어 없이 이상적인 고집만 계속 강조했기 때문이다. 그럼에도 불구하고 포드는 서민을 위한 자동차를 만들어야 한다는 고집을 버리지 않았다. 더불어 자신의 고집을 실현시키기 위해서는 자동차부품 제조기술에 혁신적인 진보가 있어야 한다는 사실을 깨달았다. 포드의 굽힐 줄 모르는 비전 의식이 빛나는 대목이다. 보다 나은 세상을 위한 비전 의식과 기여가 포드를 오래도록 기억에 남는 위대한 리더로 만들어 주고 있다.

리더는 올바른 가치관을 통해서 이미지를 각인시킨다. 이는 도덕성과 신뢰성을 포함하여 기업가로서의 사명을 중시해야만 가능한 일이다. 19세기의 뛰어난 사업가 록펠러도 '물불 가리지 않고 부를 축적했다'는 가치관에 대한 비판에 오랫동안 시달렸다. 그만큼 기업가의 가치관은 오랜 기간 자신의 리더십 이미지에 결정적인 영향력을 미친다.

IBM의 왓슨 2세와 마이크로소프트사의 빌 게이츠는 기업가의 가치관 정립에 커다란 관심을 보인 CEO다. 단순히 사업가로서가 아니라 사회인으로 사회사업에 기여했던 왓슨, 아버지가 추구한 리더십 교육을 누구보다도 성공적으로 받아들여 후천적인 리더십 개발에 성공한 사람이다. 빌 게이츠는 이미 현재까지 선보인 리더십만으로도 출중한 기여도를 인정받고 있다. 부인과 함께 재단을 설립하고 미국에서는 가장 많은 액수의 기금을 조성하여 부의 사회 환원에 대한 그의 애착을 보여주고 있다. 어릴 때부터 사회사업에 열심이었던 어머니의 영향을 받은 측면도 있겠다. 하지만 '사회와 함께 하는 기업인'에 대한 그의 신념은 그의 말대로 '미래로 가는 길'에 반드시 필요한 리더의 가치관임에 틀림없다. 어느덧 지식 리더에서 비전 리더로 리더의 길을 바꾸고 있는 빌 게이츠의 모습을 주시하게 된다. 가치관이 바뀌면서 리더의 컬러도 바뀌게 되는 것이다.

e-CEO : 사업을 적극적으로 전파시키는 리더십을 갖고 있습니까?
CEO : 비전과 전략으로 해 왔지.

e-CEO : 인정스런 따뜻함보다는 차라리 냉철한 솔직함을 선호합니까?

CEO : 글쎄, 성과 중심의 사회에 온정이 있다면 더 좋은 일 아닌가?

e-CEO : 한 가지에 집중적으로 초점을 맞출 수 있습니까?

CEO : 집중력과 추진 능력이 우리의 최고 강점이었다네.

이러한 가상 대화에서, 우리는 《포천》이 소개한 e-CEO의 리더십이 기존 CEO의 리더십과 크게 다를 바가 없음을 엿볼 수 있다. 리더십의 본질은 변하지 않기 때문이다. 다만, 사회를 선도하는 사업의 특성이 리더십 모습을 시대에 따라서 다르게 보이게 만들 뿐이다. 이 사실은 우리에게 중요한 메시지를 던져 준다. 리더십에 대한 시각은 시대에 따라서 가변적이다. 그러나 해답은 기존 리더십에서 찾을 수 있다. 식스시그마 품질혁신전략으로 유명한 모토로라의 보브 갤빈 회장은 "진정한 리더는 어느 누구도 가지 않은 곳으로 가야 한다."고 말했다. 문제는 남이 선보이지 못한 리더십을 찾아 나서는 리더가 될 수 있는가, 하는 것이다.

조지 버나드 쇼는 이 세상에는 이성적인 인간과 비이성적인 인간, 두 종류의 인간이 있다고 했다. "이성적인 인간은 세상에 적응한다. 비이성적인 인간은 세상을 자기한테 적응시키려고 발버둥친다. 따라서 모든 진보는 비이성적인 인간에 의해 좌우된다." 혁신은 비이성적인 사람들이 주도한다는 게 그의 주장이다.

새로운 시대를 주도할 리더는 세상을 자기에게 적응시키려고 한판 승부를 준비하는 사람이다. 현실과 타협한다는 자세에서 탈피하여 미래를 대비하기 위하여 도전하는 CEO, 우리가 존중하고 힘이 되어 주고 싶은 비전 있는 CEO의 모습이다. 그가 바로 보다 나은 미래를 현실로 만들어 갈 새로운 리더일 것이다.

자신의 강점으로 리드하라

어느 날 한 은행의 부행장이 피터 드러커에게 전화를 했다. "교수님, 어떻게 하면 카리스마적인 리더십을 습득할 수 있는지, 세미나를 해주시기 바랍니다." 그는 매우 진지하게 요청을 했다. 하지만 드러커는 그냥 전화로 설명을 해나갔다.

"리더십은 물론 중요하다. 그러나 애석하게도 리더십은 지금 그 명칭 하에서 과대 선전되고 있는 것과는 한참 거리가 멀다. 리더십은 평범한 것이며, 낭만적이지도 않고, 매우 지루한 것이다. 리더십의 본질은 그 성과에 달려 있다. 리더십은 그 자체로는 좋은 것 또는 바람직한 것도 아니다. 그것은 하나의 수단이다. 그러므로 어떤 목적을 위한 리더십인가, 하는 것이 핵심 문제이다."

리더십이 결코 특별한 대접을 받아야 하는 테마가 아니라는 설득과 함께 드러커는 링컨 대통령의 얘기를 소개했다.

에이브러햄 링컨 대통령은 신임 총사령관 율리시스 그랜트Ulysses Grant(1822~85) 장군이 술을 너무 좋아한다는 우려의 말을 듣자, "장군이 좋아하는 술의 상표를 알면 다른 장군들에게도 한 통씩 보낼 텐데." 하고 말했다고 한다. 켄터키와 일리노이 개척지에서 어린 시절을 보낸 링컨은, 술이

별로 좋은 것이 아니라는 사실을 잘 알고 있었다. 그러나 그는 그랜트 장군이 술을 좋아한다는 것에 지나친 의미를 부여하지 않았다. 북군 장군들 가운데 유독 그랜트만이 항상 작전계획을 제대로 세웠고 승리를 안겨 주었기 때문에 그랜트 장군을 총사령관에 임명한 것이었다. 그랜트의 총사령관 임명은 남북전쟁의 전환점이 되었다. 링컨의 판단 기준은 전쟁터에서 검증된 장군의 능력, 즉 책임을 다한다는 강점이었지, 술을 과도하게 마신다는 사실, 즉 단점이 아니었던 것이다.[89]

베어 브라이언트는 미식축구에서는 전설적인 인물이다. 앨라배마 대학을 NCAA 챔피언으로 만들었을 뿐만 아니라, 생전에 모든 사람들이 그를 사랑하고 존경했다. 대부분의 프로 미식축구 선수들이 자신에게 가장 많은 영향을 준 사람을 꼽으라면 망설임 없이 브라이언트라고 말한다. 브라이언트의 리더십 철학은 세 가지 간단한 원리에 근거를 두고 있다.

첫째, 결과가 잘못된 것은 내가 잘못했기 때문이다.
둘째, 결과가 괜찮게 나타난 것은 우리가 잘했기 때문이다.
셋째, 결과가 최고로 나타난 것은 너희들이 잘했기 때문이다.

브라이언트는 이런 철학으로 자신의 선수들에게서 최고의 플레이를 이끌어 냈다. 그는 선수들 각자가 지닌 장점을 최대한 이끌어 내는 법을 알고 있었다. 브라이언트는 칭찬과 격려로 자신의 리더십 이미지를 만들어 나갔다.
어떤 사람이 무언가를 잘못했다면 당신이 나무라기 전에 이미 그 사람도 자신의 잘못을 알고 있다. 그 사람에게 더 이상의 주의를 촉구한다거나 잘못을 따지는 것은 적절한 방법이 아니다. 또한 일을 훌륭하게 처리해 낸 사람은 의당 그 결과에 대해 인정받고 싶어 하기 마련이다. 잊지 않고 칭찬을 해 줄 필요가 있다.

　모든 사람의 가슴에는 이상을 향한 불씨가 간직되어 있다. 이 불씨가 발화되어 커다란 불길로 변할 때 거대한 결과를 낳는다. 브라이언트는 이러한 사람들의 심리에 충실했던 리더이다. 그래서 모든 선수들은 그를, 용기를 북돋아 주었던 사람으로 기억하고 있다. 베어 브라이언트는 칭찬으로 사람과 환경을 바꾸었던 변혁적 리더였다. 후대는 브라이언트 리더십의 강점이었던 '칭찬' 이라는 컬러를 기억하고 있다.

컬러 리더십의 영향력을 간파하라

스롤리 블로토닉 연구소에는 '부를 축적하는 법'을 연구하기 위해서 1천5백 명을 두 그룹으로 나누어서 20년에 걸쳐 이들을 추적하고 조사하였다. 돈, 즉 경제적인 것에 우선순위를 두고 직업을 선택한 사람들을 A그룹으로 분류했는데 전체의 83퍼센트에 해당되었다. 나머지 17퍼센트는 돈보다는 자신이 좋아하는 일에 우선순위를 두고 하고 싶은 일을 했던 사람들로서 B그룹으로 분류하였다. 20년 후, 이들 1천5백 명 중에서 정확히 101명의 억만장자가 나왔다고 한다. 놀라운 것은, 그 중에서 100명이 B그룹에 속한 사람이었다는 사실이다.[90]

리더십도 마찬가지이다. 자신이 리드하고 싶은 스타일을 잘 살리는 것이 중요하다. 다른 사람의 흉내를 내며, 단점을 보강해서 리더십을 펼친다는 것은 궁극적인 경쟁력이 될 수 없다. 자신에게 어울리는, 자신이 가장 효과적으로 적용할 수 있는 리더십 방식을 찾아야 하는 것이다.

자신의 장점을 살려서 리더십을 발휘해야 한다는 것이 조직의 여건을 무시하고 무조건 '나는 항상 옳다'라고 주장하라는 것을 의미하지는 않는다. 서번트 리더를 필요로 하는 구성원에게 파워 리더가 "난 초록색 파워 리더다. 내가 하는 대로 따라 하라."며 밀어붙인다면 여간 난감한 일이 아닐 수 없다. 컬러 리더십을 활용하는 접근 방식에 눈을 떠야 한다. 즉, 자신의 리더십 컬러를 지키면서 조직의 경쟁력을 강하게 만드는 노하우를 터득해야 하는 것이다.

컬러 리더십의 활용 방법을 설명하기에 앞서, 과연 어떠한 리더십 스타일이 조직 경쟁력에 가장 바람직한 것인가를 살펴보는 것이 필요하다. 대니얼 골맨은 이러한 필요에 근거해서, 리더십 스타일이 조직문화(유연성, 책임감, 표준화, 보상, 투명성, 결단력)를 좌우하는 요인들과 어떤 상관관계가 있는지를 조사하였다.[7]

상관계수는 −1에서 1 사이의 값을 가질 수 있는데, 값이 클수록 긍정적인 상관관계가 크다고 결론을 내릴 수 있다. 반면, 음수는 부정적인 상관관계를

리더십 컬러	유연성	책임감	표준화	보상	투명성	결단력	전체 영향력	리더십 효과	근접한 리더십
서번트 리더십	.27	.16	.31	.48	.37	.34	.46	긍정	
브랜드 리더십	−	−	−	−	−	−	−		파워+ 변혁적
사이드 리더십	.28	.23	.22	.42	.35	.26	.43	긍정	
파워 리더십	−.07	.04	−.27	−.29	−.28	−.20	−.25	부정	
슈퍼 리더십	.17	.08	.39	.43	.38	.27	.42	긍정	
비전 리더십	.32	.21	.38	.54	.44	.35	.54	매우 긍정	
변혁적 리더십	−	−	−	−	−	−	−	긍정	서번트

●●● 표 17. 리더십 스타일이 조직의 문화에 미치는 영향
(−는 [7]에서 다루지 않은 리더십 유형임)

나타내며 -1에 가까이 갈수록 크게 상반되는 관계임을 입증한다. 〈표 17〉에 나타나 있듯이 비전 리더십, 서번트 리더십, 사이드 리더십 그리고 슈퍼 리더십이 조직의 문화에 긍정적으로 영향을 미치는 것으로 나타났다. 변혁적 리더십도 서번트 리더십과 유사한 접근 방식이므로 긍정적으로 작용할 것으로 판단된다. 파워 리더십은 조직 문화에 오히려 부정적인 영향을 미칠 수 있음에 주목해야 한다([7]에서 파워 리더십은 주로 강압적인 수단을 적용하는 것으로 보고 있다). 단기적인 목표 달성에 초점을 맞추면 즉각적인 성과는 거둘 수 있지만, 장기적으로 바람직한 문화를 형성하는 데는 한계가 있음을 보여주고 있다. 파워 리더십과 유사성이 높은 사이드 리더십도 조직문화를 고양시키는 데 취약점을 갖는 리더십이므로 유의해야 함은 마찬가지이다. 이렇듯 자신의 리더십 컬러가 조직 문화에 다양한 각도에서 영향을 미칠 수 있음을 염두에 두어야 한다.

이론적으로 말한다면, 7가지 컬러를 갖고 상황에 따라서 적절한 리더십을 발휘하는 리더가 탁월한 리더십의 소유자라고 말할 수 있을 것이다. 실제로 많은 연구들이 더 다양한 리더십을 보유할수록 훨씬 바람직하다고 말하고 있다.

골맨은 "가장 효과적인 리더는 필요에 따라서 리더십 스타일을 바꿀 수 있다."고 강조할 정도였다. 하지만 현실적으로 7가지 모든 리더십 컬러를 균등한 수준으로 적용할 수 있는 사람은 드물다. 설사 내면적으로 그러한 리더십 스타일을 균등한 수준에서 유지하고 있다 하더라도 상황에 따라서 이를 자유롭게 활용하는 것은 대단히 어려운 일임에 틀림없다.

대니얼 골맨의 연구에 따르면, 경영자들이 하는 가장 흔한 대답이 "나는 그들 중에서 2가지 정도는 가지고 있는 듯합니다. 하지만 그걸 다 사용할 수가 없어요. 그걸 다 사용한다는 것은 자연스럽지 않습니다." 라고 한다. 결국 리더는 자신의 컬러에 충실할 수밖에 없다는 이야기다.

〈표 18〉에 리더십 상황에 따라 베스트Best 리더십과 워스트Worst 리더십, 즉 최악의 리더십을 제시하였다. '복잡한 갈등이나 대립을 해소해야 하는 상황'에는 인간중시에 높은 가치를 둔 서번트 리더십이 적격이다. 이런 경우, '내가 하는 대로 따라 하라'는 파워 리더십은 당장은 문제를 해결할 수 있을지 몰라도 장기적으로는 오히려 문제를 키우게 된다.

리더십 환경이 가변적이므로 현재 베스트 리더십이었던 것이 워스트 리더십이 될 가능성도 얼마든지 있을 수 있다. 그래서 리더는 상황에 맞추어 다양한 리더십 접근 방식을 동원한다. 때로는 사랑으로, 때로는 강력한 추진력으로 혹은 객관적인 근거를 제시하여 통솔력을 발휘하곤 한다. 하지만 이

리더십 상황	베스트 Best 리더십	워스트 Worst 리더십
복잡한 갈등이나 대립을 해소하고 싶다	서번트 리더십	파워 리더
차별화된 경쟁력을 만들고 싶다	브랜드 리더십	파워 리더
의견 수렴을 통해서 공감대를 확립하고 싶다	사이드 리더십	파워 리더
팀으로부터 즉각적인 결과를 만들고 싶다	파워 리더십	슈퍼 리더
권한 위임을 통해서 책임을 명확히 하고 싶다	슈퍼 리더십	사이드 리더
새로운 비전이나 방향 설정이 요구되는 환경이다	비전 리더십	서번트 리더
업무 능력을 개선하여 장기적인 경쟁력을 만들고 싶다	변혁적 리더십	브랜드 리더

●●● 표 18. 리더십 환경에 적합한 컬러 리더십

러한 일상적인 활동이 리더의 컬러를 바꾸지는 않는다. 구성원들을 배려하는 마음을 표현하는 방식도 리더십 컬러에 따라서 전혀 다르기 마련이다.

　서번트 리더는 따스한 마음을 전할 것이다. 브랜드 리더는 깜짝쇼를 구상하여 놀라게 해줄지도 모른다. 파워 리더는 확실한 보상으로 다가서려고 노력할 것이다. 즉, 자신의 장점인 리더십 컬러를 지키면서도 효과적인 리더십 전개가 가능한 것이다. 따라서 컬러 리더십의 핵심은 '내가 무슨 컬러를 가져야만 하는가' 보다는 '나에게 어울리는 리더십 컬러를 찾고 그것을 어떻게 잘 활용할 것인가' 가 관건이다.

교육이 아니라 훈련이 필요하다

"전략이라는 것은 실행에 옮기지 않으면 한 장의 종이에 지나지 않습니다. 그것이 바로 CEO의 임무이지요. 겉으로 보기에는 번지르르하고 훌륭한 전략을 가지고 있는 듯이 보이는 리더들이 많습니다. 하지만 그것만으로는 부족합니다. 훌륭한 전략만 가지고는 기업이 성장할 수 없습니다. 책임을 지고 있는 사람이라면 어떤 일이 필요한가를 아는 것도 중요하지만 반드시 그에 응하는 결과를 얻어내야만 합니다." 미국 FPL 그룹의 CEO인 짐 브로드헤드의 철학이다. 실행능력이야말로 바로 리더십의 핵심이라는 주장이다.

《포천》도 최근 실패한 CEO의 6가지 습관을 발표하면서 "실행에 옮기지 못하는 CEO가 실패한다."는 단순한 결론을 내렸다. CEO의 70퍼센트가 '전략에 문제가 있는 것이 아니라 행동으로 옮기지 못한 것이 문제'라고 지적했다는 것을 그러한 판단의 근거로 제시하였다.

비전과 전략은 누구든지 제시할 수 있다. 그러나 그것을 현실적으로 실행에 옮긴다는 것은 다른 차원의 능력을 요구한다. 성공한 리더들이 하나같이 실행 능력에서 돋보이는 근원적인 이유이다. 리더십 키우기도 마찬가지이다. 리더십 향상에 대한 전략과 실행 계획을 세울 수는 있다. 그러나 결국 실행 능력이 성패를 좌우하는 것이다. 리더십은 주도적인 자세를 요구하며, 리더십을 배우고 향상시키는 것은 더욱 더 주도적인 접근 방식을 필요로 한다. 필자가 개인적으로 리더십 교육을 시키는 과정에서 늘 다가오는 문제는 바로 주도적인 사고방식과 관련이 되어 있다. 단 한 가지 원칙이라도 자신의 것으로 소화시키려는 적용 의지가 교육훈련 성과를 좌우한다는 것을 늘 체험하게 된다.

이 책은 자신의 장점을 살려서 리더십을 차별화하고 그에 맞는 성공 패턴을 익혀서 역량을 강화하는 접근 방식을 택하고 있다.

"사람들의 장점을 관리해야 한다고 생각합니다. 모든 사람들은 약점을 갖고 있기 마련인데, 이러한 약점에만 초점을 맞추면 모든 사람들이 불행해질 테니까요. 그러니 장점에 초점을 맞추십시오." 화이자를 키워 낸 CEO 빌 스티어의 성공담이다. 긍정적인 요소에 초점을 맞추어 프로액티브한 자세를 가질 것을 강조하고 있다.

당신은 앞의 장에서 자신의 리더십이 어떤 컬러인지, 그리고 어떠한 것이 성공요인이지 파악하게 되었을 것이다. 이제 마무리를 할 시점이다. 앞으로

리더십 컬러	컬러 리더십 목표	컬러 리더십 실천과제
서번트 리더십	좋은 가치를 추구하라	4대 실천과제
브랜드 리더십	표준을 장악하라	4대 실천과제
사이드 리더십	처음에 올바르게 하라	7대 실천과제
파워 리더십	지속적인 혁신을 체질화하라	4대 실천과제
슈퍼 리더십	셀프 리더를 만들어라	7대 실천과제
비전 리더십	공통의 언어를 만들어라	6대 실천과제
변혁적 리더십	처음의 정신을 유지하라	8대 실천과제

●●● 표 19. 컬러 리더십의 목표와 실천과제

자신의 리더십을 전개하는 과정에서 무엇에 목표를 삼아야 하고 어떤 단계를 중시하여 리더십을 전개할 것인지에 대해 정리할 필요가 있다. 이 책에서는 〈표 19〉에 나타나 있는 대로 각 컬러에 대해서 리더십 목표와 실천과제를 제시했다. 컬러 리더십에 대한 실행 능력을 높이는 데 활용하기를 기대한다.

리더십은 교육이 아니라 훈련이 필요하다. 이제 자신의 리더십 컬러를 알게 되었다면 더욱 그러한 이미지를 공고히 할 훈련을 준비해야 한다. 은퇴하기 전, 잭 웰치에게 "당신의 가장 중대한 실수는 무엇인가?" 하는 엉뚱한 질문이 던져졌다. "아주 기본적인 것이었습니다. 모든 일들을 너무 늦게 진행했던 것이지요. 조금 더 서둘렀더라면 좋았을 겁니다." 잭 웰치의 답변이다. 우리는 그가 누구보다도 앞서갔다고 생각했지만 정작 본인은 '모든 일들이 너무 늦게 시작되었다'고 아쉬워했던 것이다.

리더십 향상은 항상 우리의 뇌리에서 맴돌고 있는 숙원 과제이다. '뭔가 하긴 해야 할 텐데' 하면서도 자신의 리더십을 돌아볼 마음의 여유가 없다. 웰치는 그러한 우리에게 가능한 빨리 시도하라고 촉구한다. 뭔가 새로운 시도를 할 마음이 있다면, 지금 당장 시작해야 한다.

"해안을 보지 않은 사람만이 신대륙을 발견할 수 있다." 『좁은문』의 작가 앙드레 지드가 한 말이다. 자신의 리더십에 대한 목표와 실천 원리를 가슴에 새기고 작은 것에서부터 행동으로 옮기는 데 도전하기를 기대한다.

The buck stops here!

프랑스의 영웅, 드골 대통령. 그의 장례식은 100세대가 조금 넘는 작은 고향에서 마을 사람들이 지켜보는 가운데 검소하게 치러지고 있었다. 불과 72달러짜리 보통 관에 담긴 그의 유해는 19살의 어린 나이로 죽은 자신의 딸 곁에 묻혔다. 다른 점이 있었다면 국기에 덮인 관을 그의 집으로부터 교회까지 장갑차 한 대가 운구해 준 정도였다. 국가원수의 장례식에 흔히 보이는 장엄한 기병대도, 화려한 의장대도, 뒤따르는 긴 장례 행렬도 없었다. 평소에 장군이라고 불리는 것을 좋아했을 정도로 사랑했던 군대에서도 그를 위해 육군이 고작 장갑차 한 대를 배려한 것이 전부였다. 그의 묘지에는 작은 대리석 묘비가 세워졌다.

샤를 드골 1890~1970

묘비에는 쓰여 있는 드골의 이력이다. 평범한 국민의 한 사람으로 잠들고 있는 것이다. 위대한 드골 대통령이 보여준 마지막 리더십이었다.

드골의 검소한 장례식은 그가 죽기 20여 년 전에 쓴 유서의 세 가지 내용에 따른 것이다.

- 나의 장례식은 가족들에 의해 고향인 꼴롱베에서 갖고 싶다. 국장國葬 같은 행사는 사양한다.
- 나는 내 딸 안 옆에, 그리고 언젠가는 나를 따를 아내와 함께 묻히고 싶다. 묘비명은 '샤를 드골 1890~'으로 한다.
- 장례 참가자는 고향 사람, 레지스탕스 동지, 그리고 약간의 육군 요원으로 제한한다. 조포弔砲나 정부대표, 저명인사들의 참례를 사양한다.

드골이 왜 세계적으로 존경받고 있는가를 느끼게 만들어 주는 대목이다. 위대한 리더는 자신만의 분명한 가치관을 드러낸다. 그리고 그가 추구하는 가치는 많은 사람들에게 감동을 주는 위대한 가치이다.

드골은 2차 대전을 전후해 프랑스의 국제적 위상을 정립시킨 리더이다. 독일에 대한 저항, 알제리 반란의 수습, 미국 핵정책에 대한 정면 거부, 핵개발에 대한 결단, 그리고 유럽공동체EC 가입에 관련된 영국과의 협상, 이 모두가 프랑스를 국제무대의 주인공으로 남게 만든 드골의 결단이었다. 한 국가를 위해서 헌신하고 위대한 결정을 내린 리더였지만, 자신은 결국 평범한 아버지이고 한 사람의 국민임을 결코 잊지 않았다. 교만해지고 특별한 대접을 받으려는 착각에 빠지기 쉬운 위치에서 평상심을 유지하기 위해 드골은 자신이 누구인가에 대해 일찌감치 유서를 만들어 확인해 두었던 것이다.

드골의 장례식이 고향에서 거행되는 그 시각, 파리의 유서 깊은 노트담 사원에서는 드골의 장엄한 고별식이 거행되었다.

"이처럼 세계의 저명인사들이 한 자리에 모이기는 파리를 포함한 세계 어느 도시에도 전례가 없는 일일 것이다. 세계의 정상급 지도자만 해도 나를 포함하여 63명이 넘었다."

장례식에 참석했던 당시 미국 대통령 닉슨의 말이다. 실제로 이 고별식에 참가했던 국가는 100개 국이 넘어 영국의 처칠이나 미국의 아이크 대통령의 장례식을 훨씬 상회하는 것이었다고 한다. 개선문에서 콩코드 광장까지, 상 제리제의 큰 거리는 비가 오는 날임에도 20만 명이 넘는 시민들이 드골을 추도하는 대행진에 참가하였다.[91]

진정한 리더십은 역사가 평가한다. 리더가 권좌에서 내려왔을 때, 그가 어떻게 기억되고 있으며 얼마나 존중받고 있는가가 중요하다. 리더는 보다 나은 미래를 건설하기 위해서 오늘의 행보를 결정하고 그 결정을 책임지는 사람이다. 자신이 오늘 어떤 모습으로 걷고 있는지를 거울에 비쳐 보아야 한다.

"The buck stops here!"

미국 트루먼 대통령의 책상 위에 걸려 있었던 팻말의 내용으로서 '모든 책임은 내가 진다'는 뜻이다. 책임감에 대한 리더의 결단을 느낄 수 있다. 자신의 리더십에 대해 책임지는 리더가 되어야 한다.

RED

ORANGE

YELLOW

GREEN

BLUE

INDIGO

VIOLET

참고문헌

COLOR LEADERSIP

1. Slywotzky, A., D. Morrison, T. Moser, A. Kevin, and J. Quella, 『*Profit Patterns*』, Times Business, 1999

2. 스티븐 코비(김경섭, 김원석 옮김), 『원칙중심의 리더십』, 김영사, 2000

3. Schlender, B. 「The Odd Couple」, FORTUNE, p.66~76, May, 1999

4. 홍사중, 『리더와 보스 : 홍사중의 신지도자론』, 사계절, p.153~154, 1997

5. 스티븐 코비(김경섭, 김원석 옮김), 『원칙중심의 리더십』, 김영사, p.39~41, 2000

6. 대한상공회의소, 『한국기업의 성공과 실패』, 대한상공회의소, p.111, 1996

7. Goleman, D., 「Leadership That Gets Results」, Harvard Business Review, p.78~90, March-April, 2000

8. 『한국의 대통령』, 조선일보사, 1월, 1993

9. 래리 도니손(황태호 옮김), 『웨스트포인트 리더십』, 초당, p.22~23, 2001

10. 잭 캔필드와 마크 빅터 한센(김재홍 옮김), 『꿈을 도둑맞은 사람들에게』, 현재, p.226~229, 2000

11. 토마스 J. 네프와 제임스 M. 시트린(신완선 옮김), 『CEO가 되는 길』, 물푸레, 2000

12. 워런 베니스, 『뉴리더의 조건』, 김영사, 1993

13. Benton, D. A., 『*How to Become a CEO*』, Warner Books, 1997

14. Frigon, N. L. and H. K. Jackson, 『*The Leader : Developing the Skills & Personal Qualities You Need to Lead Effectively*』, New York, AMACOM, p.140~145, 1996

15. 로버트 E. 켈리(장동현 옮김), 『폴로어십과 리더십』, 고려원, p.96~98,

1994

16. Greenleaf, R. K., 『*Servant Leadership*』, Paulist Press, p.13, 1999

17. Leinhart, S., 『*Upside Down*』, NAVPRESS, p.161, 1998

18. Greenleaf, R. K., 『*Servant Leadership*』, Paulist Press, p.7~8, 1999

19. 신홍범, 『전기 마더 테레사』, 두레, 1997

20. 신완선, 「미래를 준비하는 리더십: 비전이 흔들리는 리더」, 전문경영인, No. 12, p.24~25, 2000

21. 토머스 J. 네프와 제임스 M. 시트린(신완선 옮김), 『CEO가 되는 길』, 물푸레, p.249~253, 2000

22. 신완선, 『CEO 27인의 리더십을 배우자』, 물푸레, p.100~101, 1999

23. 박영택, 「신품질 이야기」, 품질재단 뉴스, 45, p.2~3, 2002

24. 로버트 슬레이트(김석진, 이태복 옮김), 『잭 웰치와 GE 방식 필드북』, 물푸레, p.327~328, 2000

25. 톰 코넬란(오세영 옮김), 『디즈니 월드 성공에 감춰진 7가지 비밀』, 영언문화사, p.92~94, 1997

26. 윌리엄 월튼과 멜 로렌젠(김성웅 옮김), 『사람을 생각하는 기업』, 한세, p.31~32, 1992

27. Crainer, S., 『*The Ultimate Book of Business Gurus*』, Amacom, March, p.38~39, 1998

28. 토머스 J. 네프와 제임스 M. 시트린(신완선 옮김), 『CEO가 되는 길』, 물푸레, p.388~391, 2000

29. Benton, D. A., 『*How to Think Like a CEO*』, Warner Books, p.339~341, 1996

30. 조용헌, 『500년 내력의 명문가 이야기』, 푸른역사, 2002

31. 테시마 유로(한양심 옮김), 『가난해도 부자의 줄에 서라』, 21세기북스, 2002

32. 김성국, 「이익보다 사람을 남겨라」, 빛과 소금, 1월, p.54~55, 2002

33. Manz, C. C. and C. p.Neck(이은숙 옮김), 『바보들은 항상 최선을 다했다고 말한다.』, 한·언, p.97~98, 1999

34. Aaker, D. A., and E. Joachimsthaler, 『Brand Leadership』, Free Press, 2000

35. Benneton, L. IO E I MIEI FRATELLI, Sperling & Kupfer Edition S.P.A, 1993

36. Rommel, G. 『Quality Pays』, MACMILLAN, p.21~32, 1996.

37. 허우아이홍(김영수 옮김), 『참 소중한 생명』, 아이필드, p.69~70, 2001

38. http://www.ozcon.co.kr/.../인터뷰-이데이%20노부유키%20일본%20소니%20사장.htm

39. Bird, Larry, 『Bird Watching : On Playing and Coaching the Game I Love』, Waner Books, 1999

40. Shapiro, Michael, 『The Jewish 100 : A Ranking of the Most Influential Jews of All Time』, A Citadel Press, 1994.

41. 참교육기획, 『벌거벗은 처칠』, 유원, 1999

42. Hammond, J., and J. Morrison, 『The Stuff Americans are made of』, MACMILLAN, 1996

43. Romig, D. A., 『Side by Side Leadership』, Bard Press, 2001

44. Kurtz, D. L., L. E. Boone, and C. p.Fleenor, 『CEO Who Gets To The

    Top In America』, Michigan State, p.174, 1989

45. 윤광현, 『두통약이 잘 팔리는 사회』, 훈얼, p.92, 1998

46. 야오키 야스히코(한국능률협회 식스시그마 추진팀 옮김), 『식스시그마 경영』, 21세기북스, p.172, 1998

47. 윤성민, 「6시그마 경영혁명 : 한국 현실과 도입 필요성」, 한국경제신문, 3월 9일, 1999

48. Waterman, R. H., 『*What America Does Right : Learning from Companies that Put Peolple First*』, Norton & Company, p.228~261, 1994

49. 호리바 마사오(은미경 옮김), 『일 잘하는 사람, 일 못하는 사람』, 오늘의 책, p.50~51, 2001

50. 도몬 후유지(이정환 옮김), 『도쿠가와 이에야스의 인간경영』, 작가정신, p.35~41, 2000

51. Benton, D. A.(신완선 옮김), 『CEO처럼 행동하라』, 더난출판, 2001

52. Olve, N., J. Roy, and M. Wetter(송경근 옮김), 『BSC : 구축&실행사례』, 한언, 1999

53. 박영택과 신완선, 『국민은 변화를 요구한다』, 한국표준협회, p.197~200, 2000

54. 박영택, 『한국형 국가품질상 제도 및 평가기준 연구(I)』, 한국표준협회, p.90, 1999

55. 웨인 도식, 『작은 이야기 큰 행복』, 영언문화사, 1998

56. http://artemis.interpia98.net/~mickey3/이야기/13/처칠의 축사.htm

57. 데일 카네기(최염순 옮김), 『카네기 인간관계론』, (주)성공전략연구소, p.280~281, 1995

58. http://user.chollian.net/~bat21/Entrepreneurs/Soichiro_Honda-k.htm

59. http://kimsunhak.pe.kr/rich/delboss.htm

60. Waterman, R. H.,『*What America Does Right : Learning from Companies that Put Peolple First*』, Norton & Company, p.94~97, 1994

61. Fulton, Roger, 『*Common Sense Leadership*』, Barnes & Norble, p.27, 2001

62. Collins, J., 『*Good To Great*』, Harper Business, 2001

63. Manz, C. C. & H.p.Sims, 「Super Leadership: Beyond the Myth of Heroic Leadership」, Organizational Dynamics, Spring, p.221., 1989

64. 대한상공회의소,『한국기업의 성공과 실패』, 대한상공회의소, p.103, 1996

65. 이상원,『나폴레옹에서 빌게이츠까지 리더십』, 거송미디어, p.156~158, 2000

66. 윤진식,「6시그마 경영혁명 : 6시그마 핵심 역할 '벨트'」, 한국경제신문, 3월 10일, 1999

67. Nee, Eric, 「The Dilema of Kyocera」, FORTUNE, 2001

68. Xerox Company, 『*A World of Quality*』, IRWIN, p.10, 1993

69. Benton, D. A(신완선 옮김),『CEO처럼 행동하라』, 더난출판, 2001.

70. http://www.hoamprize.or.kr/korean/hoam/6/jour3.htm

71. Collins, J., 『*Good To Great*』, Harper Business, p.251, 2001

72. Buckingham, Marcus and Curt Coffman, 『*First, Break All The Rules*』, Simon & Schuster, 1999

73. 엘자앤드 데이비드 혼피셔(박미숙 옮김),『자녀를 성공시킨 어머니들』,

금토, p.102~103, 1997

74. 얀 칼슨(김영환 옮김),『고객을 순간에 만족시켜라』, 성림, 1994

75. 버트 나수스(박종백, 이상욱 옮김),『리더는 비전을 이렇게 만든다』, 21세
기북스, 1994

76. Bass, B.M.「From Transactional to Transformational Leadership: Learning
to Share the Vision」, Organizational Dynamics, Winter, p.23, 1990

77. Heider, John,『*The Tao of Leadership*』, Life-Long Process, 1998

78. 방만준,『달마가 골프채를 잡은 까닭은?』, 서해문집, 1998

79. 나폴레온 힐(김 향 옮김),『생각대로 될 수 있다: 나폴레온 힐의 성공철학
13단계』, 원음사, p.110~111, 1991

80. 엄광용,『성공한 사람에게는 이유가 있다』, 도서출판 오상, p.208~209,
1999

81. 이용원,『마음을 파고드는 100가지 우화』, p.48~49, 동해, 2000

82. 잭 웰치(이동현 옮김),『잭 웰치·끝없는 도전과 용기』, 청림출판, p.12,
2001

83. 게리 해멀(이동현 옮김),『꿀벌과 게릴라』, 세종서적, 2001

84. Crainer, S.,『*The Ultimate Book of Business Gurus*』, Amacom, March,
p.149, 1998

85. 박영택과 신완선,『국민은 변화를 요구한다』, 한국표준협회, p.206~
209, 2000

86. 헬렌 니어링,『아름다운 삶, 사랑 그리고 마무리』, p.25, 보리, 1992

87. 스유엔(김태성, 정윤철 옮김),『상경』, 더난출판, p.382~395, 2002

88. Bennis, Warren and Burt Nanus,『*Leaders : The Strategies for Taking*

Charge』

89. 이재규, 『피터 드러커 평전』, 한국경제신문, p.229~231, 2001

90. 잭 캔필드와 재클린 밀러, 『잭 캔필드와 차 한잔 나누며』, 물푸레, p.64, 1999

91. 박정기, 『어느 할아버지의 평범한 리더십 이야기』, 을지서적, p.237~239, 1996